中国环境风险规制的法理与方法

以环评为中心的考察

金自宁 著

图书在版编目(CIP)数据

中国环境风险规制的法理与方法：以环评为中心的考察/金自宁著.—北京：北京大学出版社,2022.3

(北大法学文库)

ISBN 978-7-301-23940-7

Ⅰ.①中… Ⅱ.①金… Ⅲ.①环境保护法—研究—中国 Ⅳ.①D922.680.4

中国版本图书馆 CIP 数据核字(2022)第 065436 号

书　　　名	中国环境风险规制的法理与方法——以环评为中心的考察 ZHONGGUO HUANJING FENGXIAN GUIZHI DE FALI YU FANGFA——YI HUANPING WEI ZHONGXIN DE KAOCHA
著作责任者	金自宁　著
责任编辑	王　晶
标准书号	ISBN 978-7-301-23940-7
出版发行	北京大学出版社
地　　　址	北京市海淀区成府路 205 号　100871
网　　　址	http://www.pup.cn
电子信箱	law@pup.pku.edu.cn
新浪微博	@北京大学出版社　@北大出版社法律图书
电　　　话	邮购部 010-62752015　发行部 010-62750672 编辑部 010-62752027
印　刷　者	天津中印联印务有限公司
经　销　者	新华书店
	965 毫米×1300 毫米　16 开本　14.5 印张　237 千字 2022 年 3 月第 1 版　2022 年 3 月第 1 次印刷
定　　　价	42.00 元

未经许可，不得以任何方式复制或抄袭本书之部分或全部内容。
版权所有，侵权必究
举报电话: 010-62752024　电子信箱: fd@pup.pku.edu.cn
图书如有印装质量问题，请与出版部联系，电话: 010-62756370

目 录
CONTENTS

导　言 /001
 一、现代社会中的风险 /001
 二、风险的法律规制 /007
 三、本书内容安排 /011

第一章　我国环评制度概貌 /013
 一、引言 /015
 二、环评法制度之框架 /017
 三、环评审批之实践 /020
 四、环评司法之状况 /025
 五、环评诉讼典型案例 /029
 六、结语 /037

第二章　中国特色：我国环评否决制的法理探究 /039
 一、引言：问题的提出 /039
 二、我国环评否决制下的综合决策 /042
 三、我国环评否决制之一般理据及运作实效 /047
 四、我国环评否决制的发展动向 /051
 五、结语 /057

第三章　嵌入行政之中的环评：我国环评审批的制度定位 /059
 一、我国环评审批制度规范的历史沿革 /061
 二、理论反思：当行政权力遇上专业知识 /068
 三、我国环评审批制度的追根溯源与重新定位 /074
 四、结语 /080

第四章　从抽象理性到情境理性
——PX 事件的启示　/082
一、系列 PX 事件：从"民意的胜利"到"盲目的恐慌"？　/084
二、对问题的已有回应　/086
三、域外经验：亦在探索中　/089
四、可能的出路：从抽象理性到情境理性　/093
五、基于知识论的补充说明：风险决定者的责任　/098
六、结语　/100

第五章　科技不确定性中的环评：以"地铁过北大"事件为例　/101
一、事件概要与问题聚焦　/102
二、实在法解释：不确定性应对的法律难题　/105
三、可能的解答：回应不确定性的规范立场　/112
四、结语　/119

第六章　科技专业性行政行为的司法审查
——基于环评审批诉讼的考察　/120
一、引言　/121
二、理论澄清：对科技专业性行政实施司法审查之可能　/122
三、我国环评审批诉讼中的科技专业性挑战　/125
四、法院处理科技专业性争议的基本方法　/129
五、求解科技专业性行政的司法审查：范围、标准和强度　/139
六、结语　/146

第七章　作为科学证据的环境损害鉴定评估　/148
一、引言　/148
二、环境损害鉴定评估之司法运用：当法律遇上科技　/151
三、科学证据之法理反思：在遵从与教育之间　/157
四、回到实在法规范：从遵从走向适度教育　/167
五、结语　/172

第八章　风险评估的法律规制　/174
一、研究缘起：风险评估的"法化"　/175
二、法理解析：风险评估合法性评价的一般框架　/177
三、实在法观察：我国风险评估既有立法及其不足　/181

四、不确定性:风险评估法律规制的特殊难题　/183
五、镜鉴:美国联邦环境执法中的风险评估制度　/188
六、完善风险评估的法律规制:聚焦内在不确定性　/197
七、结语　/200

附录　现代法律如何应对生态风险?
　　　　——进入卢曼的生态沟通理论　/201

后　记　/222

致　谢　/225

导　言

> 风险终究是源于知识和规范的,进而它们可以在知识和规范中被放大和缩小,或者简单地从意识的屏幕上被移除。
>
> ——贝克:《风险社会》

一、现代社会中的风险

(一) 风险的客观维度和主观维度

风险在现代社会中是一种弥漫性的存在[①],我们已经置身于风险社会之中。这一点似乎已经成为相关议论不言而明的前提了——人们已经难以想象,这样的论断在不久之前还需要反复解释和论证。

尽管如此(也许正因如此),为澄清一些可能的含糊不清与误解,仍有必要追问,当我们在谈论风险时,我们究竟在说什么?

这是在说,当代的风险,在不以主观意愿为转移的客观意义上,相比以往更多了吗?很难如此断言。正如一些力图鼓舞人心的流行著作[②]所强调的,相比之前,现代人的人均寿命已经大大延长了,这得益于粮食生产技术飞跃、极度贫困人口比例下降、医疗技术发展、战争及暴力犯罪的减少等——也就是说,饥饿、疾病和"横死街头"等在前现代曾广泛危及人

---

① 说到风险,很多人首先想到的是那些触目惊心的严重风险,如核泄漏、恐怖袭击、金融危机等;但这只是风险认知上"可得性启发"偏见作用的结果,风险的范围远比这些容易想到的实例要广泛。更多解说,可参见金自宁:《风险中的行政法》,法律出版社 2014 年版,第 5 页。

② 例如,〔美〕史迪芬·平克:《当下的启蒙:为理性、科学、人文主义和进步辩护》,侯新智等译,浙江人民出版社 2019 年版;〔美〕马特·里德利:《理性乐观派:一部人类经济进步史》,闾佳译,机械工业出版社 2011 年版。

类生存的风险已经显著降低了。

那么,这是否意味着我们已经生活在一个更安全的时代呢?一些人甚至怀疑,现代社会中风险实际上并没有增多,也没有加剧,只是被察觉、被意识到的风险增多和加剧了。真是如此吗?

也很难如此断言。随着一些风险显著降低,——就天花这一特定瘟疫而言,甚至可以说风险已被消除;另一些风险虽然得到了一定的控制却仍然是实实在在的威胁,如战争和暴力犯罪等。而且,更重要的是,一些前现代人"闻所未闻"的新风险出现了。如随着人均寿命的延长,老年痴呆症患者数量增多了,物质生活富足的人群中罹患抑郁症和自杀的数字居高不下,基因科技发展使得人类基因改造的伦理争议无法避免,而人工智能的发展让人们开始担忧机器人的反叛(rebel)……在所有这些前现代人闻所未闻的"现代"风险中,最为典型的、也是风险社会学家们谈论最多的,是环境问题,包括了环境污染、资源耗竭和生态危机等不同形态。也就是说,对于现代社会中风险是否"实际上"增多加剧的问题,如前所述,并不存在简单回答,——事实上,现代社会中的风险与前现代风险存在的差别如此巨大,试图比较二者何者更多更强不仅是徒劳的,还可能因此提问本身假定了新旧风险的同质性而误入歧途。

但问题并不是只有一面。我们在谈论风险和风险社会时并不只是在谈论这些可以用各类数据来标示的坚硬事实,还有风险的感知问题。

与现代风险是不是比以前更多这一易生分歧的问题形成对照,仅看风险感知的话,则很少有人不同意,现代人比前现代人对风险的关注更多了。也就是说,一般民众风险意识高涨,的确是现代社会中的显著现象。——如此显著,以至于任何"尊重民意"的公共机构,都不得不予以回应。实际上,研究者们之所以将我们所处现代社会称为"风险社会",不只是因为与高新技术应用伴生的各类风险"客观"存在,还因为人类对风险的"主观"感知也不同于以前。

事实上,就对"风险"的主观感知而言,研究者早已注意到[①],像出洋的船舶失事这类事情,前现代人(无论是否使用风险一词)更多地将之理解为"命运"或"天意";而现代人更典型地将之理解为"风险",以此强调它的"人为"特征:意外后果可以是人类活动的产物而不是"天注定"的,——

---

① A. Giddens, *The Consequences of Modernity*, Polity Press, 1990, p.30.

假如行动者在事先作了不同的决定,特定不利后果也许可以避免。由此,风险与人的事先决策建立起了关联。相对狭义的风险管理以及指涉更广的风险规制均因此关联而成为可能。在这个意义上,风险本身就是一个"现代的"概念,它代表了一种"新的观察世界及其混乱表现、偶然性和不确定性的方式"①。

在这个新的视角中,世界是什么样的?这一问题存在多种多样的描述,其中最重要的是:这是一个非决定论的不确定世界。人们相信未来是不确定的。而这样一个不确定的未来,又进入到了当下的决定:"风险观念同人们的控制欲,特别是同控制未来的观念休戚相关"②,即人们试图通过当下的选择和行动去控制那个不确定的未来,——为了追求/达成所欲求的福利,也为了消除/避免未来可能发生(也可能不发生)的不利或不幸。

在这里,存在一个类似于衔尾蛇的结构。人们之所以尝试以当下决定/行动去左右未来,默认的前提是相信未来不确定而当下决定会对未来产生影响。悖谬的是,同样由于未来不确定,这个在未来才真正显现的、当下决定之"影响",不一定是,或不一定只是,人们期待的结果,而也有可能带来人们意料之外的不利后果。

处在此困境中,人类事实上是如何应对的?可以做得更好吗?在我看来,这就是贯穿当代形形色色风险研究的原初问题。

(二) 风险研究的不同进路

整体而言,风险研究属于问题导向的研究。它起源于人们在现实生活中"碰到的"真实困难。而现实生活中的问题天然是跨学科的。

只是,具体到这个或那个研究者,其研究思考的知识资源有路径依赖,其表达论证的基本理路也要有所归依。直言之,为了将自己区别于"民科"或"业余","专业"的研究者总是需要回到某种理论传统——如果这样的传统尚不存在,那就本着"太阳底下无新事"的精神、通过思想源流的"溯源"工作把它创造出来。我并不是在反讽。这是现代社会中专业研究工作的"必然"。专业学者选择并依托于某种理论传统本身无可指责,

---

① 〔澳大利亚〕狄波拉·勒普顿:《风险》,雷云飞译,南京大学出版社2016年版,第5页。
② 〔英〕吉登斯:《风险与责任》,肖瑛译,载舒国滢主编:《法理》,商务印书馆2020年第6卷第2辑,第82页。

只要能清醒自觉到,理论作为我们研究思考的资源之一,只是我们理解把握现实世界的工具而已。需要警惕的只是,将理论当成脱离历史情境的教条,以之为屏障将自己隔绝于现实世界。

基于个人有限的阅读,依据研究的不同视角和所使用的主要理论资源(基本假设和方法论)①,将当前的风险研究成果大致归为如下几类。

1. 风险的技术分析。这类研究将风险视为不利后果与可能性的乘积。运用的方法是典型的工程学方法。风险的技术分析代表性例证是环境与健康风险评估。② 在计算乘积之前,先要确定不利后果大小和发生的概率,而这需要依赖于科学的观测和统计,也依赖于对损害后果发生原因的探索;由此不可避免地会涉及大量"高专业门槛"的专业知识应用,如概率论、人口学、毒理学、流行病学等。在具体情境中,这类以不利后果与可能性相乘计算为核心的风险分析服务于特定的应用目的:如环境健康风险评估服务于风险管理决策。③

2. 风险认知研究。如果说风险的技术分析关心的是风险的客观维度,风险认知研究关注的则是风险的主观维度。这一进路所依托的理论资源是心理学(包括行为经济学)。这类研究既通过问卷调查等心理测量学方式探索人们感知风险的一般规律,确定哪些因素影响着人们风险感知的严重程度④,也通过心理实验等方式揭示在人们的风险判断和决策中起作用的种种偏见⑤。风险的认知研究强调人们依据对风险的主观感知对风险作出回应,这种主观感知与风险技术分析所得出的客观或科学的风险评估并不总是一致,而这种不一致也并不总是源于无知或偏见。⑥

3. 风险的经济分析。这种进路将风险视为经济分析中的一个考虑因素。运用的理论资源是经济学。如果说风险的认知研究与风险的技术分析形成互补,风险的经济分析则可以说是风险的技术分析的自然延

---

① 强调"主要"理论资源特指基本假定和方法论,是因为这些不同类型的研究也经常互相援引,包括互相批评。
② 可参见本书第八章。
③ NRC: Science and Decisions: Advancing Risk Assessment(2009).
④ Paul Slovic, "Perception of Risk", 236 Science 280(1987).
⑤ 〔美〕丹尼尔·卡尼曼、〔美〕保罗·斯洛维奇、〔美〕阿莫斯·特沃斯基编著:《不确定的状况下的判断:启发式和偏差》,方文等译,中国人民大学出版社2008年版。
⑥ 可参见本书第五章。

伸①。风险的经济分析将风险的技术分析引入"一个评估和比较成本与收益的决策过程"②之中,只是,此处涉及的风险相关成本和收益,并不是确定的,而是可能的。风险的经济分析所使用的风险评估与比较的标准,往往以货币单位来量度;这种统一的度量方式使得不同性质的风险之间的比较成为可能,从而为风险规制资源的有效分配提供了依据;但这种处理方法也引发了激烈的质疑和批评③。风险的经济分析不仅可以服务于具体的风险决策,也可以服务于风险规制政策和法规的制定。例如,首创于美国、在全世界范围内引起广泛效仿的排放许可交易,就是运用经济学理论于环境风险规制的著名例证。

4. 风险的社会学研究。这种风险研究进路依托于庞杂的社会学理论资源,涉及社会系统、社会组织、社会动员和批判社会学等。我将风险文化论也归入这一类,因为从其代表著作④来看,这一学派运用的理论资源和方法主要源自人类学和社会文化学等社会学分支,其所谓的"风险文化",指的是"社会"或说集体层面的风险价值取向⑤,而并非"个体"层面的风险偏好——虽然社会/集体的价值取向显然会影响到个体的价值判断和主观感知。在这个意义上,风险文化论与前述风险认知研究有着密切关联却并不相同:后者研究的虽然也是一般规律,却可以在个体层面上得到验证。

由于社会学理论各分支彼此之间差异很大,这些风险的社会学研究彼此差异也很大。但大多都基于社会背景、社会结构、社会功能和社会过程等社会因素而对技术分析和经济分析进路提出了批评和补正,如指出风险的技术分析和经济分析进路过于狭窄,忽略了风险分配不公的问题⑥;强

---

① 有关这种自然延伸的历史,可以参见〔美〕彼得·L.伯恩斯坦:《与天为敌:风险探索传奇》,穆瑞年等译,机械工业出版社 2010 年版。
② 〔英〕谢尔顿·克里姆斯基、〔英〕多米尼克·戈尔丁编著:《风险的社会理论学说》,徐元玲等译,北京出版社 2005 年版,第 69 页。
③ 来自环境法学界的批评,可参见:Donald T. Hornstein, "Reclaiming Environmental Law: A Normative Critique of Comparative Risk Analysis", 92 *Columbia Law Review* 562 (1992)。更多批评,详见下文对风险社会学的介绍。
④ Mary Douglas & Aaron Wildavsky, *Risk and Culture*, University of California Press 1982.
⑤ "很难认真以为风险感知是私人的事情。" Mary Douglas, *Risk Acceptability: According to the Social Science*, Russell Sage Foundation, 1985, p. 3.
⑥ 〔德〕乌尔里希·贝克:《风险社会》,何博闻译,译林出版社 2004 年版。

调由于现代社会系统功能分化,相关组织和制度无法很好地回应现代风险[①];或者指出何谓不利后果的判断在事实上依赖于人们的价值[②],而风险的技术和经济分析对此考虑不足。一个典型而有力的批评性例证是:将不利后果大小与发生概率相乘导致概率极低的巨灾风险和概率极高的微小风险在风险的技术分析中是无差异的,而人们在事实上的风险评断显然并非如此。

相形之下,风险的法学研究,当前还处于"面目模糊"的阶段,既无法归入上述任一种研究类型,也还称不上"自成一体"。不过,可以清楚地看到,风险的法学研究广泛地引用着所有上述类型的风险研究成果。不排除其中有些属于(自觉不自觉地)"装点门面"式引用,但也有很多,至少援引者自己真的相信这些跨学科研究成果对于解释和建构风险相关的法律制度,有着实实在在的帮助。

我个人相信,风险的法学研究可以、也正在从所有这些不同类型的风险研究成果中受益。然而,就知识类型而言,风险的法学研究毕竟和这些既有研究有所不同——或至少可以说,应当有所不同。对于风险的法学研究者而言,"什么是你的贡献"这一问题始终挥之不去。其实,环境法学界近年来多次提出应当打通"事理"与"法理"[③],这种追求背后的考虑或说焦虑与"什么是你的贡献"问题是相通的:如果法学研究者在谈论风险问题时,只是简单搬运或复述其他非法学学科取得的研究成果(呈现为所谓的"事理"),如此辛苦地鹦鹉学舌,意义何在?这样的问题在本书的研究写作过程中始终伴随着我。

如果我们同意,打通"事理"与"法理"确有必要,真正的困难问题就浮出了水面:怎么打通?一种思路是从法学的基础概念出发,试图确立法理学说/规范体系的基石,在此基础上铺陈开来。就个人现阶段的体认而言,我对此种思路心存疑虑。——我个人更偏好的,仍然是从现实问题出发、更贴近真实世界和实践经验的思路。

当然,我要立刻补充,我并不反智,并不是在提倡脱离理论的研究,

---

① Niklas Luhmann, *Ecological Communication*, translated by John Bednarz, Jr., University of Chicago Press,1989.
② S. Rayner & R. Cantor, "How Fair is Safe Enough? The Cultural Approach to Societal Technology Choice", 7(1)*Risk Analysis* 3(1987).
③ 吕忠梅:《关于制定〈长江保护法〉的法理思考》,载《东方法学》2020 年第 2 期。

更不是在拒绝概念的运用和体系化的思考。简单地说,我只是坚持"事"比"词"更重要而已。在这一坚持之下,如何进行"法学"的专业研究?如何避免事理与法理"两张皮"的局面?我在本书的研究过程中作出了自己的尝试,个中得失,甘苦自知;至于是非成败,则只能交由读者评说了。

二、风险的法律规制

(一) 现实问题

所谓风险规制,指相关主体采取各种措施努力减少/消除不利后果发生的可能性或减少/避免可能发生的不利后果。这并不容易,因为风险可能被误认、高估或低估。如有研究显示,"9·11"事件后一年时间内,美国有大量民众因高估了乘坐飞机的风险在出行时转而选择汽车,结果那一年因车祸而死亡的人数多了1595人,"这是历史上最严重的恐怖行动所造成死亡数的1.5倍,是911遇事飞机上乘客数的6倍"①。错误地低估风险的实例,如现在臭名昭彰的香烟,曾因有助于放松心情而一度受到医生的推崇。至于专家们有关红酒/鸡蛋(胆固醇)的健康风险的相关建议,则至今仍然相互矛盾,令民众无所适从。

前述高估飞机旅行风险的实例其实已经显示,以减少或消除风险为目标的风险规制活动本身,可能(意外地)带来新的不利后果:改用汽车出行是人们避免飞机失事风险的努力,但这种努力本身导致汽车事故风险增加了——这种情况如此频繁地发生,以至于风险研究者们发明了专用术语,即"次生风险"(secondary risk)②来指称它们。环保史上一个广为人知的实例是禁用DDT的立法:20世纪60年代,科学家发现杀虫剂DDT在环境中非常难降解,并可在动物体内蓄积,怀疑其是一些鸟类灭绝的主要原因③,因此许多国家先后出台了禁用DDT的法令。但DDT

---

① Dan Gardner, *Risk*, Virgin Books Ltd., 2009, p. 4.
② 也有译为次阶风险。更多介绍,可参见金自宁:《风险行政法研究的前提问题》,载《华东政法大学学报》2014年第1期。
③ Rachel Carson, *Silent Spring*, Houghton Mifflin Harcourt, 2002. 此书已有多种中译本出版。

在当时和现在都是杀死蚊虫以控制疟疾传播的最有效的手段之一。DDT 被禁用后,疟疾患者数量在世界范围内迅速上升了。① 在环境风险的规制过程中,由于生态系统中物质和能量循环的规律,还经常发生对某类环境风险的规制,可能会加大其他类型的环境风险的情形。例如"处理下水道污水的拟议规则,意在每 5 年拯救 1 条统计学意义上的生命,而随之增加的垃圾焚烧,可能会使得每年有 2 条统计学意义上的生命死亡"。②

鉴于风险和次生风险均需纳入考虑,风险的法律规制,就不仅仅指以法律来指引、规范人们的风险活动以尽量减少或消除风险,也同时不能不涉及以法律来指引、规范对风险活动进行干预的活动本身(风险规制活动本身)。

这种对风险之法律规制任务的描述,显然是从实践/经验出发而非从理论出发的结果。这种进路可能让一些法学同行感到不适。在刚刚开始风险的法律规制研究的那几年,我曾经多次被法学界同行提问:你所谈论的风险规制听起来有点陌生,这个主题到底属于既有法学理论体系的哪一部分?在当时,这是一个让我(以及为数不多的同好们)感到难以回答的问题。原因是:如上所述,迄今为止的风险研究仍是问题导向的研究,而风险问题并不是从任何既有理论和规范体系中演绎推导而来。

十余年过去,情况已有不同。法学界的同行们已经不再问我上述问题了,而我知道,这并不是因为我或风险研究的同好们给上述问题提供了令人满意的答案。真正的原因是,同行们,特别是更年轻的研究者们,已经不再将风险规制研究视为法学中的"异类"。在行政法学界,甚至有前辈感到有必要发声:年轻人也不能都去做规制研究啊,规范法学研究也需要加强。这一说法带有玩笑夸张的成分,但不容否认的是,在法学界,风险研究到今天的确已经有了一定的积累,甚至已有渐成热点的趋势。

(二) 我国法学界的回应

近年来,我国法学界研究一般意义上的风险(包括但不限于环境风

---

① 为此,到 2006 年,世卫组织又宣布解除 DDT 禁令,并指出"室内喷洒 DDT 不但是预防蚊虫传播疟疾的有效和廉价手段,而且只要使用得当,并不会对人和动物的健康造成不良影响"。蔡如鹏:《DDT 归来》,载《中国新闻周刊》2006 年第 47 期。

② 〔美〕史蒂芬·布雷耶:《打破恶性循环:政府如何有效规制风险》,宋华琳译,法律出版社 2009 年版,第 22 页。

险)的相关论著发表数量增速明显加快了。其中,行政法学界启动风险研究相对较早,代表性成果[①]如北京大学沈岿主持的风险行政法研究系列,包括了3本译著[②]、1本论文集[③]和1本专著[④];另有更为新近的专著《食品安全、风险治理与行政法》[⑤]《风险社会的行政法回应》[⑥],亦为我国风险行政法领域内代表性著作。在刑法学界,以清华大学劳东燕为代表的研究者们就"风险刑法"发表了一系列论文[⑦],陈兴良[⑧]、张明楷[⑨]等刑法名宿亦参与了相关讨论;劳东燕并于2015年出版相关专著1本[⑩]。与行政法和刑法学界相比,我国民法学界专门针对风险展开的研究相对较少,但也并非没有涉及,只是更多是在侵权法上的风险责任等民法学传统议题之下涉及现代风险的法律规制问题,如朱岩、刘水林就风险侵权责任发表的系列论文[⑪]等。此外,近年还出现从超越传统部门法视角对风险规制法律问题展开的研究[⑫],也值得关注。

我国环境法学界对风险的研究在21世纪以来也已起步。典型的如,环境法上的风险预防原则较早就引发了广泛的关注和讨论[⑬],目前主流

[①] 我上本专著《风险中的行政法》的后记中对学界更早时期的风险行政法研究已有回顾,此处不再重复,只简要概括2010年以来的新近发展。

[②] 〔英〕伊丽莎白·费雪:《风险规制与行政宪政主义》,沈岿译,法律出版社2012年版;刘刚编译:《风险规制:德国的理论与实践》,法律出版社2012年版;金自宁编译:《风险规制与行政法》,法律出版社2012年版。

[③] 沈岿主编:《风险规制与行政法新发展》,法律出版社2013年版。

[④] 金自宁:《风险中的行政法》,法律出版社2014年版。

[⑤] 沈岿:《食品安全、风险治理与行政法》,北京大学出版社2018年版。

[⑥] 赵鹏:《风险社会的行政法回应:以健康、环境风险规制为中心》,中国政法大学出版社2018年版。

[⑦] 劳东燕:《公共政策与风险社会中的刑法》,载《中国社会科学》2007年第3期;劳东燕:《风险社会与变动中的刑法理论》,载《中外法学》2014年第1期;南连伟《风险刑法理论的批判与反思》,载《法学研究》2012年第34期第4卷,第138—153页;刘艳红:《"风险刑法"理论不能动摇刑法谦抑主义》,载《法商研究》2011年第28期第4卷。

[⑧] 陈兴良:《风险刑法理论的法教义学批判》,载《中外法学》2014年第26期第1卷;陈兴良:《"风险刑法"与刑法风险:双重视角的考察》,载《法商研究》2011年第28期第4卷。

[⑨] 张明楷:《"风险社会"若干刑法理论问题反思》,载《法商研究》2011年第28期第5卷。

[⑩] 劳东燕:《风险社会中的刑法:社会转型与刑法理论的变迁》,北京大学出版社2015年版。

[⑪] 朱岩:《风险社会与现代侵权责任法体系》,载《法学研究》2009年第31期第5卷;刘水林:《风险社会大规模损害责任法的范式重构——从侵权赔偿到成本分担》,载《法学研究》2014年第36期第3卷。

[⑫] 宋亚辉:《风险控制的部门法思路及其超越》,载《中国社会科学》2017年第10期。

[⑬] 例如,唐双娥:《环境法风险防范原则研究:法律与科学的对话》,高等教育出版社2004年版。

的环境法教材都将之列入了环境法基本原则相关篇章。近年来也有以风险规制为主题的环境法学专著出版,包括运用风险社会等一般理论讨论环境风险法律规制模式的选择①或我国城乡环境风险协同共治制度体系的建构②、具体讨论土壤环境风险规制③和基因改造生物风险责任④等。但是,以环境风险规制为主题的期刊论文数量相当有限:在CNKI期刊论文库中以"环境风险规制"检索题名⑤,命中社科类结果不到30篇,其中法学论文只有8篇,涉及环境风险规制的断裂与统合、协商型规制、回应型规制、自主规制和可燃冰、页岩气开发中的环境风险和土壤环境风险等。

以本书的关注来看,这些既有著述(特别是环境法领域里的相关研究)或者侧重于宏大的一般理论,或者着眼于特定种类的具体风险;就专著而言,尚未发现与本书类似的⑥、从一项具体法律制度切入风险规制法理和方法的研究。而这就是本书的定位了:在抽象宏大的一般理论与具体而微的特定种类风险之间,需要将二者勾连贯通起来的特定制度和解释形塑特定制度结构及运作的、抽象程度适中的"中层"理论。

这个特定制度,并不一定得是环评制度。在这个意义上,本书选择环评制度是偶然的,或者说理由是个体化的。现代的研究者经常有意或无意地忽略研究工作内在的偶然性,因为承认(哪怕是对自己承认)"文章本天成,妙手偶得之"看起来很"不专业"。于是,往往花很多时间去论证自己研究选题的现实意义和理论意义。——我不是在说,这些论证全都是假话套话;只是想说,有意义的、值得研究的题目太多了,多到足以使兴趣广泛的研究者发生选择困难症;这时,承认题目"都很好",都可以做且值得做,有利于放下包袱,更快进入工作状态。

---

① 郭红欣:《环境风险法律规制研究》,北京大学出版社2016年版。
② 董正爱:《风险与回应:城乡环境风险协同共治法律研究》,中国社会科学出版社2019年版。
③ 吴贤静:《土壤环境风险法律规制研究》,中山大学出版社2019年版。
④ 王康:《基因责任论》,法律出版社2020年版。
⑤ 2021年2月5日检索。
⑥ 在专著之外,有部分论文作了与本书类似的"中层"努力。如沈岿:《食品免检制之反思——以风险治理为视角》,载《法商研究》2009年第3期;劳东燕:《风险分配与刑法归责:因果关系理论的反思》,载《政法论坛》2010年第6期。

三、本书内容安排

我的问题意识十余年一贯,都围绕着风险对现代法治的挑战;但与自己前一本专著(《风险中的行政法》)相比,这本书聚焦点有了变化:此书聚焦于中国的环境评价制度。

这一聚焦点有两个关键词。一是"中国"制度,即本书研究的是中国制度和中国经验;由此,对外国法不作专门介绍,只在部分主题的讨论中会附带涉及。之所以如此安排,倒不是为了刻意标榜"中国特殊"或"制度自信";——如有雷同或类似效果,纯属"无心插柳"——只是因为,我从2008年起开始意识到,抽象理论(或者说"大词")虽自有迷人之处,却容易犯凌空蹈虚的毛病,所以立志将自己的研究扎根于具体领域且立足于经验世界。而对于中国人而言,中国自己的制度及经验自是比他国的制度和经验来得更为亲切。至于西方国家(受作者语言能力的限制,在本书中主要是指美国,也偶有涉及欧盟和英国)的相关经验和教训,本书并不排斥,而是只要有用且可用,即本着拿来主义的精神加以运用。

二是"环境评价"。中国现行法对环境评价的界定较狭窄,考虑到本书中的研究不仅涉及解释论,也涉及立法论,本书采取了外延更广的学理定义。学理上的环境评价从时间属性来看,可以分为回顾评价、现状评价和预测评价三种。① 回顾评价是基于历史数据对某一区域环境历史变化的评价。这种评价可以用于预测环境质量的变化趋势。现状评价即是利用近期环境监测数据等,对某一区域环境现状所作评价。这种评价可以成为环境整治和环境规划的基础。预测评价则是对拟议中的重要决策或开发活动可能导致的环境变化及这种变化对人类健康和福利的可能影响,进行系统的分析和评估。我国的《环境影响评价法》所规范的对象即属第三种环境评价(详见第一、二、三章)。本书第八章讨论的风险评估,主要是一种预测性评价,但也涉及了现状评价。本书第七章讨论的环境损害鉴定,则主要是对环境的历史评价和现状评价。

作为这一聚焦点变化的自然结果,相比前一本专著,本书更多地关照了风险评估这一更为"硬核"的问题(第八章)。这在一定程度上弥补了我

---

① 丁桑岚主编:《环境评价概论》,化学工业出版社2001年版,第5页。

在前本专著后记中提到的遗憾。

同样与自己的前本专著相比,本书在研究方法上也有新的发展:出于将研究扎根于实践的主动追求,前一本专著采用了个案研究的方法(也初步涉及了群案研究);本书则得益于中国判决书上网提供的便利条件,在继续个案研究(第四章和第五章)之外,更多地尝试了"群案"研究方法(第六章和第七章)。

本书具体内容安排如下。导言部分概括介绍了作为本书研究主题的风险和风险的法律规制,同时结合对既有研究的综述交代了本书研究写作的理论背景和研究定位;在此基础上,简要说明本书的问题意识、焦点选择和全书内容安排。导言之后为本书的主体内容,共分八章。其中前两章依次讨论了中国环评制度的基本面貌和中国特色。第三章聚焦专业知识与行政权力的关系,讨论了我国环评审批的制度定位。接下来的两章,关注中国环评制度实践中的事例,这两章讨论的事例都未进入司法程序。其中前者以 PX 事件为例,集中探讨的是当专家与外行民众的风险认知出现背离时,风险决策应当如何作出的问题。后者则以"地铁过北大"事件为例,讨论的是当风险认知遭遇科技不确定性、即使专家也无法给出确定意见时,风险决策应当如何作出的问题。然后,转向相关司法实践,在第六章通过考察我国环评审批诉讼,探讨了科技专业性行政行为的司法审查问题,这是一个行政诉讼法学上的经典问题。第七章则集中研究作为科学证据的环境损害鉴定评估,这是三大诉讼法(民事、行政和刑事诉讼法)均需处理的共性问题。主体内容的最后一章讨论当前只是部分被纳入既有环评制度的环境风险评估的法律规制问题。最后是后记和致谢。

第一章 我国环评制度概貌

> 明者防祸于未萌,智者图患于将来。
> ——陈寿撰、裴松之注:《三国志·吴书·吕蒙传》

【提要】 环评在世界范围内被公认为环境风险规制的有效工具之一。我国环评制度的整体特色包括以项目开发活动为主要规制对象、环评审查程序独立于开发许可、环评具体要求根据不同适用对象有繁简之分等。环评审批实证数据显示,环评文件审批通过率连年居高不下,实质性的公众参与的法定要求适用范围有限。就环评诉讼的整体状况而言,原告胜诉率明显偏低。近距离观察具体司法案例,则发现多阶行政行为违法性继承问题已有较多探讨,但涉及高度专业性判断之环评应如何实施司法审查的相关实践和研究尚有不足,同时环评否决制存废问题也未引起足够的关注和研究。

生态环境一旦遭到污染和破坏,往往难以修复,有些损失甚至无法挽回,如物种灭绝或不可再生资源耗竭。基于此认知,在进行对生态环境可能产生重大影响的开发活动之前,先对环境影响进行调查、预测和评价,此即环评(Environment Impact Assessment,EIA。我国大陆称之为环境影响评价[①],我国台湾地区称之为环境影响评估[②],以下皆简称环评)。

[①] 参见《中华人民共和国环境影响评价法》第2条:环评"指对规划和建设项目实施后可能造成的环境影响进行分析、预测和评估,提出预防或者减轻不良环境影响的对策和措施,进行跟踪监测"。据此,我国环评包括了规划环评和(建设)项目环评,本章正文只讨论项目环评不涉及规划环评。

[②] 我国台湾地区"环境影响评估法"第4条规定:环境影响评估指"开发行为或政府政策对环境包括生活环境、自然环境、社会环境及经济、文化、生态等可能影响之程度及范围,事前以科学、客观、综合之调查、预测、分析及评定,提出环境管理计划,并公开说明及审查。环境影响评估工作包括第一阶段、第二阶段环境影响评估及审查、追踪考核等程序"。

这个意义上的环评是多种环境评价（EA，environmental assessment）之一。广义的环境评价，在环境影响评价之外，还包括了环境质量评价、环境现状评价、环境风险评价、环境综合评价等。所有这些环境评价均是运用科学方法就人类活动对环境已经造成或将会造成的影响进行判断和分析，并提出相应的对策、措施。环境影响评价不同于其他环境评价的一项突出特征是，它是一种预断性的评价，而不是事后的评价。也就是说，与其他各类环境评价不同，环境影响评价针对的是拟议中尚未发生的人为活动的影响，此种评价的主要内容是基于预测的判断；其基本功能也在"事先预防"而非事后补救。

正是因为认识到了"事先预防重于事后补救"这一预防原则的重要性，环境影响评价才受到许多国家和地区的重视而成为一项法律制度。相应地，环评制度的基本功能被定位为：通过法律保障拟议行动可能的环境影响在相关决定作出之前得到揭示、知悉和考虑，以此防范和减少环境污染和生态破坏。① 由此，环评被公认为环境风险规制的有效工具之一，环评法也被视为风险行政法的重要组成部分。

在深入我国环评制度的中国特色、行政权力与专业知识的关系、专家意见与大众参与、科学不确定性的回应等更加实质的内容之前，有必要先简要勾勒我国环评制度的概貌。但是，环评制度是我国环境法上最早确立的基本制度之一，各种教材均将之作为重点内容介绍；在此，我并不愿意简单重复教材上已有的内容。考虑到比较是认识事物的基本方法，本章选择将我国大陆和台湾地区的环评制度相对照。② 在此对照中显现出来的制度轮廓，比教材上的平铺直叙更为鲜明，而且这种对照还意外地引出了一些颇具启发意义的发现。事实上，正是本章的研究发现，启动了我持续数年的相关研究思考，其中一些成果在本书接下来的数章中会一一呈现。

---

① 邱聪智：《公害法原理》，台北自版1984年，第413页。
② 需要补充说明的是，选择台湾地区而不是美德等作为比较对象，并不只是因为本书标题和导言中所强调的以及本书的定位研究，台湾地区是中国神圣不可分割的一部分；更是因为，就环评制度的核心内容而言，如后所述，相比根本就不存在环评"审批"制度的美德等国，台湾地区与中国大陆更具可比性。

一、引　　言

在我国大陆,环评的概念和实践可追溯至20世纪70年代。1979年,《中华人民共和国环境保护法(试行)》通过,在我国大陆首次确立了建设项目环评报告书制度,即"在进行新建、改建和扩建工程中,必须提出对环境影响的报告书,经环境保护部门和其他有关部门审查批准后才能进行设计"(第6条)。1989年,《中华人民共和国环境保护法》(以下简称《环境保护法》)正式颁行,确认了建设项目环评制度,并规定"环境影响报告书经批准后,计划部门方可批准建设项目设计任务书"(第13条)[①]。1998年《建设项目环境保护管理条例》规定:"建设项目的初步设计,应当按照环境保护设计规范的要求,编制环境保护篇章,并依据经批准的建设项目环境影响报告书或者环境影响报告表,在环境保护篇章中落实防治环境污染和生态破坏的措施以及环境保护设施投资概算。"(第17条[②])这些规定的实质,是要求建设项目开发许可以环评通过环保机关的行政审批为前提条件,同时,经审批的环评文件对建设单位开发活动具有约束力。

《中华人民共和国环境影响评价法》(以下简称《环评法》)于2002年颁布,2003年9月1日开始实施,其中第1条明确了确立强制性环境影响评价制度的立法目的:"为了实施可持续发展战略,预防因规划和建设项目实施后对环境造成不良影响,促进经济、社会和环境的协调发展,制定本法。"该法已于2016年7月进行了首次修订,2018年12月再次修订。

在我国台湾地区,1979年行政管理机构科技发展方案即规定由卫生事务主管机关(下设"环境保护局",为环境保护事务主管机关的前身)主办、有关单位会办建立环境影响评估制度。1983年10月行政管理机构决议,未来重大经建计划、开发观光资源计划及兴建可能污染环境的大型工厂时,均应事先做好环评,再报请核准办理。1985年10月,行政管理

---

① 此条在2014年被修订为"未依法进行环境影响评价的建设项目,不得开工建设"(第19条)。

② 此条在2017年修订中有进一步的细化要求。

机构核定《加强推动环进影响评估方案》施行。1991年4月,行政管理机构核定《加强推动环境影响评估后续方案》施行,并于1992年修订。

1994年12月30日台湾地区"环境影响评估法"(以下简称"环评法")正式公布,明确立法目的为"预防及减轻开发行为对环境造成的不良影响",规定了各种开发行为对环境有潜在不良影响的,在规划阶段应同时考虑环境因素,实施环评,不合规定的不得开发,以达到永续发展的目标。此规定在1999年、2002年5月、12月及2003年1月先后进行了4次修订。

我国大陆与台湾地区地域上邻接,又均面临伴随经济发展而持续的环境污染和生态破坏问题,本来在环评方面具有相互学习借鉴甚至资源共享之便利,但当前两岸对彼此环评制度,特别是相关实施状况,所知甚少。事实上,不仅我国大陆已有的环评制度比较研究大多聚焦于对美国、欧洲等发达国家/地区经验的介绍,其他国家或地区已有的比较环评制度研究也更多关注美国欧洲等发达国家/地区之间的比较,对于其他国家和地区只有少部分关注。[1] 有鉴于此,本项研究选择聚焦于环评相关立法及其实施情况,比较评析我国大陆和台湾地区环评制度框架、行政执行和司法实践,以期在比较中增进对两岸环评制度异同之认识并以此为基础探讨相互借鉴之可能。

国际上已有的环评制度比较研究成果,多由环境科学和环境管理相关领域研究人员贡献。其中已经提出了一些相对成熟的比较标准,比如富勒(Fuller)等对环评制度安排和支撑措施的区分[2],伍德(Wood)等对环评立法、环评管理和环评过程等项下各种可比较因素所作清单式列举[3]以及比弗(Beevers)等结合政治经济背景条件对比较项目清单的修正与发展[4]等。本章参考了这些已有研究,同时考虑到本章的研究目的,设

---

[1] Madeleine Marara, Lindsay Beevers, ect, "The Importance of Context in Delivering Effective EIA: Case Studies from East Africa", 31 *Environmental Impact Assessment Review* 287(2011).

[2] Fuller K., "Quality and Quality Control in Environmental Impact Assessment", in: Petts J, ed. *Handbook of Environmental Impact Assessment*, vol. 2, Blackwell, 1999, pp. 35-70.

[3] Balsam Ahmad, Christopher Wood, "A Comparative Evaluation of the EIA systems in Egypt, Turkey and Tunisia", 22 *Environmental Impact Assessment Review* 213(2002).

[4] Madeleine Marara, Lindsay Beevers, ect, "The Importance of Context in Delivering Effective EIA: Case Studies from East Africa", 31 *Environmental Impact Assessment Review* 286(2011).

计比较标准如下:(1)制度框架方面,不对环评法内容进行巨细无遗的全景式介绍,而选择勾勒制度轮廓,并结合台湾地区学者对"环评法"的解说,逐项比较两岸相关规定之异同。(2)行政执行部分,选择聚焦于环保行政管理机构对环评的审批,对比两岸的环评审批相关实证数据。(3)司法经验部分,则聚焦于环评诉讼判例,特别选择两起在台湾地区当地引发热议的相关诉讼,针对其法律争点,逐一比较我国大陆与台湾地区司法实务界的不同立场并分析其背后的法理支撑。

本章所采用数据资料,主要来源于我国大陆和台湾地区两岸的法律、行政法规、规章及包括环评技术导则、操作指南在内的其他规范性文件;法学专著、法学论文和项目研究报告等学术文献;公报、公文、年鉴和官网等官方信息来源;相关新闻报道以及北大法宝、中国裁判文书网、台湾地区立法机构法律数据库、台湾地区裁判书数据库、法源法律网等。[①]

二、环评法制度之框架

刘宗德教授在《台湾地区环境影响评估制度之现状与发展》[②]一文中,从如下七个方面描述了台湾地区环评制度轮廓。(1)应实施环评的对象及范围。包括了开发行为和政府政策。(2)环评审批与开发许可程序分离。指环评审批程序虽包裹于开发许可程序中,但实质上与开发许可为不同机关主管的二独立之行政程序。(3)二阶段之环评程序。其中一阶较为简略而二阶较为严密,但"二者将由环评审查委员会为实体审查,仅因开发案件对环境影响程序而有简繁程序之分"。(4)环评程序之民众参与。一阶环评中,公众得否参与,"环评法"并无规定,二阶环评才有实质性公众参与要求。(5)环评审批结论之作成。审批结论应包括"综合评述",分为通过、有条件通过、应进行二阶环评、不应开发、其他等

---

① 其中我国台湾地区部分主要为本人于2014在台湾地区"中研院"访问研究期间收集所得,感谢台湾地区"中研院""大陆学人来台短期访问"项目的支持。北京大学环境与能源学院硕士生刘星辰、刘力豪协助收集了大陆部分数据,特此致谢。此章的研究完成于2014年,到此书发表时,已有更多可得数据;但是,考虑到此项研究本身并非基于数理模型的统计学研究,而本章主题为勾勒我国环评制度概况,重点仍在定性的分析和评论,故未对本章涉及的量化数据部分进行更新。

② 刘宗德:《台湾地区环境影响评估制度之现状与发展》,载《月旦法学杂志》2013年2月第213期。

5类。（6）环评审查结论之监督执行。"目的事业主管机关定期追踪、环评主管机关监督其执行情形"。（7）环评审批通过后原申请内容的变更，需重新核准。

其中，第1项实施环评的对象，我国大陆包括了规划与建设项目两类①，与台湾地区相比范围较窄。就共性而言，我国大陆和台湾地区均对建设项目开发活动有强制的环评要求。

第2项环评审批与开发许可程序的分离，两地相同。如深入具体操作流程，可发现在我国大陆环评程序与开发许可程序分离得更彻底：在我国大陆，环评文件由开发单位负责制作，并且由开发单位直接向环保机关申报，无须像台湾地区一样由开发许可机关转送；我国大陆环评审批全程由环保机关主持，程序上也并无台湾地区"环评法"所规定由开发许可机关主持的现场勘察、公听会等步骤。

第3项看起来两地有明显不同。台湾地区的环评程序分为二阶段，所有的开发项目均须先经过第一阶段程序，根据开发行为是否"有重大环境影响之虞"来确定是否需要进入第二阶段环评。而大陆的环评程序并无此区分。但是，台湾地区两阶段环评程序中的第一阶段，功能在于筛选②，即筛选何种开发行为应进行内容较为详尽、程序相对完备、同时耗时较长且花费较高的环评。在大陆，发挥相同功能的机制，是建设项目环评的分类制度。《环评法》授权国家中央环保部门制定《建设项目环境影响评价分类管理名录》（以下简称《分类名录》），将项目分为三类，环境影响较小的，实施环境影响登记表制度，内容和程序要求最为简略；可能造成重大环境影响的，实施程序及内容最为详尽的环境影响评估报告书制度；可能造成轻度影响的，实施繁简程度居中的环境影响报告表制度。这也就意味着，大陆环评程序繁简分流之筛选标准在实质上与台湾地区"有重大环境影响之虞"也是类似的。

第4项公众参与，台湾地区实质性公众参与只存在于二阶段环评，类似地，大陆环评中公众参与的实质性要求，如对公众意见采纳与否作出说明的要求，也只存在于环境影响报告书类的项目环评中。在这里，有重大

---

① 2015年《环境保护法》已经增加了政策环评，但2016年、2018年两次修正后的《环评法》尚未吸纳此内容。

② 李建良：《环境行政程序的法制与实务》，载《月旦法学杂志》2004年1月第104期。

区别的,是公众参与的具体规定:在台湾地区的二阶环评程序中,公众可以通过开发单位的公开说明会、环评审批机关的公开说明会、开发许可机关的现场勘察及公听会等环节全过程参与环评过程。但在大陆,《环评法》只规定建设单位"应当在报批建设项目环境影响报告书前,举行论证会、听证会,或者采取其他形式,征求有关单位、专家和公众的意见"(21条)。[1]

第 5 项环评审批结论。在大陆实务中,有同意、不予审批、退回或暂缓等不同处理。其中的"同意",实务上绝大多数是包含各类减轻环境影响之环保措施要求,与台湾地区的"有条件通过",名不同而实相似。

第 6 项环评审批结论的监督执行,大陆亦和台湾地区一样,由环评机关负责;与台湾地区的差异有二,一是在大陆环评文件未经批准(含未报批和未通过审批)即开工建设的,环评机关可以直接责令停止建设,而无须"转请"开发许可机关(目的事业主管机关)命企业停止开发。二是在大陆环评文件的落实情况,由环评审批机关负责跟踪,而并非像台湾地区那样由"目的事业主管机关定期追踪"。

第 7 项,变更需重新报送审批,两地均有类似要求,但《环评法》只规定在建设项目有"重大变动"时,需"重新报批"环评文件(第 24 条),台湾地区则规定所有环评申请书内容的变更都需要"重新审核",并在此前提下细分了需要重作环评、只需提交差异分析报告和提交变更内容对照表三种不同的变更(台湾地区"环评法施行细则"37、38 条)。两相比较,大陆规定较为笼统。

综上,以前述 7 项内容分别对比我国大陆和台湾地区的环评制度轮廓,可发现台湾地区有多项内容规范较为细密,但整体而言两地异中有同,如下表所示。

---

[1] 关于环评审批阶段的公参,2006 年《环境影响评价公众参与暂行办法》增加了非强制性的裁量条款:"对公众意见较大的建设项目,可以采取调查公众意见、咨询专家意见、座谈会、论证会、听证会等形式再次公开征求公众意见"(第 13 条第 3 款)。2015 年颁行的《环境保护公众参与办法》对环保机关征求意见之前应公布的信息(第 5 条)、基本情况说明(第 6 条)、召开座谈会、论证会的提前公告及参与者(第 7 条)等作出了较为具体规定,但作为概括性规定的第 4 条仍属裁量性条款,即环保机关"可以"通过征求意见召开座谈会等方式来引入公众参与。

表 1.1 中国大陆与台湾地区环评制度轮廓对比

环评制度内容要点	中国大陆	中国台湾地区
1. 环评对象以项目开发活动为主	是	是
2. 环评审批程序独立于开发许可程序	是	是
3. 环评程序有繁简区分	是（三类环评）	是（两阶段环评）
4. 部分环评程序才有实质公众参与	是（报告书类）	是（进入二阶环评者）
5. 环评审批结论多为有条件通过	是	是
6. 环评机关监督环评审批结论的执行	是	是
7. 环评相关内容变更需重新报批	是	是

（自制表）

三、环评审批之实践

严格说来，环评法的行政执行涉及环评对象筛选、环评文件审批、环评书的实施监督等全过程，本章在此无法一一穷尽；而从前述制度轮廓对比来看，环评审批在大陆和台湾地区所确立的制度框架中均具有关键地位，故在此选择环评审批环节来考察其实际执行情况。

（一）我国大陆环评审批情况

从统计数据来看，《环评法》实施以来，我国大陆各级环保部门审批的环境影响评价项目数量巨大，而且总数不断上升，从2002年的23万件上升到2012年的接近43万件，几乎翻了一番。从执行率来看，整体很高，历年均在98%以上，2008年和2010年，甚至为99.9%。详见下表。

表 1.2 2002—2012 年间中国大陆环境影响评价审批概况

年份	环评文件数量				执行环评项目数	执行率
	报告书	报告表	登记表	三类合计		
2012	29171 (6.8%)	179202 (41.9%)	219233 (51.3%)	427606	/	/
2011	28964 (6.6%)	184068 (42.2%)	223156 (51.2%)	436188	377823	/

(续表)

年份	环评文件数量				执行环评项目数	执行率
	报告书	报告表	登记表	三类合计		
2010	23952 (6.1%)	169793 (43.5%)	196445 (50.4%)	390190	390190	99.9%
2009	20587 (6.4%)	134786 (42.0%)	165830 (51.6%)	321203	321203	99.8%
2008	15923 (4.9%)	130464 (40.4%)	176207 (54.6%)	322594	268028	99.9%
2007	15223 (5.48%)	118824 (42.8%)	143880 (51.8%)	277927	277927	99.1%
2006	12922 (3.6%)	120721 (33.2%)	229881 (63.2%)	363524	363524	99.7%
2005	11412 (3.6%)	102839 (32.8%)	199787 (63.6%)	314038	314038	99.5%
2004	10167 (3.2%)	95929 (29.9%)	214901 (67.0%)	320997	320997	99.3%
2003	7504 (2.7%)	74610 (26.8%)	196004 (70.5%)	278118	278118	98.9%
2002	7268 (3.1%)	62005 (26.6%)	163856 (70.3%)	233129	233129	98.3%

(自制表)

数据来源：表中环评文件每年总量和各类文件占比为自行计算。其他数据源于2003—2013年《中国环境年鉴》，参考补充了原国家环保部（现生态环境部）官方网站《全国环境统计公报》上的数据。2012年执行环评项目数、2011年和2012年执行率数据缺失，2008年和2011年审批文件数量与执行项目数不一致，原出处数据如此，故仍保留。

不过，具体看审批的环境影响评价文件案类型，就会发现，内容和程序均极简略的登记表类，从最开始的超过七成，到近年来的过半，始终是三类中比例最高的；而内容相对详细、程序相对完备的环境影响评价报告书类比例，从百分之二三逐年上升到百分之五六，但最高的2012年，也不到7%。由于《环评法》第21条有关征求公众意见并在环境影响评价文件中"附具对有关单位、专家和公众的意见采纳或者不采纳的说明"的要求仅限于报告书的制作，因此下表中的这些数据也意味着，只有不到7%的环境影响评价文件依法应当包含实质性公众参与内容。

有关环境影响评价审批的通过率,目前尚无官方统计资料。本研究选择可得数据相对完整的2012年和2013年统计了中华人民共和国环保部(现生态环境部)官网上环境影响评价文件审批结果公告,发现其年度审批通过量占其全部公示审批件数量的比率在90%以上,具体如下表所示。

表1.3 原环保部建设项目环评文件批复公告统计

时间	公告总数	通过	退回	暂缓	不予审批	通过比率
2012.1—6	130	114	5	9	2	87.7%
2012.7—12	120	113	3	3	1	94.2%
2012 合计	250	227	8	12	3	90.80%
2013.1—6	117	110	4	1	2	94.0%
2013.7—12	163	147	6	7	3	90.2%
2013 合计	280	257	10	8	5	91.8%

(自制表)

至于地方环境影响评价文件审批状况,经查询比较广东省、山东省、湖南省、浙江省、广州市、深圳市、长沙市、济南市等地方政府官网可查询到的环评审批相关情况,选择相关信息披露较为完整的广州市为例进行了统计。结果如表1.4所示。

表1.4 广州市原环保局官网公告环境影响评价审批结果统计

年份	审批总量	通过	未通过		结果不明	通过率(扣除结果不明件)
			暂缓	不批准		
2009	1756	1698	5	0	53	99.7%
2010	2526	2447	11	0	68	99.6%
2011	2648	2618	5	2	23	99.7%
2012	1556	1542	10	2	2	99.2%
2013	1655	1649	4	1	1	99.7%
合计	10141	9954	35	5	147	99.6%

(自制表)

数据来源:广州市原环保局官网—公示—环境影响评价审批结果公告。
注:其中"通过",包括了同意批准和同意报上级审批;"结果不明"指网站公告中只提供了审批文件案名而未显示审批结论。

接近百分百的通过率,显示地方环保机关与中央环保机关一样持有倾向于让开发项目通过审批的态度。结合中国环境污染随着经济发展而日趋严重的现状,让人不能不怀疑环保审批并未真正发挥立法所设定的环境风险预防功能。①

(二) 我国台湾地区环评审批情况

根据我国台湾地区环境保护事务主管机关官网上公布的信息,从1995—2013年,台湾地区环境保护事务主管机关审批环境影响说明书共864件,其中通过和有条件通过合计607件,决定应进入二阶环评的114件,不通过的(含认为不应开发和作其他处置)143件。详见下表。

表1.5 中国台湾地区环境保护事务主管机关历年环境影响说明书审批情形统计汇整表

年份	环境影响说明书审批情形								小计
	通过			进入二阶		不通过(含认定不应开发及其他)			
	通过	有条件通过	通过比例	进入二阶	进入二阶比例	认定不应开发	其他处置	不通过比例	
1995	0	23	35%	27	41%	10	6	24%	66
1996	0	13	33%	20	50%	1	6	18%	40
1997	0	36	60%	18	30%	4	2	10%	60
1998	0	30	79%	4	11%	2	2	11%	38
1999	0	66	77%	11	13%	3	6	10%	86
2000	0	54	75%	7	10%	6	5	15%	72
2001	0	74	88%	3	4%	3	4	8%	84
2002	0	37	86%	1	2%	2	3	12%	43
2003	0	37	76%	2	4%	3	7	20%	49
2004	0	42	79%	2	4%	5	4	17%	53
2005	0	22	69%	1	3%	7	2	28%	32
2006	0	17	63%	0	0%	4	6	37%	27
2007	0	28	72%	1	3%	2	8	26%	39
2008	0	28	76%	1	3%	0	8	22%	37
2009	0	20	77%	6	23%	0	0	0%	26
2010	0	25	81%	1	3%	1	4	16%	31

---

① 对此数据的更多解读,可参见本书下一章。

(续表)

年份	环境影响说明书审批情形								小计
	通过			进入二阶		不通过(含认定不应开发及其他)			
	通过	有条件通过	通过比例	进入二阶	进入二阶比例	认定不应开发	其他处置	不通过比例	
2011	0	19	76%	1	4%	0	5	20%	25
2012	0	15	94%	0	0%	0	1	6%	16
2013	11	10	53%	8	20%	3	8	28%	40
总计	11	596	70%	114	13%	56	87	17%	864

(数据来源:中国台湾地区环境保护事务主管机关网站。)

可见,在我国台湾地区,从1995年到2013年以来,环境保护事务主管机关所审批的开发行为大多数于第一阶段环评即获得通过,通过率(含通过和附条件通过)比例总计达70%。其中附条件通过的项目总量远多于无条件通过的。历年加总后,台湾地区一阶环评审批中未获通过的比例为17%。这些情况被研究者视为环评审批并未对于开发案起到阻挡作用的证据。[①] 但是,从前述表3可看出,大陆环保部环评审批中未通过的比率不超过10%,比台湾地区更低。

而且,环境保护事务主管机关审查环境影响说明书之后决定开发项目应进入二阶环评者,多年在百分之三四徘徊,台湾地区研究者普遍认为这一比例过低。因为只有在二阶环评才有实质性公众参与强制要求,进入二阶环评的比例过低也意味着公参不足。但是,如上表所示,台湾地区进入二阶环评的比例在有些年度超过三分之一,最高时还曾达到50%,历年合计也有13%,对比表1.2大陆原环保部审批环评文件的情况,程序要求更严格且内容更详尽的环境影响报告书所占比例徘徊在5%左右,最高也未超过7%,比台湾地区更低。

---

① 叶俊荣、张文贞:《环境影响评估制度问题之探讨》,我国台湾地区"行政院"研究发展考核委员会编制(计划编号 RDEC-RES-098-007),2010年6月,第37、44页。

四、环评司法之状况

环境诉讼被公认为是推动环保的有效手段,特别在保护环境的实体法律存在欠缺、并且"在强大的经济利益面前,行政官员和立法者都不愿意主动采取新行动时",那些正在遭受污染影响的小区居民有最大动力去运用包括诉讼在内的各种手段去改变现状。① 因此,本部分着眼于环评诉讼实践来比较两岸环评制度的司法运作状况。

(一) 我国大陆环评诉讼状况

截至本研究实施时,中国大陆判决书仍未实现全部公开上网,研究者很难获得统计学上有效的判决样本。本研究选择运用北大英华公司和北大法制信息中心共同开发的法律信息查询软件北大法宝之司法案例数据库②。以"环境影响"为关键词检索全文,显示结果总数为1711篇,其中行政类395篇,剔除重复判决后,实际有效判决为367件,其中以环保部门为被告的有195件。此195件判决中,剔除与《环评法》所规定的环评审批程序无关的案件29件,并且将群体诉讼拆分判决的情形(判决内容除原告以外均相同)合并计为1件,最后得到107份环评案件的判决。

需要说明的是,并非所有的司法判决都被北大法宝收录。因此,本章所使用的107个案件并非严格意义上的抽样调查样本,而只是统计学上所谓的非统计抽样。非统计抽样与严格的统计抽样不同,样本本身有局限性,不能在计量意义上精确地反映其所在的群体,但仍可为许多研究提供有价值的信息,如收集、反馈或生成观点,进行定性的、探索性的或初步的研究等。③ 许多研究者更偏好统计抽样,因为统计抽样可以支持精确的量化计算和推论。然而非统计抽样在社会科学研究中也被广泛使用,尤其在统计抽样缺乏可能性或可行性时。实际上,本章选择北大法宝数据库是因为其可能是本项研究实施之时中国的最佳可得研究资源,而如下所示,这107份判决的确可以提供一些颇有价值的信息。

---

① 对此有力的论证,请看〔美〕萨克斯:《保卫环境:公民诉讼战略》,王小钢译,中国政法大学出版社2011年版。
② http://vip.chinalawinfo.com/case/,2014年9月9日最后访问。
③ 贾俊平等:《统计学》,中国人民大学出版社2015年版,第18页。

先来看诉讼类型。这107份环评判决中,根据被诉行政行为不同的各类型诉讼分布情形如图1.1所示。

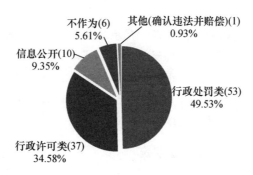

图1.1 中国大陆环评行政诉讼案件类型分布(107件)

可见,行政处罚类型的案件最多,有53件;行政许可类次之,有37件;而信息公开类型案件较少。53件与环评有关的行政处罚主要包括了两类案件,一是应当进行环评而没有办理环评报批手续即投入建设或生产经营,从而遭受处罚;二是虽然通过了环评文件的审批,但相关生产设备或环保设备未经过环保部门验收合格就开始了生产经营活动,从而遭受处罚。按中国大陆对《中华人民共和国行政许可法》的通行解释,环评审批本身即属行政许可之一种,上述37件与环评相关的许可类案件则多因对环评审批结论(通过或不通过)不服而起。

再来看看原被告的分布情况。

这107件与环评审批有关的行政诉讼案件中,以项目建设单位为原告的有62件(其中处罚类53件,许可类5件,不作为3件,其他1件),项目建设的利害关系人(含居民、企业和团体)为原告的有45件(许可类32件,信息公开10件,不作为类3件)。如表1.6所示。

表1.6 中国大陆环评行政诉讼原告分布

建设单位	62
利害关系人	45
合计	107

原告分布在各诉讼类型中呈现明显的规律性:行政处罚类53件中全部为作为行政相对人的建设单位起诉,10件信息公开案件全部由建设项

目的利害关系人的居民、企业或团体提出。与环评审批关系最为直接的行政许可类案件则以作为利害关系人的居民起诉为主(如图1.2所示)。

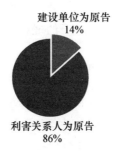

图 1.2　中国大陆环评许可案件(37件)原告分布

此结果表明,对于环评许可,利害关系人起诉的远多于行政相对人起诉的。而利害关系人起诉的情形中,居民(自然人)起诉也远多于同为利害关系者的企业(37件中只有1件)。一个明显的解释是,大陆环评审批通过率高,因此是作为利害关系方的居民而不是开发企业更有可能对环评结果持异议;可能的解释还包括,希望在长期发展中争取政府各类正式与非正式支持的企业,即使在项目被否定时,也比身体健康直接面临威胁的居民更不愿意对政府机关提起诉讼。

最后看判决结果。

表 1.7　中国大陆环评案件原告胜诉情况

一审原告	案件数	原告胜诉(含部分胜诉)	胜诉率
项目建设单位	62 (含环评处罚争议53件,环评许可争议5件,不作为争议3件,其他争议1件)	14 (含环评处罚争议8件,环评许可争议4件,不作为争议1件、其他争议1件)	22.58%
项目建设的利害关系人(居民和相邻企业、环保团体)	45 (含环评许可争议32件,环评信息公开争议10件,不作为争议3件)	7 (含环评许可争议1件,环评信息公开争议4件,不作为争议2件)	15.56%
合计	107	21	19.62%

可以看出,环评行政诉讼中,被告环保部门在此类诉讼中取得了压倒性的胜利。原告胜诉率则相当低,平均只有19.62%,这与中国大陆行政

诉讼整体运作状况不佳是一致的。① 其中,利害关系人起诉而获胜的比例比项目建设单位起诉的更低,但建设单位起诉而获胜的也不过22.58%。这一极低的胜诉率可以部分解释中国大陆环境纠纷信访数量连年增加而法院受案数量持续走低②的现状。

(二) 对比我国台湾地区环评诉讼状况

就法院判决情况来看,据叶俊荣、张文贞教授所统计的诉讼类型分布,我国台湾地区与大陆既有相类似之处也有明显差异。截至2010年的60起环评案件中,以环境监督案件最多(46%),而公众对环境影响评估不服而提起行政诉讼的次之(约占18%)。如图1.3所示。

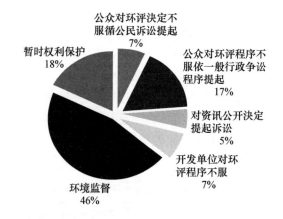

图1.3 中国台湾地区各类环评判决的百分比
(数据源:叶俊荣、张文贞:《环境影响评估制度问题之探讨》)

对比大陆前述情形,行政处罚和不作为类,均涉及环评书的实施监督问题,大致相当于台湾地区环境监督案件,数量也是最多的(约55%);其次,亦是许可类行政诉讼(约35%)。

---

① 在以判决方式结案的行政诉讼中,支持原告的比例在17%上下波动,2010年跌至7.8%的最低点。可参见何海波:《困顿的行政诉讼》,载《华东政法学院学报》2012年第2期。
② 我国大陆地区环境行政案件在2003年到2006年从579件减少到353件,同时,信访数量却从611016件增加到了687409件。可参见金自宁、薛亮编著:《环境与能源法学》,科学出版社2014年版,第234页。

表 1.8　中国台湾地区各类环评判决胜诉率

诉讼类型	案件数	原告胜诉件数	胜诉率
居民或团体对环境影响评估程序不服提起救济	14	8	57.1%
开发单位对环境影响评估程序不服提起救济	4	1	25%
对信息公开决定不服提起救济	3	0	0%
对环境监督决定提起救济	28	8	28.6%
暂时权利保护	11	0	0%
总计	60	17	28.3%

（数据源：叶俊荣、张文贞：《环境影响评估制度问题之探讨》）

台湾地区环评诉讼判决中，原告整体胜诉比例28.3%，与大陆前述整体胜诉比例（19.62%）接近。值得注意的是，台湾地区公众对环评不服而提起诉讼的，胜诉率为57.1%，远高于开发单位不服环评程序而起诉的胜诉率，也远高于原告在环评诉讼中的整体胜诉比例。对比大陆情况，公众（利害关系人）对环评不服而起诉的，原告的胜诉率不仅低于全部环评诉讼的整体水平，也低于开发单位在环评诉讼中的胜诉率。这显示在行政诉讼中，面对握有行政实权的被告，台湾地区法院可以表现得比大陆法院更强势。

五、环评诉讼典型案例

以上是对我国台湾地区和大陆环评制度框架、运作实际和司法整体状况所作宏观整体之对比观察。若要画面更完整，还有必要深入具体个案。经检阅相关案例研究文献及判决书等资料，本研究选取了如下两个在我国台湾地区引发广泛关注和议论的代表性案例，来对比观察大陆的类似案例。选取的理由主要是这两个案例的争点覆盖了台湾地区法学研究者所关心的环评诉讼在操作层面的主要议题。

（一）林内焚化炉案及与大陆之对比

1. 林内焚化炉环评诉讼始末、主要争点及司法实务见解

2001年云林县环保相关管理机构就林内焚化炉环境影响说明书作出有条件通过的审批结论，云林县林内乡部分村民不服，向环境保护事务

主管机关提出诉愿,遭驳回后到法院起诉。"高雄高等行政法院"以 2001 年度诉字第 1869、1904 号裁定驳回原告之诉,认为环评结论并非行政处分,因此不能提起撤销之诉。随后,台湾"最高行政法院"以 2003 年度裁字第 519 号认定环评结论为行政处分,并将原裁定废弃,发回更审。"高雄高等行政法院"作出的更审判决(2003 年度诉更字第 35 号判决),一方面遵从"最高行政法院"意见,认定环评结论为行政处分,并由此宣称法院有权予以审查;另一方面,又以若撤销原处分的话,须予拆除"实际工程进度已达百分之九十八点七五"的焚化炉,"社会成本显然过巨,殊与公共利益违背",因此判决确认原处分违法,同时驳回原告的撤销之诉。对此,"最高行政法院"在肯认"高雄高等行政法院"得审查原处分是否存在判断瑕疵的同时,指出更审判决存在仅以权益有受损之可能即认定原告诉权、未经揭示心证理由即断言撤销原处分有害公益等问题,将之废弃发回。最后,"高雄高等行政法院"以 2007 年度诉更字二字第 32 号判决中撤销了原环评审批结论。

此案司法的诉讼过程依次聚焦"环评法"司法实务中三个顺次出现的问题①,即(1)环评审批结论是否可诉?(2)(对前一问题回答是的话)并非环评审查直接对象的周边居民,是否具有原告资格?(3)(对前两个问题作出肯定回答的话)法院应如何应对对环评审批的挑战?

对此三个问题,诉讼过程中司法实务见解有过发展变化,最终生效判决提供的答案分别是:第一,环评审批结论是行政处分,可对之提出撤销之诉。第二,当地居民处于"环评法""保护规范"射程范围之内并且其权益有受到损害可能性,具备诉讼权能。第三,环评审批围绕开发活动是否"有重大环境影响之虞"展开,而"有重大环境影响之虞"属于不确定法律概念,行政机关得享有判断余地,但存在"基于错误信息或错误事实"等判断滥用及其他违法情形的,法院仍得进行司法审查。

2. 对比大陆同类案件

若是以"行政处分""保护规范""不确定法律概念""判断余地"等我国台湾地区法官在此案裁判文书中所使用的概念为关键词搜索大陆同类案件,结果恐怕是零。因为大陆法官并不使用这套概念(学者中也只有部分

---

① 可参见詹顺贵:《环境影响评估的行政争讼——从林内焚化炉案及新店安康一般业废弃物掩埋场案谈起》,载台湾地区《律师杂志》2006 年第 323 期。

使用)。但是,前述三个环评诉讼中的实务问题,却是大陆法官们也同样要面对、同样不得不给出答案的问题。

第一,环评审批是否可以成为行政诉讼的对象,在大陆并未成为问题。在司法判例中未见对此提出争议,学界相关研究对此立场也高度一致①。事实上,大陆环保机关曾在自己颁布的规章中,很清楚地自认其环评审批决定是可诉的行政行为。如原国家环保总局 2005 年颁布的《国家环境保护总局建设项目环境影响评价文件审批程序规定》(已失效)第 17 条明确规定,"建设单位对审批或重新审核决定有异议的,可依法申请行政复议或提起行政诉讼"。②

第二,居民能否对项目环评审批提起行政诉讼,在大陆可说是一个已决问题。笔者在另一项研究中③曾检索到 31 份建设项目当地居民不服环评审批而起诉的裁判文书,发现在绝大多数情况下,原告起诉资格根本没有成为争点,少数判决明确论及当地居民具有起诉资格;只有 4 份判决④否定了原告的起诉资格。而检视这 4 份判决,会发现其中 2 份的理由为特定居民已或将"迁出"当地而丧失了资格;另 2 份则将理由放在了环评审批与拆迁决定之间的关系。这些论证能否成立先不说,从其论理逻辑可以看出,这 4 份判决均并没有一般地否定项目居民的起诉资格。所以,可以说,当地居民对于建设项目之环评审批具有起诉资格,这在我国大陆司法实践中,已经成为很少受到挑战的共识。

第三,关于如何针对高度专业的环评实施司法审查,大陆法官在裁判文书中并没有正面论及这一问题。前述 31 份居民不服环评审批的行政诉讼中,法官极少(像我国台湾地区法官那样)在判决中讨论环评书的技术性内容。少数涉及技术性内容的,也很少像台湾地区法官那样,从"信息错误或不全"切入,深入环评书应予考虑的范围、环境抽样检测发现的问题、甚至环评所使用的技术方法等。前述 31 份居民为原告的环评审批

---

① 例如,唐明良:《环评行政程序的法理与技术》,社会科学文献出版社 2012 年版,第 245—248 页;黄彪:《我国环评审批行为可诉性研究》,中国海洋大学 2015 年硕士论文。
② 2020 年 11 月颁布的《生态环境部建设项目环境影响报告书(表)审批程序规定》第 17 条有相关规定。
③ Jin Zining, "Environmental Impact Assessment Law in China's Courts: A Study of 107 Judicial Decisions", 55 *Environmental Impact Assessment Review* 35 (2015).
④ 即湖南省长沙市芙蓉区人民法院(2013)芙行初字第 82 号行政判决书;浙江省高级人民法院(2013)浙行终字第 42 号行政判决书;郑州市中级人民法院(2012)郑行终字第 365 号行政判决书、湖南省长沙市中级人民法院(2011)长中行终字第 0030 号行政判决书。

案件判决中,法官无一例外地均未深入环评文件中的高度专业性的技术内容,更多关注环评审批的程序和形式。原告就环评文件专业技术内容提出质疑的,法官们或者在判决中根本不予回应或以原告未提供充分证据为由而置之不理[1];即使在对原告质疑作出回应的少数情况中,法官也倾向于简单以环评文件"通过了技术专家的评审"或"(技术)评审意见认为资料齐全"即不采信原告的相关主张,如正文花园业主委员会诉上海市环保局案[2]和楚德升诉郑州市环保局案(一审)[3]。

(二)"中科"三期案及与大陆之对比

1. "中科"三期环评争议始末及其提出的未决问题

"中科"三期计划开发单位"中科局"于 2006 年提出该计划环境影响说明书送环境保护事务主管机关审查,环境保护事务主管机关于当年有条件通过环评审批。当地居民不服,提起行政争讼。2007 年,"台北高等行政法院"2007 年度诉字第 1117 号判决撤销审批结论,环境保护事务主管机关上诉至"最高行政法院"。2010 年,"最高行政法院"2010 年度判字第 30 号判决驳回。但是,环境保护事务主管机关宣布其环评审批结论虽被法院撤销,但开发许可在被目的主管机关依行政程序法规定撤销之前仍然有效,所以"中科"三期无须停工。居民因此向法院提起确认开发许可无效之诉并申请停止执行。"台北高等行政法院"于 2010 年 7 月 30 日裁定"中科"三期开发许可停止执行。

2010 年 8 月 31 日,环境保护事务主管机关在"中科局"于原环说书内加入环境质量及现状、健康风险评估及其他说明数据后,再次作出了有条件通过、无须进行第二阶段环评的审批结论。当地居民又一次不服起诉。2011 年,"台北高等行政法院"2011 年度诉字第 118 号判决驳回起诉。居民上诉至"最高行政法院"。"最高行政法院"以原审未考虑"中科局"迟至审批结论作成时,仍未就系争开发行为所可能造成的环境影响及健康风险,提出完整的说明及评估;且环境保护事务主管机关就开发计划是否使当地环境显著逾越环境质量标准,或是否超过当地环境涵容能力,

---

[1] 浙江省温州市中级人民法院(2012)浙温行终字第 72 号行政判决书。
[2] 上海市第二中级人民法院(2013)沪二中行终字第 576 号行政判决书。
[3] 河南省郑州市中原区人民法院(2011)中行初第 82 号行政判决书。

以及是否影响当地居民之健康等"对环境有重大影响之虞"事项,均未厘清;未进行第二阶段环评即仓促以附条件方式作成通过环评之结论;判决废弃原判并发回重审。最后,2014年8月8日,"台北高等行政法院"以2013年度诉更一字第40号和解协议终结此案诉讼进程。

与林内焚化炉案相比,"中科"三期案提出的问题看来要棘手得多,很难做到让问题随着案件的解决而获得确定答案。特别是该案最后以调解结案,未尝不可看作是对一时难以达成共识之未决问题的回避。就本研究的关注而言,值得注意的争点至少包括了如下内容。

(1)原被告彼此攻防的焦点之一是"中科"三期作为开发活动有无"有重大环境影响之虞"、由此是否需要进入第二阶段环评。台湾地区环境保护事务主管机关认为其有条件通过审批结论所附条件中,包括了"开发单位于营运前应的健康风险评估"送环境保护事务主管机关另案审查。"如评估结果对居民健康有长期不利影响,开发单位应承诺无条件撤销本开发案",因此当地居民健康当属"无虞",故无须进入二阶环评。该案司法实务见解明确否定了这一主张。

如前所述,两阶环评之程序设计,发挥的是繁简分流之筛选功能,因此,此处争论的实质在于筛选标准,即何种开发活动应进入程序相对完备的、有实质公众参与的二阶环评程序。对此,本案中"法院"提出附条件通过之条件,应是"单纯的、不繁复的、毋须精细管控的"[①],否则应进入二阶环评;但这种表述仍是较为含糊抽象的,而台湾地区学界有关何谓"有重大影响之虞"的相关讨论也并没有对作为争论实质的筛选标准提供更为具体明确的答案。

(2)针对环评司法审查的标准及密度,台湾地区环境保护事务主管机关坚持环评的高度技术性和专业性,强调法院在此应持尊让态度;但"最高行政法院"坚持了司法机关对环评审批这一高度技术性判断仍有审查权的立场,并将林内焚化炉案有关判断余地瑕疵审查的6项考虑因素[②]发展为8项[③]。

这一司法见解在台湾地区学界被批评为混淆了裁量和不确定法律概

---

① "台北高等行政法院"2010停字第11号。
② "高雄高等行政法院"2003年度诉更字第35号。
③ 台湾"最高行"2010判字第30号。

念之判断余地的司法审查。① 的确,从法院在林内焚化炉案和本案一以贯之的相关论理来看,的确看不出法官有意区分二者。不过,这只是个无关宏旨的技术性细节,还是会带来什么严重后果? 至少在这个案件中,不容易看出区分二者会有什么实际的影响。更值得注意的是,对于高度专业性的行政判断,法官虽均声称只进行低密度审查,但是,司法审查中使用的"判断出于错误之事实认定或不完全之信息"这一考虑因素,实在极为灵活:法官在做此考虑时,完全可以极深地介入专业性行政判断的实质内容。② 这种司法审查权边界究竟何在,仍是未决问题。

(3) 本案引发最广泛关注和讨论的争点,是环评审批结论与开发许可的关系。台湾地区环境保护事务主管机关在其 2010 年就"中科"三期所作第一次环评审批结论被法院撤销后,抛出了环评审批被撤销、开发许可并不自动失效的论点,遭到学界几乎是众口一声的批评③,但法院对此主张最终未作正面回应:虽然"台北高等行政法院"发出过开发许可停止执行的裁定,但该裁定并未对开发许可是否无效作出直接评判。

台湾地区"环评法"明确规定了,环评审批是开发许可的前置程序,并且环评通过是开发许可的前提条件,许可机关在"环境影响说明书未经完成审查或评估书未经认可前","不得为开发行为之许可,其经许可者,无效"(14 条)。此即所谓的环评"否决权"条款。就法理而言,前述有关环评审批被撤销后开发许可只是得撤销而非无效之环境保护事务主管机关主张,的确与台湾地区"环评法"上这一所谓"否决权"条款存在明显紧张④,这一点少有研究者质疑。

使这一问题复杂化的是,台湾地区有学者⑤质疑"环评法"上否决权制本身的合理性,指其造成环境考虑与其他考量割裂、使环保机关承受过多政治压力等,主张至少应当在新的社会状况下重新考虑否决权制的适

---

① 黄锦堂:《高度科技专业性行政决定之司法控制密度》,载《东吴法律学报》2009 年第 21 卷第 1 期。
② 黄丞仪:《环境决策、司法审查与行政合理性》,载黄丞仪主编:《行政管制与行政争讼》,台湾地区法律学研究所 2010 年,第 321—432 页。
③ 如李建良:《中科环评的法律课题——台湾地区法治国的沦丧与危机》,载《台湾法学》149 期,2010 年。
④ 傅玲静:《多阶段行政程序——环境影响评估程序与开发许可程序之关系》,载《月旦法学教室》2008 年第 66 期。
⑤ 叶俊荣:《捍卫环评制度尊严的行政法院中科裁判》,载《月旦法学杂志》2010 年第 185 期。

用性;而台湾地区行政实务界也有力量在推动废弃此条款代之以所谓的"环评参考制",使环评审批结论(包括环评审查意见)仅供开发许可机关参考。但是,在台湾地区,无论学界还是实务界均存在不同声音:不仅环保团体激烈反对这一动议,学界也有意见认为,环评参考制可能意味着环评结论免受司法审查以及受开发行为影响的利害关系人丧失诉权,在这个意义上将是"倒退式"①改革。

2. 对比大陆情况

第一,有关环评程序繁简分流的筛选标准。大陆显然存在类似问题,即有必要明确区分相对简易的环评登记表、报告表和相对繁复的报告书三者适用对象。只是,大陆开发项目数量规模庞大,如果采用个案决定方式将使环保机关不堪重负。如前所述,与台湾地区将筛选适用对象的工作交由环保机关逐案审核的做法不同,大陆通过授权环保部门颁布《分类名录》的方式分别列举三种类型环评的适用对象。现实中,大陆项目开发单位同样有动机逃避较为繁复的环评程序而选择较简易的环评程序,由此引发纠纷也的确存在。例如,钱宏业诉上海闸北区环保局案②中原告主张涉案项目应制作报告书而不是报告表;天帆蓄电池诉攸县环保局案③中,原告主张涉案项目应采用报告表而非登记表。在这两个案例中,法官均援引《分类名录》对争议作出了裁断。

第二,有关环评司法审查的强度与密度,大陆司法实务中并不使用上述来自德国的裁量与不确定法律概念的区分,但这并不是说,大陆司法中不会遇到高度技术性行政判断的司法审查问题。只是,由于立法未提供明确指示,学理研究又未提供足够的理论支撑和细致分析工具,法官只能在实践中随机摸索。而在环评司法审查领域,如前所述,这种摸索在大多数情况下表现为法官的"能推就推、能躲就躲"。不过,环评本身是高度技术化的活动,司法实务中不可能完全避免高度技术性争点,法官不再回避时,一种可能的处理方法是诉诸已有的技术标准。如楚德升诉郑州市环保局(二审)④一案的判决书中有如下表述:"电磁辐射作为一种客观存在

---

① 刘宗德:《台湾地区环境影响评估制度之现状与发展》,载《月旦法学杂志》2013年2月第213期。
② 上海市闸北区人民法院(2000)闸行初字第41号行政判决书。
③ 湖南省株洲市中级人民法院(2009)株中法行终字第30号行政判决书。
④ 河南省郑州市中级人民法院(2012)郑行终字第135号行政判决书。

的物理现象,对于人体健康是否产生危害及危害后果大小,在目前尚具有不确定性,科学上亦未形成统一的认知。因此,现今仍需以国家现行的标准作为评判的依据。"事实上,有研究①发现,这种对技术标准的高度依赖的现象,也广泛存在于环境损害赔偿类的裁判中。

第三,有关环评审批与开发许可之间的关系,《环评法》在2016年修订之前,也和台湾地区一样明确要求开发许可以环评审批通过为前提。但对于开发许可违反此前提的法律后果,《环评法》并未像台湾地区"环评法"一样明确规定未经环评审批或环评未通过则开发许可无效。而实务中,大陆同样存在未经环评审批通过情况下相关开发许可是否得撤销的争讼。典型的代表,如公报案例沈希贤案②中,沈希贤等人起诉要求撤销北京市规划委员会颁发建设工程规划许可证,理由是该许可证是在项目未经环评审批通过的情况下颁发的,得到了法院的支持。事实上,对于更为一般的所谓"违法性继承"问题,即多阶段行政程序中,前阶行为违法性是否会造成后阶行政行为之违法而得撤销,大陆法学界已经展开了一定的研究和探讨。③

着眼于《环评法》所确立的整体制度架构,环评否决权之设计值得仔细检讨斟酌。《环境保护法》和《环评法》中关于建设项目未报批环评则不得许可和不得开工的规定,从字面来看,也同样肯认了环评审批的否决权。只是,长期存在的允许未批先建者可"限期补办"环评审批手续的规定,事实上架空了上述环评否决权条款:许多项目均是利用此漏洞,先开工建设,造成既成事实,才去补办环评手续;鉴于此时建设项目已经有大量投入,环评专家和审批者显然面临更大压力,难以作出否定该项目的决定。④ 在2014年《环境保护法》和2016年《环境保护法》的修订中,有关"限期补办"的内容已经被删除,这被认为是环保上的进步。然而,2016

---

① 金自宁:《风险社会背景下的合规抗辩——从一起环境污染损害案例切入》,载《北大法律评论》(第13卷第2辑),北京大学出版社2012年版,第442—468页。
② 《沈希贤等182人诉北京市规划委员会颁发建设工程规划许可证纠纷案》,载《最高人民法院公报》2004年第5期,第43页。
③ 如朱芒:《"行政行为违法性继承"的表现及其范围——从个案判决与成文法规范关系角度的探讨》,载《中国法学》2010年第3期。王贵松:《论行政行为的违法性继承》,载《中国法学》2015年第3期;成协中:《行政行为违法性继承的中国图景》,载《中国法学》2016年第3期。
④ 汪劲:《对提高环评有效性问题的法律思考——以环评报告书审批过程为中心》,载《环境保护》2005年第3期。

年《环评法》修订时,在未公开说明修订理由的情况下,删除了环评未报批则不得给予项目开发许可的规定,只保留了未报批环评不得开工的规定。① 鉴于此次修订同时将登记表类项目由审批制改为登记制,并且取消了环评文件的预审,一个可能的推断是删除未报批环评不得许可之规定是为了简化许可程序。但此种触及环评否决权的立法变动对环评制度实效将发生何种影响,在大陆并未引发应有的注意和讨论。

(三) 补充说明

以上为与台湾地区相比较而搜索得到的大陆环评诉讼案件,均未引起当事人之外的民众广泛关注,因此在社会影响力上与媒体持续报道的台湾地区"林内案"和"中科案"不可同日而语。在大陆,一些引发广泛社会关注的环评争议,如"深圳西部通道环评案件"②和本书下一章专门讨论的"厦门 PX 事件"③等,往往并非进入司法程序的公共事件。这种状况应该与前述大陆法院在环评领域相对而言比台湾地区法院更为保守的立场、大陆环评实在法规范相对粗疏等均有关联。

另外,在我国台湾地区环评诉讼案件中,环保团体很活跃,公众诉讼占到了相当的比例。④ 在 2014 年之前,大陆虽有一些公众和环保团体尝试提起试验性公益诉讼,也有一些成功的案例零星出现,但绝对数量很少。2014 年修订的《环境保护法》(第 58 条)为一定范围内的环境公益诉讼提供了正式法律依据,大陆环境公益诉讼总量近年来有了明显增加,同时环保团体在通过公益诉讼推动环评制度完善方面也起到了更大的作用。⑤

六、结　　语

概括而言,我国大陆和台湾地区的环评制度及其实践,整体上各有特

---

① 2018 年修改时,此规定得以保留(第 25 条)。
② 金自宁:《跨越专业门槛的风险交流与公众参与——透视深圳西部通道环评事件》,载《中外法学》2014 年第 1 期。
③ 金自宁:《风险决定的理性探求——PX 事件的启示》,载《当代法学》2014 年第 6 期。
④ 叶俊荣、张文贞:《环境影响评估制度问题之探讨》,我国台湾地区"行政院"研究发展考核委员会编制(计划编号 RDEC-RES-098-007),2010 年 6 月,第 37、44 页。
⑤ 不过,获得环境公益诉讼原告资格的环保组织在参与环境公益诉讼时仍然面临不少困难,可参见曾煌林、可文彤欣:《环保组织参与环境公益诉讼的困境与出路》,载《辽宁工业大学学报(社会科学版)》2017 年第 1 期。

色，互有长短，通过加强交流、彼此参照、互相借鉴，有利于促进对环评制度功能发挥、使环评更具实效的研究和探索。

本章的研究显示，从制度框架来看，我国大陆与台湾地区环评制度设计上异中有同，基本轮廓是相似的，只是在公众参与和变更之核准等方面，台湾地区相关规范设计更为细密，操作性更强；至于不同环评程序适用对象之筛选标准，实际上涉及行政效率与环评法所追求的风险预防目标之间的折中调和，台湾地区采用个案决定方式而大陆采用《分类名录》方式，分别与两地环保机关所要处理的开发项目数量规模上的差异相适应。

从环评制度的行政执行情况来看，我国大陆和台湾地区面临着相同的挑战，即环评审批通过率高、有条件通过居多、实质性公众参与程序实际适用少等。本书第四章会再回到专家和公众参与环评的问题上来。

从环评诉讼之实践来看，大陆较早地解决了台湾地区长期争论不休[①]的环评审批可诉性和当地居民之原告资格问题，而且，对于多阶行政行为违法性继承问题，大陆的讨论比台湾地区更多；但就法理上仍有疑义的问题而言，针对涉及高度专业性判断之环评如何进行司法审查，台湾地区法官表现得远较大陆法官积极和能动，并相应地推动了对环评司法审查之强度/密度的探讨。本书第六章对此问题展开了专门的讨论。

另外，在我国台湾地区成为一大热点的环评否决制存废问题，在大陆并未引发类似讨论[②]，这一现象值得深思；事实上，环评否决权条款在大陆同样被认为是决定环评制度实效性的关键条款，其存废对整个环评制度的定位而言关系重大，因此立法上相关调整并没有引发讨论应该更多是因为立法过程信息公开不够、信息交流不充分而并非此问题不重要。而且，我国大陆和台湾地区的环评制度是各自发展起来的，虽然存在诸多差异，但也表现出惊人的相似性。本书下一章就这一问题展开专门的讨论。

---

① 在林内案尘埃落定之后，仍有研究者主张环评审查并非行政处分。如辛年丰：《对环境影响评估程序提起诉讼之法理分析》，载《东海大学法学研究》2011年6月第34期。

② 一个少有的例外是唐明良：《环评行政程序的法理与技术》，社会科学文献出版社2012年版，第53—73页。

第二章　中国特色:我国环评否决制的法理探究

　　当代中国的法律制度研究必须在一定程度上超越法条主义,这并非学术本身的逻辑要求,而是学术所附着的生活世界使然。
　　——苏力:《语境论:一种法律制度研究的进路和方法》

【提要】　我国《环评法》明确规定了建设项目环评否决制,近年来却出现一些质疑,亟须澄清。对我国环评否决相关立法规范要求的解释分析,显示其并未割裂环保与其他考虑因素,反而是特定社会条件下确保"综合决策"所必需;体现生态阈限要求的环评否决具有保障环保"红线"落实的功能,赋予环评否决效力也比可能的替代方案更有利于保障环评真正融入开发决策,因而我国当前不宜削弱环评否决制。为此,应当进一步明确环评否决的适用情形,并有必要坚持环评前置、对环评的行政监督等相关机制。

一、引言:问题的提出

　　2002年颁布、2003年实施的《环评法》明确规定"建设项目的环境影响评价文件未经法律规定的审批部门审查或者审查后未予批准的,该项目审批部门不得批准其建设,建设单位不得开工建设"(第25条)。2016年,此条被修正为:"建设项目的环境影响评价文件未依法经审批部门审查或者审查后未予批准的,建设单位不得开工建设"[①]。2018年修订中,此条继续得以保留。这条规定的实质,是使得环评对于项目开发活动具有"一票否决"的效果,此项制度安排也因此被称为环评"否决制"。这一

[①] 此修订的影响与意义将于本章后文展开讨论。

赋予环评实质性法律效果的立法安排,作为"最直接体现了预防原则"的环保利器,在很长时间里都是环保行政执法的重点[①],甚至引起外国研究者的羡慕[②]。

然而,近年来,我国大众媒体上出现取消环评"一票否决"的声音[③],引发环保人士的忧虑。主张取消环评否决制的主要理由是:"如果赋予环保部门一票否决权,等于是把环境保护凌驾于人的生存与经济发展、正义与效率及人权与产权等所有其他目标之上,固然是遂了某些环保人士的愿,但这忽略了政府公共治理多目标性与复杂性。"附带理由还包括:环评否决赋予环保部门重大权力,会带来寻租腐败问题。[④]

大众媒体上此类声音背后,也有一些专家学者的支持,如台湾地区学者叶俊荣曾主张应将环评并入与项目许可相关的其他考虑,由项目许可机关综合权衡决策,理由是:"任何开发计划皆不可能只涉及环境因素,一个负责任的完整决策过程,毋宁是决策者必须权衡所有相关因素,全盘考虑后作出决策并担起政治责任……(环评一票否决)加深了环境因素与非环境因素的冲突与对抗……"[⑤]这种议论在大陆学者中亦颇有影响。[⑥]

推敲起来,取消环评否决制的主张包含了不同的具体论点,并使用了很不相同的论据。可大致归为三种。第一种论据主要是指出环评否决制与代表性的西方发达国家不同。第二种论据是环评否决制下一票否决作

[①] 2005年引发媒体广泛关注的"环保风暴"中,环保机关所适用的即是与此条款对应的罚则。有关介绍,可见汪劲:《环境法学》,北京大学出版社2011年版,第134页。

[②] 如桑原勇进在论及中国的环评否决效果时,称"为确保可持续发展,中国法的构造比较妥当"。〔日〕桑原勇进:《中日环境影响评价法比较研究》,金永明译,载《政治与法律》2002年第1期。

[③] 陈斌:《环评一票否决应当保留吗——对环评法修订的冷思考》,http://www.infzm.com/content/118594,2021年8月1日最后访问。

[④] 至于该文将项目环评制度与规划环评制度对比,主张规划环评无环评一票否决则项目环评也可如此类推的论证是不能成立的,因为我们完全可以反过来类推:连项目环评都有一票否决,规划环评不是也应该有吗?事实上,环境法学界一直存在应授权环保机关审查规划环评文件的主张,如汪劲:《中外环境影响评价制度比较研究:环境与开发决策的正当法律程序》,北京大学出版社2006年版,第348页。

[⑤] 叶俊荣:《捍卫环评制度尊严的"行政法院"中科裁判》,载《月旦法学杂志》2010年第185期。

[⑥] 如阮丽娟、吴天意:《论环境影响评价审查结论的法律效力》,载《吉首大学学报(社会科学版)》2016年第4期。另唐明良虽支持环评否决权装置"不可或缺",但也顾虑"环评否决权装置会带来行政程序割裂"。唐明良:《环评行政程序的法理与技术》,社会科学文献出版社2012年版,第68、71页。

为一种权力,有被滥用的可能。第三种论据,可称为"割裂"说,指环评否决制割裂了环保与其他值得考虑的因素,不利于政府在多元目标和价值之间保持平衡。

第一种论据,严格说来,并不构成一种论证,因为此处提供的只是一个事实,即中国环评否决制与美德均不同。这最多可以起到一种类似警示信号的作用,提醒研究者注意,这里很可能有值得研究的有意思的现象。但这个现象本身,作为一种事实,并不必然指向任何特定的主张:一方面,如果我们不是不假思索地将西方国家当成应当参照的标准甚或应当模仿的典范,则我们完全可以追问,美国和德国如此,我们就一定要如此吗?另一方面,如果我们不是不假思索地将中国特有等同于中国"特长",我们也可以追问:中国一定要与美国德国不一样吗?不同只是不同而已,它到底意味着更好还是更坏或者——也许概率更大地——不好不坏,必须结合所欲追求的目标和为达成目标而可利用资源及面临的局限条件来具体考量。要回答这些追问,必须探讨中国确立环评否决制的实质性理由,而一旦开始讨论那些实质性理由,就会发现,真正重要的,是这些实质性理由本身是否成立,而不是或异或同的标签。

第二种论据,则涉及有很多经验证据支持的真实担忧,即一切权力都有被滥用的倾向。但是,支持此论点的一般论据,同样可以用来说明此论点的似是而非之处:既然一切权力都可能被滥用,则用"可能被滥用"作为理由来主张取消行政权力就意味着极端的无政府主义立场。如果我们和绝大多数论者一样,并不是无政府主义者,则此处真正需要澄清的问题仍是,环评否决权是否有必要:如无必要,则取消它,伴随它的权力滥用风险自然随之消失;如有必要,则需处理伴随它的权力滥用风险。——事实上,控制行政权力的滥用风险被公认为行政法的核心功能之一。[①]

第三种论据,即"割裂"说,其理由是实质性的,值得认真讨论。事实上,我国环保法学及实务界长期以来都认为,综合决策,即在决策过程中对环境、经济和社会发展进行统筹兼顾、综合平衡,是值得追求的目标。[②] 我国环境法教材上所总结的"协调发展原则",正是试图同时兼

---

① "控权"论者甚至认为,整个行政法体系存在的意义就在于控制行政权力滥用的风险。
② 如王曦:《建立环境与发展综合决策机制,实施可持续发展战略》,载《经济界》2003年第5期;蔡守秋、莫神星:《环境与发展综合决策的立法探讨》,载《中国人口·资源与环境》2004年第2期;吕忠梅:《环境与发展综合决策的法律思考》,载《甘肃社会科学》2006年第6期。

顾,使环境保护与经济社会发展相协调。① 其在实证法上的依据是我国1989年《环境保护法》第4条的规定:"国家制定的环境保护规划必须纳入国民经济和社会发展计划,国家采取有利于环境保护的经济、技术政策和措施,使环境保护工作同经济建设和社会发展相协调。"此条在2014年被修订为:"保护环境是国家的基本国策。国家采取有利于节约和循环利用资源、保护和改善环境、促进人与自然和谐的经济、技术政策和措施,使经济社会发展与环境保护相协调。"可以看出,新法仍然强调环境保护与经济社会发展之间的协调,虽然强调的重点和顺序有所变化。② 就此而言,若环评"一票否决"就意味着放弃这种"兼顾"和"平衡",则不仅难说合理,还有违法之嫌。

有鉴于此,本章以下虽然在具体论述中会提及中国与美国德国的不同以及相关权力滥用的可能性,但主要关注上述第三种论据,即"割裂说"。

二、我国环评否决制下的综合决策

我国现行法下,环评对于建设项目的否决效能通过环评审批程序来实现,是否通过环评审批直接决定了开发项目能否合法继续。在这个意义上,环评审批程序,和建设用地许可程序③一样,可视为作为整体的项目许可程序的一个组成部分。以此看来,上述"割裂说",可能有两种不同的含义,一是,我国现行环评否决制下,环评审批机关即环保机关,割裂了环保价值与其他考虑,表现为环保机关作为环评审批机关只考虑环保而无须考虑其他问题(特指经济社会的发展需要)。二是我国现行环评否决制下,项目许可机关即各级政府或政府的发展部门,割裂了环保价值与其他考虑,表现为许可机关在作出项目许可决定时只需考虑经济社会发展需要而不考虑环保价值。下面分述之。

(一) 环评审批只关乎环保吗?

以否决制为特色的我国项目环评立法的整体定位,从一开始就源自

---

① 金瑞林:《环境与资源保护法学》,北京大学出版社1999年版,第96页。
② 吕忠梅:《环境法学概要》,法律出版社2016年版,第75页。
③ 在建设项目条例修改之前,水土保持方案和环评以及建设用地许可一样是项目许可的前置程序。

对建设项目可能涉及的多元利益的确认与权衡。与环评立法在世界范围内的肇始者美国不同,我国项目环评立法从根本上说并非旨在控制国家公权力机构的决策行为,而首先是旨在控制建设单位的项目开发活动。项目环评审批这一立法安排反映了对可能造成环境污染和生态破坏的企业之不信任,从性质上说是行政机关用审批方式对利用自然资源、影响生态环境之企业活动的事前干预。这种不信任和事前干预的合理性源于大量环境污染和生态破坏的确是企业活动的直接后果;而逐利是企业的本性,若非环评法的强制要求,原本并无额外花费时间金钱进行环评的动机;甚至在环评法有明确要求的情况下,企业进行环评也并非为控制降低自身经济活动的不利环境影响,而是为了通过项目审批获得开发许可。

更进一步,由企业出钱委托环评单位编制的环评文件,长期以来也一直难获信任:因为企业"用钱说话",若是受托单位不去迎合委托企业就很难招徕生意,在环评市场上难以生存。这种现实也使得对环评单位和环评专家为迎合金主而牺牲其专业性的怀疑无法彻底消除。[1] 也就是说,这种对企业的不信任,也延伸到了企业所委托的、从事环评服务的环评专业机构及其专业人员。就此而言,理论上,若是环评领域存在系统的专业技术规范以及严密的行业自律机制,应可提高环评作为专业活动的公信力。但这一点在我国长期以来还并非现实。如在 2009 年,环保部抽查的 75 家环评机构中,有 30 家出现了质量和管理问题,比例高达四成;并且 40 名环评专职人员被点名批评;在 2012 年,环保部抽查的 501 家环评机构中也有 88 家因质量和管理问题被处罚,49 名从业人员受通报批评。[2] 这也是支持对建设单位委托环评机构所准备的环评文件进行行政干预的现实理由。

---

[1] 为了避免环评单位因"拿人手短吃人嘴软"而过分受制于委托企业,早期有不少研究者建议由政府出面选择环评单位。参见熊慧龄:《环境影响评价制度的委托程序问题》,载《中国环境管理》1994 年第 2 期;罗宏、柴发合、周琳:《我国环境影响评价中存在的问题及其对策》,载《环境与开发》2000 年第 1 期。这对当前制度冲击较大。一个更加温和而易行的对策是:对可能有重大环境影响的项目,可以要求企业用招标方式选择环评单位,环评费用由企业事先交由招投标平台,环评文件完成后支付给环评单位。

[2] 环保部办公厅:《关于 2009 年度环境影响评价机构抽查情况的通报》(环办〔2010〕90号)。环保部办公厅:《关于环境影响评价机构专项执法检查发现存在问题的评价机构处理意见的通报》(环办〔2012〕152 号)。

就程序设计而言,一般认为,制度化的公众参与向利益相关者提供了表达机会,使得多元价值和利益可以彼此沟通和互相协调,并由此能够增进行政行为的正当性。① 而我国现行《环评法》上所规定的环评程序,在环评文件制作和环评审批两个阶段均有公众参与的规定:在环评报告书编制期间,建设单位应"通过举行论证会、听证会,或者采取其他形式,征求有关单位、专家和公众的意见";并且,建设单位应当在报批环评报告书时,"附具对有关单位、专家和公众的意见采纳或者不采纳的说明"(《环评法》第21条);在环评审批阶段,审批机关应当公告受理环评文件的信息,对公众意见较大的建设项目,并可以"采取调查公众意见、咨询专家意见、座谈会、论证会、听证会等形式"再次公开征求公众意见(《环境影响评价公众参与暂行办法》第13条)②。就实践中引发广泛关注的典型案例来看,受到项目建设影响的附近居民具有参与环评的强烈动机,并且在事实上会采取各种方式积极表达自己的权利主张和利益诉求,以期促使行政机关在决策时对其意见予以慎重考虑。③

如果我们深入我国环评的具体内容及环评审批的具体标准,还可发现,虽然环境保护是环评制度的关注焦点,但是我国现行相关立法并不排斥——相反已容纳了——多元价值和利益的权衡。就环评文件的具体内容而言,如果仔细推敲我国立法相关规定,可以发现其部分地确认了以环评审批对象即环评文件编制工作中事实与价值交织、科学与政策混杂的特征,如《环评法》对于"建设项目环境影响报告书"内容的列举(第17条),就不只包括了"建设项目对环境可能造成影响的分析、预测和评估",也包括了"建设项目环境保护措施及其技术、经济论证"和"建设项目对环境影响的经济损益分析"等内容。与环评文件具体内容的混杂特性相应,我国环评审批的具体标准也存在事实与价值交织、科学与政策混杂的情

---

① 王锡锌:《公众参与和行政过程:一个理念和制度分析的框架》,中国民主法制出版社2007年版,第40—41页。对此定位的反思,可参见金自宁:《参与型行政:美国理论与中国现实》,载汪丁丁主编:《新政治经济学评论.20》,浙江大学出版社2012年版。
② 此条在2018年新版《环境影响评价公众参与办法》中被修订为:"在生态环境主管部门受理环境影响报告书后和作出审批决定前的信息公开期间,公民、法人和其他组织可以依照规定的方式、途径和期限,提出对建设项目环境影响报告书审批的意见和建议,举报相关违法行为。生态环境主管部门对收到的举报,应当依照国家有关规定处理。必要时,生态环境主管部门可以通过适当方式向公众反馈意见采纳情况。"(第24条)
③ 如系列PX事件等。但我国当前的环评公参相关规定仍有明显不足。可参见金自宁:《风险决定的理性探求——PX事件的启示》,载《当代法学》2014年第6期。

况。体现在相关规定中,可能通过直接明示规定超越单纯科学事实的价值考虑,也可能通过运用不确定概念而间接引入价值权衡。例如,2017年《建设项目环境保护管理条例》第 11 条规定的环评文件"不予批准"五种情形,包括了:"基础资料数据明显不实,内容存在重大缺陷、遗漏,或者环境影响评价结论不明确、不合理"(第五项),这是明确授权行政机关进行评价裁量;即使第三项涉及污染物排放不达标这种明显以技术标准为依据的情形列举,也因为使用了"无法确保""必要"等灵活概念而留下了允许引入政策考虑和价值判断的行政裁量空间。

综上,我国的环评审批,无论整体制度定位还是程序设计,均并非单就环保言环保,同时也考虑了企业逐利动机、环评机构的可靠性、受影响的居民权益等相关因素;而且无论审批内容还是审批标准均留下了将环保与环保措施的经济代价等其他相关因素综合考虑的空间和余地。可以说,假定环评审批只关乎环保的"割裂说",是无视我国实证法规范要求的表面印象,包含了过度简化的错误理解。

(二) 项目许可忽略了环保吗?

项目许可机关是否忽略了环保的问题,应当分两个层次来讨论。第一层次的问题是,现行制度下项目许可机关是否在事实上倾向于忽略环保?第二层次的问题是,现行环评否决制是否造成了项目许可机关忽略环保?相关议论者却经常有意无意地混淆二者:他们意图主张后者,实际上谈论的却是前者。清晰地区分二者即可澄清其中谬误。

中国多年实际经验表明,项目许可机关的确倾向于忽略环境保护。但这并非环评否决制造成的。——恰恰相反,环评"一票否决"的安排,原本就反映了对项目许可机关以及以项目许可机关为代表的地方政府倾向于"以环境为代价发展经济"的忧虑,是对项目许可机关以及地方政府倾向于轻视和忽略建设项目环境影响的一种矫正。这种忧虑和矫正的必要性也有大量实际经验和相关研究的支持。

早在《环评法》颁行之前,1989 年《环境保护法》即已经明确环评审批是项目许可的前置程序[①],这在司法实践中被解释为项目许可机关有义务考虑建设单位完成环评审批的情况:如果建设单位未提交其通过环评

---

① "环境影响报告书经批准后,计划部门方可批准建设项目设计任务书"(第 13 条)。

审批的文件,则给予项目开发许可是违法的①。2002年《环评法》进一步将环评否决制的法定要求明确为:当未通过环评审批(包括未办理环评审批和环评审批结论为不通过)时,建设项目即被否决,项目许可机关不应给予项目开发许可;当环评审批结论为通过时,项目许可机关方可综合环评及其他考虑决定是否给予项目开发许可。为满足此法定要求,项目许可机关在进行项目许可与否的审查决定时,必须将前置的环评审批相关情况纳入考虑。

概括而言,我国2002年《环评法》所确立的环评否决制,一方面通过程序上将环评审批前置于项目许可,使通过环评成为项目许可前提条件;另一方面通过在实质上授权环评审批机关对建设项目的否决权力,切实保障了环评对项目开发与否具有决定性影响,特别是确保了环评对项目开发决策的实质性影响不会因项目许可机关忽略环保的意向而转移。在这两层意义上,我国2002年《环评法》所明确的环评否决制并未"割裂"环保与其他考虑,恰恰是发挥了保障环评能够被"融入"后续项目许可决策的作用。

项目许可机关就事务分工来说,更关注经济社会发展而不是环保,更容易受地方政府"重发展轻环保"立场的影响②;这可部分地解释我国环评文件的行政审查由环保机关而不是像环评法母国美国那样由项目许可机关来实施。③ 在这个意义上,我国环评审批否决权的立法设计,可视为行政系统内的一种分权制衡机制:环评审批的否决效力使环保机关分享、同时也制约了原本由项目许可机关享有的项目开发决策权。

当然,认识到项目许可机关及地方政府倾向于忽略环保正是我国环评否决制试图应对的现实问题,并非否认其面临的实际障碍和压力:由于环保行政机关本身隶属于政府,人财物均受制于当地政府,独立抵制地方

---

① 可参见《沈希贤等182人诉北京市规划委员会颁发建设工程规划许可证纠纷案》,载《最高人民法院公报》2004年第3期。

② 如王曦:《论美国〈国家环境政策法〉对完善我国环境法制的启示》,载《现代法学》2009年第4期。

③ 事实上,出于类似的考虑,在美国虽然并不存在中国式对环评的行政审批及否决制,但其拟议行动的联邦机关所作环评也需接受环保部门的行政复审(review)和监督。康文尚:《试析美国环境影响评估制度的行政监督》,载《"中研院"法学期刊》2012年第11期。

政府"重经济增长轻环境保护"的倾向的确是环保机关"难以承受之重"。① 但是,在此同样不能倒因为果地将这些现实障碍归为是由环评否决制造成的——这些障碍不过是环评否决制设计未能获得充分落实的现实原因;如果坚持环评否决制,就有必要克服这些障碍。如我国 2014 年修订的《环境保护法》在坚持环评否决制(第 19 条)的同时,规定了国家实行环保目标责任制和考核评价制度(第 26 条),明确应将环保绩效纳入地方政府及其负责人的考核内容②;近年来,我国更提出"实行省以下环保机构监测监察执法垂直管理制度"③,期望此改革可以在相当程度上避开(省以下)地方政府经济绩效至上之动机给地方环保执法所带来的压力。

三、我国环评否决制之一般理据及运作实效

(一) 检视环保与发展的关系

如果着眼于更一般的法理,还可发现,上述"割裂说"不仅误解了我国环评审批否决制在现行法下的规范要求,而且对环保与经济社会发展之间关系的理解也失于粗疏。

的确,就一般理念而言,环保价值不应凌驾于其他多种价值和目标。虽然人类作为一个物种只有在一定的自然环境中才能生存,因此,环境保护是人类的根本利益之一;但经济社会发展也是人类的重要利益。④

然而,环境保护与经济发展的矛盾和冲突也是客观存在的。如过度放牧导致草地退化,或者雾霾等重污染天气下的限产停产等。而且,这种冲突和矛盾并不局限于一时一地,有时直接关涉人作为个体、群体直至整个物种的健康和生死存亡;在那些著名的公害事件中,千万人因随经济社

---

① 任景明:《从头越——国家环境保护管理体制顶层设计探索》,中国环境出版社 2013 年版,第 104 页。
② 但仍欠缺可操作的具体规范,实践中环保与"保增长"及"维稳"的矛盾仍很突出。参见王灿发:《新〈环境保护法〉实施情况评估报告》,中国政法大学出版社 2016 年版,第 185—186 页。
③ 中共中央办公厅、国务院办公厅《关于省以下环保机构监测监察执法垂直管理制度改革试点工作的指导意见》(中办发〔2016〕63 号)。
④ 金自宁、薛亮编著:《环境与能源法学》,科学出版社 2014 年版,第 43 页。

会活动而来的环境污染而死去①;在人类演化史上,也有像格陵兰岛上的维京人、美洲的玛雅人或太平洋上的复活节岛人这样曾经盛极一时却因资源耗竭最终走向灭亡的事例②。此即生态学上"负载定额律"所揭示的,生态系统都有一定的生产能力、自净能力和抗干扰能力,但这种能力有其限度,即生态阈限(ecological threshold),当生态系统所供养的生物超过其生产能力时,它就会萎缩乃至解体;当排放到生态系统的污染物超出其自净能力时,生态环境就会恶化;当对生态系统的冲击超出其恢复能力时,生态系统会失调甚至崩溃。③

我国环评制度近年来的发展动向,很明显地反映出了对"生态阈限"的意识。2016年,环保部发布的《"十三五"环境影响评价改革实施方案》(环环评〔2016〕95号)提出了所谓的"三线一单",即"生态保护红线、环境质量底线、资源利用上线和环境准入负面清单";之后环保部发文④再次确认了"三线一单"的约束,明确其目的即在于确保发展不超越阈限、不突破"底线"和"天花板"。事实上,早在2014年《环境保护法》修订时,第一条有关立法目的的表述引入"经济社会可持续发展"概念,即暗含了对环境承载力"阈限"的承认,因为"可持续发展"概念的提出,正是源于人们认识到之前不虑及环境的经济社会发展方式是不可持续的,因此,"可持续发展"概念本身,就不仅仅引入了"代际公平",也意味着对环境承载力有限的确认。⑤

生态阈限的存在,意味着环境利益与经济利益之间的彼此权衡妥协并非是无限的,而是存在着不应超越的界线:远离这一界线的地方,在可接受范围内可能存在各种折中调和方案;但在逼近阈限的地方,也即可能会导致环境灾难的情形,是容不得让步的。由此,环评的"一票否决",在建设项目的环境影响已经逼近"生态阈限"的情形下适用,就是合理且必

---

① 如1952年12月,伦敦烟雾事件中,4天中死亡人数较常年同期约多4000人;1984年12月,印度博帕尔农药泄漏事件,造成了2.5万人直接致死,55万人间接致死,另有20多万人永久残废。
② 〔美〕弗·司各特·菲茨杰拉德:《崩溃》,黄昱宁、包慧怡译,上海译文出版社2011年版,第4页。
③ 金瑞林:《环境与资源法学》,北京大学出版社2006年版,第76页。并可参见卢升高:《环境生态学》,浙江大学出版社2010年版,第86页及第19、43页。
④ 《关于以改善环境质量为核心加强环境影响评价管理的通知》(环环评〔2016〕150号)。
⑤ 参见〔日〕交告尚史等:《日本环境法概论》,田林、丁倩雯译,中国法制出版社2014年版,第135页。

要的。

　　这就意味着，应当进一步明确我国环评否决的适用条件，区分两种情形：一种是拟议开发活动对环境的不利影响逼近生态阈限的情形，需要动用环评否决权；另一种是，拟议开发活动对环境的不利影响在可以接受权衡的范围之内，则无须动用环评否决权。在这样的理解下，也可以看出，我国一些研究者提出的重大开发项目停用环评否决的主张[①]是不妥的。因为比起一般的建设项目，重大开发项目更有可能对生态环境造成重大影响，因而更有可能逼近甚至突破生态阈限，即更有可能出现应当启动环评否决权的情形。

（二）促进环保之实效

　　一项立法设计，无论其理据如何，若在现实中并无实效，那么废止它也很可能不失为一项务实的选择。因此，在探讨环评否决制的设立理据之后，仍需考察其实际运作情况。

　　依据我国《环评法》的规定，项目环评"一票否决"的法效仅在两种情形下发生：一是建设项目未经环评审批，二是建设项目已进入环评审批程序且审批结果为不予批准。前者即环评报批的情况，可通过观察环评审批的执行率得知；后者即环评审批结论的情况，体现于环评审批否决率。以下分别考察二者。

　　就《环评法》规定的建设项目环评报批情况来看，根据我国环保部门公布的数据[②]，我国项目环评实际执行率自《环评法》颁行以来上升很快，执行率从2002年的98.3%，到2003年的98.9%，到2004年的99.3%，之后连年保持在99%以上。[③] 这就意味着，因为建设单位"未经环评审批"而依法应当启用环评"一票否决"的项目占比，多年均不到全部建设项目的1%。

---

　　① 如唐明良：《环评行政程序的法理与技术》，社会科学文献出版社2012年版，第71页；田亦尧：《建设项目环评否决权的制度本源与改革路径》，载《现代法学》2016年第2期。
　　② 《中国环境年鉴》（2003—2010）。
　　③ 有研究者指出，这一数字包含了大量"先上车后买票"的"补办环评"情形。据汪劲教授的一次调查，补办环评手续的比例大约占到全部环评的50%。汪劲：《环境法治的中国路径》，中国科学出版社2011年版，第12页。2014年《环境保护法》和2015年《环评法》先后删除了"补办环评"相关规定。

从已进入环评审批的建设项目环评审批结果来看,我国环评审批通过率居高不下。据笔者统计①,在中央,2012年和2013年环保部审批结果可归为"通过"的项目文件数量占其全部公示审批总量的比率在90%以上,审批结果可归入"未予批准"(含不予审批、退加和暂缓)因而项目不得进行(被否决)的占比不到10%;而在地方,如广州市环保局在2012年和2013年环评审批结果公告显示的通过率更是超过了99%,审批结果可归入"未予批准"(含不批准和暂缓)的不到1%。

初看起来,这些数字似乎表明环评审批的一票否决规定并无实际作用:未经环评审批和环评审批不通过,两种情形在我国建设项目开发活动中占比均是极小的。绝大多数建设项目办理并且通过了环评审批,并未启动环评"一票否决"的效力。

但是,仔细推敲上述数据,则可有不同理解:由于中国经济发展速度决定了应办理环评手续的建设项目总数巨大且不断上升,在2002年至2012年,环保部审批的建设项目总量就从23万件上升至接近43万件②;即使是被否决的项目占比在中央不过10%,在地方甚至不到1%,其绝对数量仍相当多。而且,虽然无完整统计数字,但这些被否决的项目所涉及金额是相当可观的。如仅在2005年环评风暴中被叫停的第一批30个项目,就涉及上亿的投资额。③ 更不用说,在这些可进入统计的数字之外,应该有相当多的建设项目因为明显达不到环评审批条件而被开发商主动放弃。概括言之,不应从上述数字简单推论我国环评否决制并无实效,——归根结底,如上文所解释的,环评否决本应在开发建设活动逼近生态阈限时才启动,而这种情形相比一般的开发活动原本就是较为少见的。

另外,需要指出的是,就环评审批具体实践而言,因为《环评法》明确要求环评文件中应包括"建设项目环境保护措施及其技术、经济论证"(第17条),环评单位编制的环评文件,结论也往往是在采取种种环保措施

---

① 金自宁:《中国大陆与台湾地区环评制度之比较:立法框架、行政执行和司法实践》,载《中国地质大学学报(社会科学版)》2017年第3期。
② 2002年和2012年《中国环境年鉴》。
③ 《2005中国大考之环保风暴》,搜狐网专题,http://business.sohu.com/s2005/05huanbaofengbao/,2021年9月20日最后访问。法学界对环保风暴的评论,可见周珂、谭柏平:《环保缘何为风暴》,载《华东政法学院学报》2005年第4期。

后,排放能达到相关标准,对环境的"影响较小""不会造成显著影响"或对环境的负面影响可以得到"有效控制和减缓";相应地,环评审批时,环保机关通常是"同意"或"原则同意"环评文件中所列建设项目的性质、规模、地点以及"拟采取的环境保护措施"。就此而言,只要建设项目完成了环评审批程序,即使审批结论是"通过"而不是"否决"时,环评审批也仍然(以一种更为精细的方式)发挥了促使建设单位将环保纳入考虑的实际效果。

当然,事先审批并不能取代事中和事后监管。长期以来,我国环评审批项目的事中、事后监管相当薄弱,导致许多项目只是在"程序"上通过了环评审批,在后续实际运行中却并未达到经批准的环评文件所明确规定的环保要求。例如,2007年初,原国家环保总局在对100多个市县的上百个工业园区、500多家企业的现场检查中发现,有40%的建设项目缺乏后续监管,环评报告书提出的环保对策和措施难以得到落实。① 还有研究者曾分析2003年至2006年间上海市分五批公布的环境违法企业名单,发现公布的违法事项中,事中事后问题(违反建设项目环境管理规定和不正常运营环境保护设施)占比超过了60%。② 针对这一问题,我国近年来环评制度改革的重点之一就是加强事中事后监管③。然而,就本书的关注而言,重要的是要明确,这些都是我国有必要在环评领域强化事中事后监管的证据,而并不是弱化甚至取消环评否决的理由。

四、我国环评否决制的发展动向

我国环评制度从一开始就在不断变迁之中。如果说过去的调适决定了我国当前环评否决制的实际样貌,那么当前正在发生或可能发生的变革,则决定了我国环评否决制的未来走向。

---

① 全国人大常委会执法检查组《关于检查〈中华人民共和国环境影响评价法〉实施情况的报告》。
② 张怡:《建设项目环境影响评价有效性研究》,同济大学2007年硕士论文,第19页。
③ 相关措施,除了加重环保相关处罚,也包括强化排污许可这一事中事后监管措施与作为事先预防机制的环评之衔接。可参见《关于做好环境影响评价制度与排污许可制衔接相关工作的通知》(环办环评〔2017〕84号)。

(一) 环评前置之松动

中国的行政审批改革在起步时即定位于"进一步转变政府职能,减少行政审批",少抓事前的行政审批,多抓事后的监督检查,切实加强监督和落实"。① 2014 年 12 月国务院发布文件②,提出精简前置审批事项,仅对重特大项目仍保留环评前置审批;对确需保留在项目开工前完成的审批事项,与该项目核准实行并联办理。与此保持一致,《环评法》在 2016 年的修改中,删除了环评文件未经审批部门审查或审查后未予批准则不得给予项目开发许可的规定(2018 年此内容延续相关规定);2017 年《建设项目环境保护管理条例》亦作出了相应修订,删除了原第 9 条规定的应"在项目可行性研究阶段"报批环评文件的规定。

就法律效果而言,这一变动意味着通过环评审批不再是建设项目获得开发许可的前提,并且完成环评的时间点只需要早于开工,而不必先于项目的开发许可。如前所述,在原来所谓的"串联"安排下,环评在程序上前置于项目许可,是否通过环评是项目许可机关在作出项目许可时应当考虑的因素之一。改"并联"后,项目许可机关依法不再需要考虑拟议项目是否做过环评。而建设单位依法也不再需要向项目许可机关提交环评相关材料,所以,即使项目许可机关愿意,在程序上也不再可能将环评文件中所包含的环保及其他因素纳入考虑。在这个意义上,此变动真正割裂了项目环评程序与项目许可程序,违反了前述"综合决策"的理念。

因为经 2016 年、2018 年两次修正后的《环评法》仍然保留了环评未经审批部门审查或审查后未予批准的则项目不得开工的规定③,上述"串联改并联"的变动并未取消环评对建设项目本身的否决效力。但是,串联改并联后,环评审批与项目许可在程序上的先后关联被剪断了,由此,环评否决制,即"未通过环评审批"即否决项目的效能,只能及于作为建设单位的企业而不再及于项目许可机关。在这个意义上,这一变动实质性地削弱了我国环评否决制:在原来的规定下,项目许可机关"违法"地在建设

---

① 国务院批转《关于行政审批制度改革工作实施意见的通知》(国发〔2001〕33 号)。
② 《精简审批事项规范中介服务实行企业投资项目网上并联核准制度工作方案》(国办发〔2014〕59 号)。
③ 请看 2018 年 12 月修正后的《环评法》第 22 条(环评审批)、第 25 条(环评的否决效力)。

单位通过环评审批之前即给予其项目许可的情况时有发生①,可以想象,在改"并联"后,这种不再"违法"却同样让人无所适从的部门间不协调状况会更多出现②;而且,"未批先建"这一违反环评否决制的典型情形,在原来的"串联"规定下必然同时也违反了项目许可规定,由此处于项目许可机关和环保机关双重监督之下;但现在对于那些未经或未通过环评审批却已获得项目许可并开始建设的项目,项目许可机关不再负有监督纠正之职责,环保机关执法的压力却由此大大增加了。

值得特别注意的还有,将环评审批与项目许可的关系由先后"串联"的关系调整成为同时进行的"并联"关系,还有可能在事实上被理解为弱化甚至否定了我国《环评法》此前一直坚持的、应当在较早阶段即启动环评的要求,并由此掏空环评制度的核心价值和根本功能,即事先预防。因为较早启动环评是环评制度"保障预防功能实现的最为重要的措施"③,是否在较早阶段即启动环评被广泛认为是评估环评有效性的重要指标之一。④ 美国、德国等的环评制度尽管具体各有不同,但有一点相同的是:环评是开发决策的前置程序,未经过环评,不得进入开发许可的决定程序。⑤ 支持此顺序的逻辑是显而易见的:只有先进行环评,才有可能在较早阶段发现可能的环境危害,而只有在较早阶段即发现可能的危害,才有可能实施"事先的"预防。就此而言,在环评这一特定领域,放松事先预防是一种危险的倾向。

考虑到上述变动已经体现在立法修订之中,《环评法》在短期内不太可能恢复原貌,有必要重申在较早阶段即启动环评的要求,以尽可能限制此变动的负面影响。为此,可恢复 2011 年《建设项目环境影响评价技术导则 总纲》所明确规定的环评"早期介入"原则⑥,明确即使环评审批与项目许可在程序上不再"串联",环评亦应当尽早进行。

---

① 有关事例介绍,可参见潘家铮:《对"发展"与"保护"关系的再思考》,载《群言》2005 年第 3 期。
② 因为修改后,这种不协调不再属"违法"现象,故更不引人注意。
③ 汪劲:《对提高环评有效性问题的法律思考——以环评报告书审批过程为中心》,载《环境保护》2005 年第 3 期。
④ 张勇等:《环境影响评价有效性的评估研究》,载《中国环境科学》2002 年第 4 期。
⑤ 汪劲:《从中外比较看我国项目环评制度的改革方向》,载《环境保护》2012 年第 22 期。
⑥ 在 2016 年修订中,此原则被删除。

（二）取消环评审批？

受环评前置松动、环境影响登记表从审批变为备案[①]等动向的影响，近来亦时有取消环评行政审批之议。如前所述，在我国现行法下，环评"一票否决"的效力附着于环评审批决定，因此环评审批的取消与否，不可避免地会影响到我国环评否决制的未来走向。

推究起来，若取消我国现行法上的环评审批，有两类可能的替代方案，以下分述之。

第一类可能的替代方案是，取消环保机关的环评审批权，转由项目许可机关来审批。这种方案并非真的取消对环评文件的行政审批，只是将对环评文件的行政审批权和对项目的许可权集中到同一机关而已，相应地，依据环评意见否决项目的权力也转由项目许可机关行使，环评否决的法效——未经环评审批或环评审批结论为不批准的，建设项目不得继续——仍可保留。

此类方案的代表性实例是日本环评法上的"横断条款"，即要求项目许可机关须审查拟议项目是否依环评法对环保加以适当考量，并且在拟议项目符合其他法律规定的许可标准的情况下，也可以仅因环境影响评价结论而拒绝许可或给予附条件许可。[②] 更切近的实例是我国海洋工程建设项目环评审批制度：在 2016 年修订之前，我国《海洋保护法》第 47 条规定，海洋工程建设项目应"在可行性研究阶段，编报海洋环境影响报告书，由海洋行政主管部门核准，并报环境保护行政主管部门备案，接受环境保护主管部门监督"。2016 年修订时，此条改为"海洋工程建设项目单位应当对海洋环境进行科学调查，编制海洋环境影响报告书（表），并在建设项目开工前，报海洋行政主管部门审查批准。海洋行政主管部门在批准海洋环境影响报告书（表）之前，必须征求海事、渔业行政主管部门和军队环境保护部门的意见。"可见，2016 年修订延续了海洋工程项目环评由海洋行政机关而非环保机关审批的传统，并且进一步限制和弱化了环保机关在此程序中的作用（2017 年修正保留此条），使我国海洋工程项目的

[①] 《环评法》2016 年修订内容之一。此举在事实上大大缩小了环评审批的适用范围。

[②] 日本《环境影响评价法》（1997）第 33 条。亦可参见〔日〕原田尚彦：《环境法》，于敏译，法律出版社 1999 年版，第 135 页。

环评审批制度更接近日本的做法了。

此类方案将对环评的行政审批与对项目的开发许可合一,有减少行政手续提高行政效率的好处。其明显缺陷是:这样做并不符合现代社会专业化分工趋势,无法利用环保部门在环保事务上的专业优势。在海洋环境保护领域,海洋行政机关也许比一般环保机关在海洋环保事务上更专业,但在环保的一般领域,情况并非如此。因此,海洋环境保护领域的二合一经验,应慎重推及其他领域。而且,可能更重要的是,环评审查与项目许可在主管机关上二合一的安排,也将丧失前述由环保部门分享决策权而可以起到的权力制衡作用。在经济发展与环境保护矛盾仍然突出且环保价值仍很难与经济发展需求相抗衡的当前,这是应当引起特别重视的考量因素。

第二类可能的替代方案,是彻底取消对建设单位环评文件的行政审批,使环评成为促使项目拟议单位的自律机制或仅发挥信息交流功能。这种改变事实上取消了环评否决的强制力,因为这类方案强调环评只是单纯向决策者提供"仅供参考"的信息,是否否决项目则交由"已知情的"建设单位自主决定或项目许可机关裁量决定。

这样做的典范是美国和德国。在美国,环评依成文法只是一种程序性而非实质性要求,即有义务完成此程序的有意采取特定决策或行动的行政机关只需在决策前准备环境影响说明书或报告书,法律并未规定开发决定必须以环评为依据,亦未明确开发决定作出应予环评何种考量,而是交由作为项目拟议单位的行政机关裁量决定。[①] 在德国,环评程序是拟议项目规划许可程序中的一环,环评并不经由环保机关审议,而是直接交由主管机关在作出开发许可时予以"考量"。[②]

在我国,如彻底取消对环评的行政审批,使环评成为项目拟议者,即建设单位的自律工具,好处是显而易见的:可以减少行政对企业的干预,并由此减少了行政权力被滥用的可能。这样做也有一定的理论支持:理

---

① 在美国,不少学者因这一安排依赖于行政机关自律而怀疑环评程序的实效,如 Sax, Joseph L. "The (unhappy) truth about NEPA", 26 *Oklahoma Law Review* 239 (1973).

② 德国《环境影响评估法》第 12 条:为实现本法有实效之环境预防的目的,主管机关应依据现行法规,并以本法第 11 条所定之环境影响总说明为依据,判断开发活动的环境影响,并在开发方案核准决定时考虑此等环境影响之评价。

论上,侵权法与管制有一定的相互替代作用,因为严厉的环境侵权责任等事后追责机制可以产生有效威慑①,促使企业主动通过预防性的环评尽量减少对环境的不利影响以避免可能导致其亏损甚至破产的法律责任。但严厉的环境侵权责任以司法深度介入环保这一专业领域为前提,而这一前提在我国目前亦并非现实。仅以对环评审批的司法审查情况来看,笔者曾研究过 107 件环评行政诉讼案件②,其中有 37 件被诉行政行为为环评审批。在这 37 起案件中,有 18 起原告直接挑战了环评文件的实质内容,而在所有这些案件中,法官的普遍倾向都是回避对环评文件实质内容实施审查:11 起不予处理,7 起诉诸既有标准或相关规定,无一深入环评文件所涉及的技术问题,包括那些法院明确确认案情涉及"科学不确定性"的案件。考虑到司法机关的制度能力,我国司法机关对环评这一专业领域里技术性问题持克制不介入态度,被广泛认为③是有一定的合理性的。④

在我国,如使环评仅发挥单纯信息交流功能,即环评仅以所提供的信息供开发决策者参考,而不再起到门槛作用,同样取消了对环评的行政干预,因此有类似的好处。但弊端同样是很难保障环评对相关决策具有实际影响。⑤ 而且,值得注意的是,有些支持美国或德国式环评"参考"制的

---

① 但是,环境污染和生态破坏相关损害所具有的时空延展、因果关系链条复杂且不确定等特性,严重限制了侵权法此种一般威慑效果的发挥。而且,着眼于个案补偿正义的侵权法体系,并不适合完成需要"系统性"地权衡风险与收益的规制任务。Richard Stewart, "Regulatory Compliance Preclusion of Tort Liability: Limiting the Dual-Track System", 88 *The Georgetown Law Journal* 2167(2000). 有关政府规制相对于侵权法的比较优势,还可参见〔美〕杰里·马肖:《贪婪、混沌和治理——利用公共选择改良公法》,宋功德译,商务印书馆 2009 年版,第 168 页。
② Jin Zining, "Environmental Impact Assessment Law in China's Courts: A Study of 107 Judicial Decisions", 55 *Environmental Impact Assessment Review* 35 (2015).
③ "作为外行的法院若以自己的判断优先于拥有专家的行政机关的判断,则是非常不适当的,甚至是非常危险的。因此,对专门技术性问题,应该尊重拥有有关方面专家的行政机关的判断,承认行政机关具有相当的裁量权。"杨建顺:《论行政裁量与司法审查——兼及行政自我拘束原则的理论根据》,载《法商研究》2003 年第 1 期。
④ 对此流行观点的批评和澄清,参见本书第六章。
⑤ 美国对其环评"仅供参考"之实效的怀疑广泛存在。如 Heather N. Stevenson, "Environmental Impact Assessment Laws in the Nineties: Can the United States and Mexico Learn from Each Other?" 32 *University of Richmond Law Review* 1675 (1998);亦可参见〔美〕丹尼尔·A. 法伯、罗杰·W. 芬德利:《环境法精要》(第 8 版),田其云、黄彪译,南开大学出版社 2016 年版,第 444—445 页。

论说,或明或暗依赖于一项可疑的假定,即环境影响评价所提供的信息是客观中立的单纯科学事实,因此,应当与充满政策考虑和价值权衡的政治和行政过程隔离开来,典型的如认为环保机关因为进行环评审批而成为各利益相关方竞相争夺和攻击的对象,使"公亲变事主"。① 但是,在规制领域不断有实证研究揭示,将决策中科学因素从政治因素中分离出来交给专业人士解决的想法过于理想化,在实践中难以实现。② 因此,在环评领域,此类主张尚需仔细推敲。③

五、结　　语

虽然在法理上,可以区分环评"一票否决"效力和环评前置以及环评的行政审批,因此,否定环评前置并不等于否定环评否决制,取消环评的行政审批也不等于取消环评否决制;但是,按我国 2002 年通过的《环评法》规定,环评的否决效力体现于前置于项目开发许可的环评审批结论之中,环评否决与环评前置、环评的行政审批等机制有互相配合的关系,局部的改动难免有牵一发而动全身的影响。而我国环评制度当前正处于剧烈变动之中,其中有一些变革,是以解决实务中所遭遇的现实问题为导向的(如针对"红顶中介"问题而推动的"脱钩"④);但也有一些变革,更多是适应政府职能转变和行政审批改革,即"简政放权",而采取的一般措施,如改串联为并联,并未充分考虑到环评领域的特殊性。

归根结底,小政府大社会、简政放权等都是正确的理念,但正确的理念并不能取代对具体问题的具体分析。本章对我国环评否决制的具体分析表明,仍有理由坚持而非削弱环评法所确立的环评否决制。这不仅因

---

① 叶俊荣:《捍卫环评制度尊严的"行政法院"中科裁判》,载《月旦法学杂志》2010 年第 185 期。

② 相关研究很多,可参见:Liora Salter, *Mandated Science*, Kluwer, 1988;〔美〕希拉·贾萨诺夫:《第五部门:当科学顾问成为政策制定者》,陈光译,温河校,上海交通大学出版社 2011 年版。

③ 参见本书下一章对行政权力与专业知识关系的专门讨论。

④ 2015 年,原环保部提出要通过"消除环评机构的环保部门背景"(脱钩)彻底解决所谓"红顶中介"问题,并明确了最后时限。原环境保护部办公厅《全国环保系统环评机构脱钩工作方案》(环发〔2015〕37 号)。

为对环评否决相关规范要求及其具体运作的近距离观察,揭示我国现行法下环评否决并未割裂环保与其他考虑因素,而赋予环评否决效力有着生态学上的科学依据,可以体现生态阈限的要求;还因为在我国现阶段,企业逃避环保责任的动机尚未得到有效遏制、地方政府和经济部门"重发展轻环保"的冲动仍然强劲等现状下,与各有利弊的可能替代方案相比,我国环评否决这一立法设计在保障环评实效方面具有明显的比较优势。为此,有必要进一步明确环评否决的适用条件,并有必要坚持环评前置以及环保机关对环评文件的行政审查等相关机制。

第三章 嵌入行政之中的环评:我国环评审批的制度定位

> 知识就是力量。
>
> ——培根
>
> 知识就是权力。
>
> ——福柯

【提要】 环境影响评价是应用专业知识的活动,但是,对项目开发具有"否决"效力的环评审批,则是运用公共权力的行政活动。回顾我国环评审批制度的历史沿革及其实践变迁,可以近距离观察环评审批中行政权力与专业知识之间的复杂纠缠关系。要正确处理这一关系,有必要认识到被纳入行政过程之中的环评属于规制科学,具有事实与价值交织、科学与政策混杂的特征,并在此基础上澄清我国环评审批的制度定位。

作为法律制度的环境影响评价,首见于美国 1969 年的《国家环境政策法》(NEPA),随后在全世界范围内引起广泛效仿,但由于各地既有的社会经济文化及宪制差异,不可避免地出现形同而实异的情况。如前章所述,中国现行法上的环评制度,显著特色就是环评"否决制",即环保机关对环评的审批对于项目开发活动具有"一票否决"的效果。放眼世界,采用我国这种环评审批加否决制的并不多见。

无论在大陆法国家,还是在普通法国家,常见的是所谓环评"参考制",即环保机关对环评文件的审议(review)意见仅供开发活动的决策机关参考。如美国《国家环境政策法》(1969)对环评的规定为:"在对人类环境品质有重大影响的各项提案或法律草案、建设报告及其他重大联邦行动中,均应由负责官员提供一份包括下列内容的详细说明,(1)拟议行为对环境的影响……"[1]而按美国国家环境政策法实施条例的规定,此环境影响说明的作用是使参与决策者知情:"让决策者和公众知道可避免或可将有害影响达到最低程度的或可提高人为环境质量的合理替代方案。"[2]当环保署获得授权对拟议开发活动行动进行审议时,如果认为项目不合环保要求,也并无否决项目的权力,而只能选择将该问题提交总统的环境质量委员会调解。[3]而德国《环境影响评价法》(1990年)明确规定,"环评是为作成开发计划之许可决定时行政机关程序中非独立的部分"(第2条),也就是说,环评只是开发行政许可过程中的一个步骤,它为项目是否可行的决策做准备,但本身并不对项目是否可行发表意见;行政机关对环评书的审查,本身也不能决定项目的存废,甚至根本不具备外部法律效果。[4]

对照之下,我国立法所正式确立的环评制度,其独特之处在于:从一开始,环评这种应用专业知识的活动,就被当作行政审批事项而纳入行政过程之中,被置于行政权力的控制之下。由此,行政权力与专业知识之间的复杂纠缠关系,成为对我国环评审批制度实际运作具有决定性影响的问题。

迄今为止,我国这种独具特色的环评审批制度已经实施了数十年[5],

---

[1] 42 U.S.C.A. 4332(2)(c).《国家环境政策法》此条规定,仅是一种程序义务,抑或同时也有实体规范的意义,在美国司法判例中长期以来都是个聚讼纷纭的问题。可参见黄丞仪:《环境决策、司法审查与行政合理性》,载黄丞仪编:《行政管制与行政争讼》,《"中研院"法律学研究所》,2010年版,第321—432页。

[2] Clark, E. Ray, and Larry W. Canter, eds. *Environmental Policy and NEPA: Past, Present, and Future*, CRC Press, 1997. 中文相关介绍,可参见王曦:《中美环境影响报告书制度比较研究》,载《法学评论》1989年1期。

[3] Clark, Ray: "The National Environmental Policy Act and the Role of the President's Council on Environmental Quality", 15(1) *Environmental Professional* (1993). 中文相关介绍,可参见赵绘宇、姜琴琴:《美国环境影响评价制度:40年纵览及评价》,载《当代法学》2010年第1期。

[4] 因此也不可诉,相对人对环评有异议的,也只能等待许可决定作出后,对许可决定提起诉讼。

[5] 2018年12月29日,我国《环境影响评价法》自2002年颁布以来第二次修正,环评审批(第22条)及其否决效力(第25条)得以保留。

为研究专业领域里的行政规制活动提供了宝贵实践经验。为此,本章着眼于行政权力与专业知识之间的关系,梳理了我国环评审批相关规范,观察其实践情况、分析其面临的挑战,并结合理论反思澄清了其制度定位。

一、我国环评审批制度规范的历史沿革

(一) 法律文件观察:环评之专业技术性逐渐突显

自 1979 年以来,我国中央和地方均先后出台多部环评审批相关规范文本。据笔者统计①,在中央层面,出台了不少于 163 件相关规范文本。其中包括重要法律 3 件,行政法规 4 件,部门规章及部颁规范性文件 24 件,其他具有规范意义之文件 132 件。择其要者,列表如下:

表 3.1 1979 年以来有关环评审批之重要法规范

法律			
1	《中华人民共和国环境保护法》	1979 年试行,1989 年颁,2014 年修订,2015 年实施	
2	《中华人民共和国环境影响评价法》	2002 年颁,2016 年修正,2018 年修正	
3	《中华人民共和国海洋环境保护法》	1982 年颁,1999 年修订,2013 年修正,2016 年修正,2017 年修正	
行政法规			
1	《建设项目环境保护管理条例》	1998 年颁,2017 年修订	
2	《规划环境影响评价条例》	2009 年颁	

---

① 主要在"北大法宝—中国法律检索系统"中,用"环境影响评价"和"环评"为标题关键词进行检索,通过逐一浏览,去除重复项、无关项和具体行政决定;并经进一步查询中华人民共和国环保部环境评价司官网中建设项目环评审批之相关信息,增补更新了一些重要相关法律、行政法规、部门规章及相关重要政策文件等,并部分调整了北大法宝分类(如将部颁规范性文件与其他具有规范意义的文件分开),得出正文中所列结果。

(续表)

部门规章及部颁规范性文件		
1	《环境影响评价公众参与办法》	2018年颁,2019年实施(原2006年《环境影响评价公众参与暂行办法》废止)
2	《建设项目环境影响报告书(表)编制监督管理办法》	2019年颁(原1999年颁《建设项目环境影响评价资格证书管理办法》及2005年颁,2015年修订的《建设项目环境影响评价资质管理办法》废止)
3	《建设项目环境影响评价分类管理名录》	2002年颁,2008年修订,2015年修订,2017年修订,2018年修正
4	《建设项目环境影响评价区域限批管理办法(试行)》	2015颁,2016年实施
5	《环境影响评价工程师从业情况管理规定》	2015年颁
6	《建设项目环境影响评价资质申请材料规定》	2015年颁
7	《建设项目环境影响评价文件分级审批规定》	2002年颁,2008年修订,2009年实施
8	《建设项目环境影响评价文件审批程序规定》	2005年颁,2006年实施
9	《环境影响评价审查专家库管理办法》	2003年颁,2021年修正
国家政策、技术标准及其他具有规范意义的文件		
1.	《关于启用〈建设项目环评审批基础信息表〉的通知》	2017(环办环评〔2017〕905号)
2.	《"十三五"环境影响评价改革实施方案》	2016(环环评〔2016〕95号)
3.	《关于以改善环境质量为核心加强环境影响评价管理的通知》	2016(环环评〔2016〕150号)
4.	《建设项目环境影响评价技术导则总纲》	2016(HJ2.1-2016代替HJ2.1-2011)
5.	《关于进一步放开建设项目专业服务价格的通知》	2015(发改价格〔2015〕299号)
6.	《全国环保系统环评机构脱钩工作方案》	2015(环发〔2015〕37号)
7.	《建设项目环境影响评价信息公开机制方案》	2015(环发〔2015〕162号)

(续表)

8.	《关于进一步加强环境影响评价违法项目责任追究的通知》	2015（环办函〔2015〕389号）
9.	《建设项目环境影响技术评估导则》	2011（HJ616-2011）

梳理这些法律文件的内容演变，可以观察到我国环评审批制度的基本面向和这些年来的重要变革。就本章的关注而言，其中最显著的动向是：随着时间的推移，环评活动的专业技术特性获得了越来越多的确认和尊重。

（1）对比不同版本的《建设项目环境影响评价文件分级审批规定》以及不同版本的《建设项目环境影响评价分类管理名录》，可以发现环评审批之分级和分类的依据，从最早的项目投资主体、资金来源和投资规模等转向了"环境影响"之性质和程度。不同于较易判断的投资主体、资金来源和投资规模，建设项目的环境影响需要进行专业评估方可确定。因而，分类管理和分级审批的标准转向项目"环境影响"，突出了环评工作的专业特性，不可避免地使得环评审批机关更加依赖环评专家之专业知识。

（2）从上述规范性文件内容中也可看到，基于对环评工作专业性的认识，我国较早就建立起了环评资质制度，内容既涉及环评单位的专业资质，也涉及环评工程师的专业资质。

1998年《建设项目环境保护管理条例》明确规定："国家对从事建设项目环境影响评价工作的单位实行资格审查制度。从事建设项目环境影响评价工作的单位，必须取得国务院环境保护行政主管部门颁发的资格证书，按照资格证书规定的等级和范围，从事建设项目环境影响评价工作，并对评价结论负责。"（第13条）据此，《建设项目环境影响评价资格证书管理办法》（已失效）于1999年颁行。之后，2002年《环评法》（第19条）确认了这一制度。

2004年，原人事部和原国家环保总局启动环评工程师职业资格制度，环评专业人士需参加全国统一考试并经环保机关登记方可在具备环评资质的单位中、以环评工程师的名义从事环境影响评价、环境影响后评价、环评技术评估和环保验收等环评工作。之后，原国家环保总局调整了环评单位资质管理相关规定，要求从事环评工作的单位应配备一定数量的环评工程师才能获得相应的专业资质。

由此，数十年来，环评单位和环评工程师的资质资格管理，包括对资质资格申请的审查、证书颁发以及对有评价证书单位的工作考核成为环保行政部门的日常工作内容之组成部分,对环评专业资质的审查也是环评文件审批的重要内容之一。

(3) 与我国政府职能转变的大方向一致,环评领域在近年来呈现出"去行政化"趋势。

从相关规范性文件的内容演变中可以看到环评领域趋于"去行政化"的两次跨越式发展。第一次跨越是 2001 年,财政部国家计委发函同意将建设项目环境影响评价费,从行政事业单位收费转为经营服务性收费①,实行政府指导价,这标志着包括环评文件编制在内的环评专业服务,其基本定位已由"行政"管理转向"经营"服务。第二次跨越是,2015 年国家发改委发文②"全面放开"了包括环评文件编制在内的"环境影响咨询服务"费等原本"实行政府指导价管理的"建设项目专业服务价格,实行"市场调节价",这标志着包括环评在内的建设项目相关专业服务全面进入市场竞争状态。

使上述第二步跨越发展成为可能的重大改革之一,是 2010 年启动的环评机构体制改革。在体制改革前,我国环评机构多为直接隶属行政系统或与行政主管部门具有密切关联的事业单位。环评体制改革的目标是,使环评技术服务机构与行政部门脱钩,由事业单位转变为企业法人,成为自主经营自担责任的市场主体。③ 在 2010 年首批试点(环保系统内事业单位)和 2011 年第二批试点(不限于环保系统事业单位)基础上,环保部在 2013 年 11 月再次发文④,要求在 2015 年底前原则上完成环保行政主管部门所属事业单位环评机构的改制,同时要求现有环评机构中交通、水利、海洋等有关部门所属事业单位和大专院校等其他事业单位也要

---

① 财政部国家计委《关于同意将建设项目环境影响评价费转为经营服务性收费管理的复函》(财综〔2001〕54 号)。
② 国家发展改革委《关于进一步放开建设项目专业服务价格的通知》(发改价格〔2015〕299 号)。
③ 参见原环境保护部办公厅《关于开展事业单位环境影响评价体制改革试点的通知》(环办〔2010〕87 号)、环境保护部办公厅《关于开展事业单位环评机构体制改革第二批试点工作有关问题的通知》(环办〔2011〕111 号)。
④ 原环境保护部办公厅《关于推进事业单位环境影响评价体制改革工作的通知》(环办〔2013〕109 号),现部分失效。

按市场化要求加快推进体制改革。2015年,环保部推出《全国环保系统环评机构脱钩工作方案》①,提出要通过"消除环评机构的环保部门背景"(脱钩)彻底解决所谓"红顶中介"问题,并明确了最后时限。全国环保系统358家环评机构分3批于2016年底前全部按期完成了脱钩工作;其中179家通过取消或者注销资质形式完成脱钩,179家通过原环评机构职工自然人出资设立环评公司或整体划转至国有资产管理部门等形式完成脱钩。②

更进一步,2017年修订的《建设项目环境保护管理条例》和2018年修订的《环评法》均删除了旧版中全部涉及环评资质管理的相关内容,2019年生态环境部发布《建设项目环境影响报告书(表)编制监督管理办法》,于2019年11月1日起施行,《建设项目环境影响评价资质管理办法》同时废止。这被视为宣示了环评活动进一步与行政权力"脱钩"。

(二) 分析:权力与知识此消彼长

这些数量众多、内容繁杂的法律文件当然可以从不同的角度进行分析。就本项研究所选择的角度,即行政权力与专业知识的关系而言,前述规范文本沿革过程揭示的是:我国环评审批最初的规范设计以行政权力为中心,环评活动的专业知识特性是在后续发展中才逐渐得到了立法的承认和尊重。如下数图所示。

在最初的规范中,如图3.1所示,我们看到的是大写的行政权力逻辑,环保机关和建设单位分别以行政主体和行政相对人的法定角色出现,环评活动"专业知识"的特性在此是隐而不现的。

建设单位 ⟵⟶ (审批) ⟵⟶ 环保机关

图 3.1

建立环评资质及其行政审批制度之后,我国环评审批基本结构由两点一线变成了三角,如下:

---

① 原环境保护部办公厅《全国环保系统环评机构脱钩工作方案》(环发〔2015〕37号)。
② 《环境保护部:全国环保系统环评机构按期全部完成脱钩》,http://www.gov.cn/xinwen/2017-01/08/content_5157638.htm,2021年8月1日最后访问。

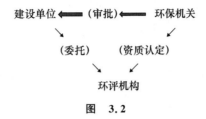

图 3.2

在这种结构中,环评作为知识的专业性得到了正式制度的明确确认:报请环保行政机关审批的环评文件,其编制依法必须由建设单位委托具有相应专业"资质"的机构在其资质证书规定的等级和评价范围内进行①,由该机构中相应专业类别"资质"的人员(环评工程师)作为编制主持人②。只是,承载了专业知识的环评师及环评机构,其专业资质的认定仍然处于行政权力居高临下的控制之中。

之后,环评机构与环保行政机关"脱钩"并且环评资质由行政审批转向行业组织认定之后,我国的环评审批基本结构转变为如图3.3所示:

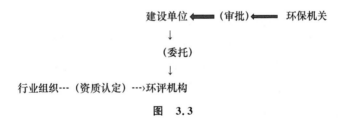

图 3.3

这里需要注意的是,近年来,环评机构与行政机关脱钩、取消对环评资质的行政审批,并不意味着在规范层面撤回了对环评活动专业性的上述承认——按照2019年发布的《建设项目环境影响报告书(表)编制监督管理办法》,环评文件应由建设单位委托"具备环境影响评价技术能力"的机构编制,并且"环境影响报告书(表)的编制主持人还应当为取得环境影响评价工程师职业资格证书的人员"(第10条)。这就是说,环评报告书、报告表等环评文件应由具有相应专业知识水平的环评机构和人员制作仍是法定要求,这一点并未改变,改变的只是,行政权力不再介入环评机构/人员的专业资质认定,在实际效果上,这会使环评作为专业知识获得更多

---

① 2002年《环评法》(已修改)第19条。
② 2015年《建设项目环境影响评价资质管理办法》(已失效)第23条。

相对于行政权力的独立性。

（三）可能的解释：知识与权力的不同逻辑

如何理解这种环评活动"专业性"得到确认且其作为"专业知识"的独立性趋于增强的动向？一个直接的解释就是，这种立法变革是对环评审批初始定位的一种校正或说补正：最早有关环评审批的规定，单纯关注于环评审批作为行政权力行使活动的特性；然而，环评作为高度专业技术性活动，要满足专业知识相关学科标准和要求，这种专业标准不同于立法对行政权力所预设的要求，无法被后者取代；相应地，其专业知识运用逻辑也无法被立法者最早设计的行政主体（审批机关）—行政相对人（建设单位）这一单纯的行政权力之法定结构所完全吸收。

参考规制科学的研究成果[①]，可以对比作为行政权力行使的环评审批与作为专业知识运用的环评在多个方面存在的明显差异。我国的环评审批权被赋予各级环保部门，而各级环保部门均隶属于按层级节制的方法组织起来的行政机关系统；而环评专业知识，由具备专业资质的人员加以运用。环评审批作为一种行政权力的运用，根据行政法治原则必然受到法定行政目的和法定标准的约束，并且要接受民主代议机关的问责和司法机关的监督；而环评活动作为专业知识的运用，必然受到同行所公认的专业标准约束，追求并忠实于科学真理，对这种运用专业知识的活动公认有效监督方式是同行审议。下表概括了这些差异。

表 3.2 权力与知识的不同运用逻辑

	环评审批权力运用	环评专业知识运用
目标/价值	（法律规定的）环保公益	（利益无涉的）专业知识
组织	层级节制的官僚体系	专业同行
方法/程序	强制性的命令控制为主	可验证可重复的实验等同行认可的方法
监督/问责	司法审查、代议机关的问责	同行审议
行为标准	法定要求	学科共识和行业规范

（自制表）

[①] 此处借鉴了 Jasanoff 就规制科学与研究科学（或说实验室科学）所作对比，但根据比较对象的不同调整了各比较项。Sheila Jasanoff, "Procedural Choices in Regulatory Science", 17 (3) *Technology in Society* 279 (1995).

二、理论反思：当行政权力遇上专业知识

(一) 流行的知识/权力观及其在我国环评法领域的影响

我国环评审批所涉及的行政权力与专业知识之间的内在紧张，其实并非环评领域特有的问题。在科技飞速发展并得到广泛应用、同时专业高度分殊化的现代社会中，随着政府规制事务越来越复杂，行政活动越来越多地涉及专业技术性内容，行政机关就越来越多地寻求各领域专家的帮助；在很多领域，即使法律并没有明确要求，行政主体咨询专家意见也"已经成为例行规范"①。这种不断扩展的实践也引起了关注和讨论，已经积累了一定的研究成果。

早在1964年，Harvey Brooks 即区分了"为科学制定政策"(policy for science)和"在政策中的科学"(science in policy)②，前者关注国家支持科学发展的政策制定问题，后者关注的则是"依赖技术性因素"的政治性或行政性事务。前者已有研究相对较多，而后者相关研究相对较少但在增长中。环评审批显然属于后者。

关于以科学知识为范例的专业知识在政治或行政决策中的作用，一般认为，将专业知识引入行政过程，可以弥补行政机关自身专业知识的不足、规范行政权力的行使，使之合理化，由此增强行政权力的正当性。③正是在这种积极意义上，此类实践被描述为"把真理告诉权力"。④

与此同时，在很大程度上因为意识到，行政权力的运用与专业知识逻辑之间有着内在的紧张，这类实践也引发了一些质疑。如有研究指出，有些规制问题，在既有科学研究中也并不存在现成答案⑤；在实践中也存在科学被误用(misused)或滥用(abused)的问题，包括行政机关"藏匿于科

---

① [美]希拉·贾萨诺夫：《第五部门：当科学顾问成为政策制定者》，陈光译，温珂校，上海交通大学出版社2011年版，第1页。
② Harvey Brooks, "The Scientific Adviser", in Robert Gilpin and Christopher Wright, eds., *Scientists and National Policy-Making*, Columbia University Press, 1964, p. 76.
③ T. Greenwood, *Knowledge and Discretion in Government Regulation*, Praeger Pub Text, 1984.
④ Robert Hoppe, "Policy Analysis, Science and Politics: From 'Speaking Truth to Power' to 'Making Sense Together'", 26(3) *Science and Public Policy* 201 (1999).
⑤ Alvin M. Weinberg, "Science and Trans-science", 10(2) *Minerva* 209 (1972).

学背后"、用科学外衣包装武断决定的做法。① 针对这些问题,提出的对策主要有:(1) 要求区分事实与价值、科学与政治,明确科学专家只帮助解决事实问题,超越科学的价值问题则交由政治途径(民主)解决,期望既避免"政治科学化"②,又避免"科学政治化"③;(2) 增加专家咨询的公开透明度以引入公众的监督④,实行科学问责(scientific accountability);以及(3) 引入保障科学研究专业水平和可靠性的同行评审机制⑤等。这些是已有研究中较有共识的部分或说是相关文献中的主旋律。

从中国学界的相关讨论⑥来看,可以发现,虽然具体方式有不同,但我们在很大程度上分享了现代欧美人对科学/专业知识的上述信赖和警惕。一方面,在意识到科学/专业知识的限度及存在被滥用可能性的情况下,仍然相信行政决策应当"科学化";另一方面,基于事实与价值、科学与政治二分,坚持专业人士应当是与政治和政策保持距离、只对专业标准负责的纯粹科学家或"诚实代理人"⑦,也就是说,其在决策过程中的作用是将理性、客观、中立或说价值/利益无涉(value-free & interest-free)的真理(专业知识)告诉(行政)权力。

在我国环评领域,一个典型的例证是,业界一直存在一种呼声,吁求环评这一专业工作能够免于各种利害关系人的干扰,此处矛头特别指向一度成为环评报告书专章的"公众参与":因为环评之外的公众参与渠道不畅,实践中民众往往在环评公参中表达有关拆迁、补偿、安置等利益诉求甚或单纯发泄对决策程序本身的不满情绪,而并非针对作为专业技术活动的环评所真正关心的"环境影响",因此被不少实务界的环评专业人士(包

---

① 〔美〕Cary Colianese & Cary E. Marchant:《流沙:科学在风险标准制定中的局限》,载金自宁编译:《风险规制与行政法》,法律出版社 2012 年版,第 105—224 页。

② 〔德〕尤尔根·哈贝马斯:《作为"意识形态"的技术与科学》,李黎、郭官义译,学林出版社 1999 年版,第 97—117 页。

③ David H. Guston, "Let's democratize science", 21(1) *Issues in Science and Technology* 25 (2004).

④ David L. Bazelon, "Risk and Responsibility", 205 *Science* 277 (1979).

⑤ J. B. Ruhl & James Salzman, "In defense of regulatory peer review", 84 *Washington University Law Review* 1 (2006).

⑥ 相关文献很多,可参见王锡锌、章永乐:《专家、大众与知识的运用——行政规则制定过程的一个分形框架》,载《中国社会科学》2003 年第 3 期;赵鹏:《风险评估中的政策、偏好及其法律规制:以食盐加碘风险评估为例的研究》,载《中外法学》2014 年第 1 期。

⑦ 〔美〕小罗杰·皮尔克:《诚实的代理人:科学在政策与政治中的意义》,李正风、缪航译,上海交通大学出版社 2010 年版。

括环评工程师和环评审批人员）认为是不必要的干扰。[①] 在很大程度上受此种呼声推动，2016年环保部发布《建设项目环境影响评价技术导则 总纲》(HJ2.1-2016)，明确在环境影响评价工作程序中，将公众参与和环境影响评价文件编制工作分离[②]，也就是说，环评文件中不再包括公参篇章。这一变动，明显呼应着理论界上述事实与价值、科学与政治截然两分的观点：只有当人们假定环评是只关乎"事实"的纯粹"科学"过程时，就会认为它与更多关乎"价值"和"政治"选择的公众参与过程应当、并且可以如此分割开来。

我国环评领域里的另一例证，是前章讨论过的环评审批"串联改并联"：在2016年《环评法》修正中，环评文件未经审批部门审查或审查后未予批准则不得给予项目开发许可的规定被删除，只保留了环评未经审批部门审查或审查后未予批准的则项目不得开工的规定[③]；2017年《建设项目环境保护管理条例》随之作出了相应修订，不仅调整了未经批准不得开工的条款，同时也删除了原第9条规定的应"在项目可行性研究阶段"报批环评文件的规定。在环评审批领域里这种变动的实际后果是允许环评启动时间点推迟：2016年《建设项目环境影响评价技术导则 总纲》修订时，环评应当"早期介入"原则随之被删除。这一变动与将环评甚至环评审批视为"纯粹"科学技术过程的刻板印象是相通的，它显示决策者在很大程度上忽略了包括环评前置立法设计在内的整个环评审批制度所涉及的价值考虑和政策因素[④]；只有把环评甚至环评审批都看作是"纯粹的"科学技术过程，才会相信其早一点或晚一点进行，结果不会有什么差别。

（二）规制研究新发展：对流行知识/权力观的挑战

在规制研究的新发展中，上述基于事实/价值、政治/科学二分的主流

---

① 2016年3月14日环保部技术评估中心访谈记录，2016年5月27日河南濮阳市环保局访谈记录。

② 从环评文件中取消公参篇章，并不意味着在环评过程中取消公参。环评中的公参仍是现行法上的强制性要求。事实上，虽然《建设项目环境影响评价技术导则 总纲》(HJ 2.1-2011)中原公众参与内容被删除，但环评报批时仍要报送"公众参与说明书"，只是与环评文件分开单独编制报送。

③ 此一变动的政策背景是：2014年12月，国务院办公厅发布《精简审批事项规范中介服务实行企业投资项目网上并联核准制度工作方案》(国办发〔2014〕59号)，提出精简前置审批事项，仅对重特大项目仍保留前置审批；对确需保留在项目开工前完成的审批事项，与该项目核准实行并联办理。

④ 本章后文详述。

认识已经遭遇严肃挑战。

现代社会中的风险大多与科技应用有关,随着风险后果暴露,现代人对科技的信赖在动摇。在此背景下,对现代科学知识的研究引发了广泛关注:20 世纪 60 年代,默顿为代表人物的"科学社会学"(sociology of science)[1],强调了科学研究并非在真空中而是在社会中进行,科学系统外部的社会因素影响着科学认知;以库恩范式论[2]为代表的科学史研究则更进一步深入科学知识内部,指出所谓科学知识并非永恒不变的客观真理,而是科学共同体在特定历史时期达成的暂时共识。20 世纪 70 年代,英国爱丁堡学派的科学知识社会学(sociology of scientific knowledge, SSK)[3]通过对现代科技知识制造历史的追溯与还原,展示了科学知识(和其他社会知识一样)为社会建构之物,"知识不过是信念"。20 世纪 80 年代,以法国拉图尔的行动者网络理论等为代表的科技与社会研究(society and technology studies, STS)[4]兴起,涌现大批研究成果,进一步揭示了现代社会知识生产中事实与价值、科学与政治"混杂"的过程。

与之同时并受之影响,在规制领域,也不断有实证研究揭示,将决策中科学因素从政治因素中分离出来交给专家解决的想法过于理想化,在实践中难以实现。[5] 贾萨诺夫在其名作中对比了为规制目的服务、使规制决定具有科学基础的所谓"规制科学"与通常在大学实验室中进行的"研究科学",指出前者常常处于"科学和政策很难清楚区分的领域",并且其评价标准更为多变、更有争议、更具政治敏感性。[6] 她宣称,规制科学的这些特点挑战了传统的关于科学知识的真理性质和专家角色的假设:在规制科学领域,越来越多证据表明,认为科技专家可以保持价值中立"将真理告诉权力","完全是脱离现实的神话";科学"真理"与权力是不可

---

[1] Robert K. Merton, *The Sociology of Science: Theoretical and Empirical Investigations*, University of Chicago Press, 1973.

[2] Thomas S. Kuhn & David Hawkins, "The Structure of Scientific Revolutions", 31(7) *American Journal of Physics* 554(1963).

[3] 代表人物包括 Shapin, Collins 和 Bloor 等。

[4] 此阶段之后的 STS 研究,因为对 SSK 的建构论有一定的超越和发展而被称为后建构主义学派,代表性学说包括:行动者网络(拉图尔)、常人方法论(林奇)和冲撞理论(皮克林)等。

[5] 相关研究很多,可参见 Liora Salter, *Mandated Science*, Kluwer, 1988.

[6] Sheila Jasanoff, "Procedural choices in regulatory science", 17(3) *Technology in Society* 279(1995).

分割的，以为科技顾问能够或者确定把自己限定在解决纯粹科技问题上的观点，"根本就是完全错误的"。①

这些研究强调的是，政治与科学、价值与事实之间的分界线在很多时候并非一望可知，也不是一成不变，并由此突显所谓"定义关系"（贝克）②和"划界行为"③的重要意义：面对科学与政治、事实与价值纠缠的问题，在识别和界定我们面对的究竟是何问题、以及相应地究竟哪些因素应当"纳入考量"（拉图尔）④时，应当由所有利害关系人与专家们共同参与决定，而不是过于急切——并且错误地——将之打上"科学问题"或"专业问题"的标签、将之交由科学技术专业人士"独断"。

（三）我国环评法上科学与政策的交织

仔细推敲我国立法相关规定，可以发现被纳入行政过程中的环评更多地体现为前文所描述的规制科学而不是所谓的"实验室科学"或纯粹的研究科学。首先，从基本功能来看，我国《环评法》第 4 条明确规定：环评必须"为决策提供科学依据"。据此，环评活动属于典型的服务于政策目标的规制科学而不是单纯追求科学真理的实验室科学。其次，就具体内容而言，《环评法》对于"建设项目环境影响报告书"内容的列举（第 17 条）包括了"建设项目环境保护措施及其技术、经济论证"和"建设项目对环境影响的经济损益分析"等；可以发现，立法者早已意识到并确认了环评工作中事实与价值交织、科学与政策混杂的特征。

而且，环境影响评价是应用专业知识的活动，但是，对项目开发具有"否决"效力的环评审批，则是运用公共权力的行政活动；由此，我国环评审批活动不可避免地涉及公共价值和政策考虑。体现在相关规定中，"可能通过直接明示规定超越单纯科学事实的价值考虑，也可能通过运用不

---

① 〔美〕希拉·贾萨诺夫：《第五部门：当科学顾问成为政策制定者》，陈光译，温珂校，上海交通大学出版社 2011 年版，第 22 页、344 页，第 85 页。
② 〔英〕芭芭拉·亚当、〔德〕乌尔里希·贝克、〔英〕约斯特·房·龙编著：《风险社会及其超越：社会理论的关键议题》，赵延东、马缨等译，北京出版社 2005 年版，第 341 页。
③ 〔美〕希拉·贾萨诺夫：《第五部门：当科学顾问成为政策制定者》，陈光译，温珂校，上海交通大学出版社 2011 年版。
④ 〔法〕布鲁诺·拉图尔：《自然的政治》，麦永雄译，河南大学出版社 2016 年版，第 195 页以下。

确定概念而间接引入利益权衡"①。而在实践中,建设单位聘请环评专业人员准备环评文件,直接目的是通过环评审批(进而可以开工建设),由此环评审批标准具有指挥棒效果:如果环评审批标准包含了如此这般的政策考虑,则环评文件准备者也会将这些考虑以间接甚至直接的方式纳入环评文件之中。

事实上,《环评法》第1条规定的立法目的已经明确宣示了,上述环评"为决策提供科学依据"中的"决策",指的主要是"为了实施可持续发展战略,预防因规划和建设项目实施后对环境造成不良影响,促进经济、社会和环境的协调发展"而实施的决策。而为了有效"预防",基于"对环境影响进行分析、预测和评估"以求"预防或者减轻不良环境影响"(《环评法》第2条)的环评,应当及早进行,此即《环评法》上所谓"环评前置"要求。②在这个意义上,前述"串联改并联"因为可能导致"环评前置"松动的后果而在政策意义上蕴含着严重的风险。

类似地,前述基于科学/政治两分而主张将公参从环评活动中区隔出去的论断也显得有些匆忙。观察我国环评实践,还可以发现所谓的"定义关系"③或"划界行为"等科技与政策交融的问题也突出地体现在环评范围的确定之中:应在多大范围内开展拟议活动周边环境现状调查?开发活动周边环境中受到影响的因素中哪些应纳入分析评估范围,哪些无须纳入?纳入考虑的环境因素中,哪些具有更高权重?应当纳入考虑的是哪些利害关系主体(如环保目标)、何种环境权益?是否存在以及存在何种可能的替代方案?等等。在美国等地的环评法上,对这些问题的回答主要是通过"范畴界定"(scoping)④程序完成的。我国环评制度中无此程序,但我国《建设项目环境影响评价技术导则 总纲》(HJ 2.1-2016)中亦有"制定工作方案"阶段,主要任务包括"环境影响识别和评价因子筛选、

---

① 本书前一章。
② 可参见张勇等:《环境影响评价有效性的评估研究》,载《中国环境科学》2002年第4期。
③ 〔英〕芭芭拉·亚当、〔德〕乌尔里希·贝克、〔英〕约斯特·房·龙编著:《风险社会及其超越:社会理论的关键议题》,赵延东、马缨等译,北京出版社2005年版,第341页。
④ 美国环评上的范畴界定之法规规定,见 Regulation for Implementing the Procedural Provisions of the National Environmental Policy Act, C.F.R. §§1501.7;并可参见:Council on Environmental Quality, Memorandum for General Counsels, NEPA Liaisons and Participants in Scoping (Apr. 30, 1981)。

明确评价重点和环境保护目标、确定工作等级、评价范围和评价标准"等，与美国等的"范畴界定"步骤试图解决的是近似的问题。遗憾的是，我国现行环评技术导则上的"制定工作方案"则交由环评技术人员完成[①]，而不像美国环评法上的范畴划定均以相当广泛的公众参与为基础。

总的说来，流行议论中的前述种种偏误，都在一定程度上误解了行政权力与专业知识之间关系的复杂性。这或许与行政权力一家独大垄断行政过程[②]的历史和现实教训引发的合理警惕有关——就此而言，指出知识与权力"混杂"可能的风险确有必要；但过犹不及，现代行政活动中知识与权力的联结/合作广泛存在，若是因为过度警惕而忽略这种复杂现实及其可能的正面意义，就谬以千里了。

三、我国环评审批制度的追根溯源与重新定位

初看起来，因为行政权力与专业知识的运作逻辑差异不可忽视，我国环评审批的制度定位面临内在紧张，而解决此紧张的传统思路，如前所述，是回到事实与价值的二分，努力区隔科学与政策、知识与权力，使"恺撒的归恺撒，上帝的归上帝"。然而，如果将这种思路推向极致，可以发现其指向自我否定的悖论：假如事实与价值、科学与政策、知识与权力之间的区隔如此不容突破，何如一开始就不将技术专家引入行政过程？

上述挑战了事实与价值区分的规制研究新发展，可以带我们另辟蹊径：既然事实与价值、科学与政策的截然区分在现实中并不可行，则考虑在环评审批制度定位时，正确的思考方向不应是从二元区分的抽象理念出发、徒劳地尝试区隔专业知识与行政权力，而应首先仔细考察专业知识与行政权力在此是为何及如何"混杂"起来的，并以此为基础作出进一步的评价和判断。

---

① 2011年版的《建设项目环境影响评价技术导则 总纲》（HJ 2.1-2011）在"制定工作方案"阶段是有公众参与要求的，但2016年新版（HJ 2.1-2016）已将之删除。
② 王锡锌：《公众参与和行政过程：一个理念和制度分析的框架》，中国民主与法制出版社2007年版，第203页。

(一)追根溯源:支持对环评实施行政审批的理由

环评的核心是对开发活动可能造成环境影响的预测,这显然是一项技术性很强的专业工作;那么,我国立法者为何要将这一技术性很强的专业活动纳入行政程序之中、使其处于行政权力的控制之下?

查找相关立法资料,并未发现设立环评审批条款的相关立法理由说明,即前述不同于德美等国的环评审批相关条款,无论在1979年的《环境保护法(试行)》、1989年的《环境保护法》,还是2002年《环评法》的立法文件(如立法说明、修订说明、审议报告等)中,均无相关说明或讨论记录。可以说,这一条款是在并未引起各方争议甚至并未引起特别关注的情况下通过的。但是,我们仍然能从环保法和环评法的立法目的和环评"预防为主、源头控制"的基本理念并结合立法的社会背景推断支撑此种立法安排的可能理由,即从环境保护这一公益目标出发,期待环评审批机关以手中的行政权力来约束企业的逐利动机、抵制经济发展部门的GDP追求,并由此确保环评活动服务于防范或减少项目开发活动对生态环境的损害。①

依据实证法规范,我国环评审批,从一开始就内嵌于开发许可这一行政程序之中。就项目开发许可与环评的关系来说,是先有项目开发许可才有对环评以及环评审批的需要。也就是说,我国环评审批制度原本就是特定社会经济背景下利益权衡和价值判断的结果。只有结合我国企业逃避环保责任的动机尚未得到有效遏制、地方政府和经济部门"重发展轻环保"的冲动仍然强劲等现状,才能充分理解环评审批制度所承载的以事先预防方式实现环保目标的核心功能,即环保机关通过环评审批、特别是通过环评审批的一票否决权,分享了对开发项目的决策权,参与了对开发项目应当如何进行、甚至是否应当进行的决定。在这个意义上,我国的环评审批活动与其说是行政权力干预环评这一专业/科学知识过程,不如说开发许可这一行政权力过程"引入"了环评——在这里,环评并不是自足自立的,而是从一开始就是为行政目的服务的。

既然从一开始就负载了行政目的,那么,被纳入环保审批这一行政过

---

① 对我国环评否决制理据的专门探讨,参见金自宁:《我国环评否决制之法理思考》,载《中国地质大学学报(社科版)》2019年第9期。

程的环评,根本不是也不应当是纯粹的科技过程。——恰恰相反,为了实现环保这一公共行政目的,环评专业知识需要更多更好地与行政政策考虑和相关价值判断结合起来,这正是环保法上被广泛接受的"综合决策"原则①的内在要求。为此,虽然有必要确认专业知识与行政权力的不同运作逻辑,但是,同样需要警惕的是,机械地基于事实/价值、科学/政策二分观念而将环评与环境管理的需要及相关公共政策考虑相隔离的尝试,这种尝试不仅可能因为不切实际而归于无效②,还很可能因为妨害公共行政目标的实现而是有害的。

(二) 我国环评审批实践中的调适:创设技术评估程序

上述对立法可能理由的追根溯源,论证了对环评实施行政审批确有其合理性。但是,在进行环评审批时,何种情况应予审批通过,何种情况下不予批准,法律与法规长期以来并无明确指示,实务中交由环保行政机关裁量决定;而从专业知识与行政权力视角观察,考虑到知识与权力的内在差异,环评审批面临的一个实际困难是:被赋予审批权力/职责的环评审批机关,其自身的工作人员大多并不具备环评相关的知识,特别是环评相关的自然科学知识。

对此,因为环评审批机关并不能以自身工作人员专业技术能力不足为由拒绝履行法定职责,面对环评工作的专业知识门槛,我国环评部门在立法并无明确指示的情况下作了积极的探索与尝试,给出了可能的解答——其中最值得关注却长期未引起注意的,是创设了使环评审批机关能够利用环评专家和专业机构的技术评估程序。

从前述规范性文件梳理中可以看到,在《环评法》颁布次年,原国家环境保护总局即颁布《环境影响评价审查专家库管理办法》(2021年修正),在国家和地方两级设立环评审查专家库。从前述规范性文件中并不能直接看到的是,早在《环评法》颁布之前十年的1992年,原国家环境保护局即已成立环境工程评估中心,为其环评审查提供专业支持,负责对申报到

---

① 王曦:《建立环境与发展综合决策机制,实施可持续发展战略》,载《经济界》2003年第5期;蔡守秋、莫神星:《环境与发展综合决策的立法探讨》,载《中国人口·资源与环境》2004年第2期;吕忠梅:《环境与发展综合决策的法律思考》,载《甘肃社会科学》2006年第6期。

② 对台湾地区实践中此种尝试的观察与分析,可参汤京平、邱崇原:《专业与民主:台湾环境影响评估制度的运作与调适》,载《公共行政学报》2010年第35期。

国务院环保部门的环评文件开展所谓的"技术评估"(也称技术核查或技术审查),即环评审批机关在作出审批决定之前,由专业机构/专业人士对报批的环评文件先行审核。之后,多个省市环境保护主管部门陆续设立环评技术评估机构。环评之"技术评估",这一在我国环保法、环评法中均未提及的程序[1],在中国环评文件审批实践中得到了广泛的采用。作为多年实践的总结和提升,原国家环保部在2011年发布了《建设项目环境影响技术评估导则》(HJ616-2011),规定:"环境影响技术评估在环境保护行政主管部门审批环境影响评价文件之前进行,属技术支撑行为。在评估依据、内容、方法、时限等方面必须体现为环境管理科学决策服务的原则"(5.1.1)。之后,《建设项目环境保护管理条例》在2017年修订时增补了技术评估相关条款(第9条第3款),技术评估的法律地位终于在行政法规层面获得国家立法的正式承认。

在加入这一实践中发展出来的技术评估程序之后,我国环评审批呈现出行政权力专业知识双线并行的结构,其中环保机关对建设单位提交的环评文件进行行政审批是行政权力运作的明线(图中实线),技术机构对环评机构制作的环评文件进行专业评估是专业知识运用的暗线(图中虚线),如下图所示:

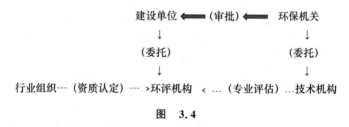

图　3.4

在这一结构里,正是借助"为环境管理服务"的技术评估,行政审批机

---

[1] 查询相关规范依据,较早提及技术评估的均为有关价格/收费的文件。如国家计委、国家环境保护总局《关于规范环境影响咨询收费有关问题的通知》(计价格〔2002〕125号)和《关于执行〈国家计委、国家环境保护总局关于规范环境影响咨询收费有关问题的通知〉有关问题的通知》(环发〔2002〕54号)。前者明确了"环境影响咨询"包括了编制环评文件和对环评文件的技术评估;后者明确了"技术评估报告是环境保护行政主管部门进行行政审批的技术依据"。之后,《国家环境保护总局建设项目环境影响评价文件审批程序规定》(2005)第11条规定,"环保总局受理建设项目环境影响报告书后,认为需要进行技术评估的,由环境影响评估机构对环境影响报告书进行技术评估,组织专家评审。评估机构一般应在30日内提交评估报告,并对评估结论负责。"

关才得以跨越环评专业门槛,克服了自身知识不足,对专业人士编制的专业文件实施实质性审查①,完成"环评审批"这一法定的行政目的。如前所述,建设单位报批的环评文件,依法必须由够格的专业机构和专业人员负责编制。而实践中的技术评估系由环境科学相关专业人员基于对"建设项目实施后可能造成的环境影响"的综合分析,采用与环评"相同依据"评估环评文件,为环保部门"决策提供科学依据"。② 这是典型的引入"同行"来监督专业人员。如此,实际上在不牺牲环评专业知识的特性前提下将专业知识结合进了行政权力运作过程之中。——就技术评估所提供的专业知识对于行政机关完成环评审批任务必不可少而言,知识与权力在此的结合并不是坏事,而恰恰是实现既定的立法安排、达成法定的行政目的所必需。

(三) 回归规范立场:准确定位嵌入行政过程中的专业知识

对我国环评审批制度立法理由的追根溯源和对我国环评审批创造性实践的近距离考察,都显示,从专业知识与行政权力的关系角度梳理和反思我国特有的环评审批制度能够揭示单纯规范文本分析容易忽略的重要因素。带着这种梳理和反思的成果,再回到规范立场,可以发现,澄清我国环评审批制度定位,关键在于清晰和准确地定位嵌入行政权力运作过程的专业知识;而这需要在环评审批制度架构中,明确专业知识提供主体的规范角色,特别是在权责意义上理清其与行政权力的关系。由此,改进我国环评审批制度的具体建议,除前文已论及的环评公参应强化而不是弱化、环评启动时间宜早不宜迟之外,还应强调以下三点。

第一,明确区分环评过程中两类专业机构的不同角色。从上图4已经可以看到,我国环评审批活动涉及两类不同的环评专业机构:一是受建设单位委托编制环评文件的环评机构,一是受环评审批机关委托而从事技术评估的专业机构。二者提供的服务均基于专业知识的应用,同样都受到学科共识、行业规范和职业伦理的约束,同样应接受同行的专业监督;但是,二者功能不同,规范角色也应当区分开来:在环评审批这一行政

---

① 考虑到专业技术门槛,有论者主张环保机关只对环评文件作"形式审查"以回避相关责任,这是典型的本末倒置;若不担当环保责任,环保部门还有必要存在吗?
② 《建设项目环境影响技术评估导则》(HJ616-2011),第3.1款和第5.3.1款。

程序中，两类环评专业机构分别受雇于行政相对人（建设单位）和行政主体（环评审批机关）并运用自己的专业知识为其雇主服务，并在这个意义上均从属于其雇主而并非独立自足的主体。正如编制环评文件的专业机构是受建设单位委托进行，环评文件无法通过审批的法律后果由建设单位而非环评机构承担；技术评估机构从事环评技术评估活动亦是受环保机关委托，环保机关并不能因为在作出审批决定之前经过了专业机构的技术评估而免去对环评审批决定的法律责任。我国环评审批实践中这两类专业机构的角色混淆现象曾长期存在[①]，有必要在环评审批相关规定修订时就此作出明确的规定予以澄清。

第二，明确突出环评审批机关作为决定作出者的责任。归根结底，就法理而言，环评审批是一种行政行为，行政机关是履行审批职权和职责的行政主体。由此，行政机关并不能因为环评活动的专业性，就将此领域内的行政职责推卸给编制环评文件或对环评文件实施技术评估的专业主体。

而且，前文已经指出审批标准容纳了超出"纯粹"科学技术的考虑，这也意味着，虽然审批过程中的技术评估程序很有必要，但它并不能取代审批机关自己的政策判断和利益权衡。在这个意义上，强调环评审批机关的行政决定作出者地位，不仅有助于避免环保机关将自己运用行政权力的决定"藏匿于科学之后"；同样重要的是，明确并坚持环评审批机关的决定者角色，还可以让我们同时认识到不必夸大"专家统治"或"科学篡权"的危险。就此而言，通过"技术评估"模糊或逃避环评审批机关的裁量责任，类似于将环评机构向企业提供的环评服务与向审批机关提供的专业评估服务混为一谈，也是源于对环评专业知识与环评审批权力之间关系的误解或滥用。

第三，不宜夸大技术评估单位相对于环评审批机关的独立性。既然审批机关是最终负责的决定作出者，并且审批机关和技术评估单位之间的关系和建设单位与环评机构之间关系一样是委托与被委托的关系，那些有关技术评估单位相对于审批机关不够独立的指责就需要仔细斟酌，相应地，增强技术评估单位独立性的建议也应当谨慎界定，避免"过犹不及"。事实上，委托活动能够顺利完成在很大程度上依赖于委托者和被委

---

① 陈泽伟：《正视"环评腐败"》，载《瞭望》2009 年第 17 期。

托者的充分沟通。贾萨诺夫曾通过实证研究揭示[①],监管机构寻求科学咨询意见的成功经验,并非对抗性模式,而是(反复多次进行的)协商模式,其中包含了监管机构与其咨询顾问之间更好的相互理解、更具合作性和富有成效的互动。

四、结　语

法律运作的不同制度结构决定了何种问题应为重点问题。中国环评审批制不同于美德环评参考制的特色,决定了行政权力与专业知识之间关系问题值得更多关注和讨论。

激进的观点(福柯)认为,知识即权力[②],然而,为了理解本章中所描述的、我国环评制度相关规范文件变革动向,首先需要关注的,并非知识与权力的共性,而是知识与权力之间的差异:在最初的规范设计中,行政权力掩盖了环评活动的专业技术特性,但后续发展显示这一偏差得到了纠正,环评作为知识(而不是权力)的专业技术特性得到了立法的承认和尊重。在承认专业知识与行政权力差异的前提下,深入我国环评审批的立法背景及具体实践,又可发现二者的差异并不妨碍它们在"存异求同"基础上紧密结合。由此,专业知识与行政权力的差异固然不容忽略,但这并不意味着在制度设计中我们应当基于这种差异而一味隔绝二者,恰恰相反,在"存异求同"的前提下促进二者更为紧密的结合是必要也是可能的。

我国环评审批是一种运用行政权力的行政活动,由此被纳入行政过程的环评专业知识,从一开始就并非自足自立,而是从属于行政目的、从属于行政主体作出合法合理行政决定的需要,其适当角色应当放在行政过程之中、结合其行政目的及行政合法性的规范要求来理解;应当抛弃将环评等同于纯粹科学技术过程的刻板印象,并打破通过事实/价值二分隔

---

① 〔美〕希拉·贾萨诺夫:《第五部门:当科学顾问成为政策制定者》,陈光译,温珂校,上海交通大学出版社2011年版,第340—342页。

② 因为一方面,权力运行需要"观察方法""记录技术""调查程序"以及"控制装置"等,即权力运行离不开知识的运用;另一方面,知识需要设定"区别真假的机制和步骤""真理获得认可的方法"和"获得真理的技术和程序"等,亦即知识本身是权力运用的产物。Michel Foucault, "Truth and Power", in Colin Gordon edited, *Power/Knowledge*, Pantheon Books, 1980, pp. 121, 131.

离科学与政策的迷思,真正深入作为环评审批对象的环评以及环评审批本身的具体内容和实际过程,关注在"将真理告诉权力"的旧观念下容易被忽略的混杂内容;由此才能发现,要防范行政权力"藏匿于科学背后",正确的方向不是试图区隔科学与政策、知识与权力,而是重申行政机关作为审批决定作出者的法定责任(accountability)。

为实现行政目的将专业知识引入行政过程是广泛存在的实践,在这些实践中将专业知识与行政权力结合起来是无法回避的现实需要。在这个意义上,虽然本章研究的具体对象是我国环评审批制度,但本章的分析及结论,亦可在更广泛的范围内具有参考意义。

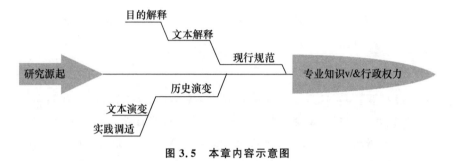

图 3.5　本章内容示意图

第四章　从抽象理性到情境理性
——PX 事件的启示

> 没有社会理性的科学理性是空洞的,但没有科学理性的社会理性是盲目的。
>
> ——贝克:《风险社会》

【提要】 在风险决定作出过程中,将专家能提供的科学理性与外行民众所拥有的社会理性结合起来,已经成为行政法的规范要求;但是,依据现有的风险规制理论,此二者存在内在紧张;而我国自 2007 年以来发生的系列 PX 事件也显示,兼顾二者存在着现实的困难。可能的解决之道在于,突破对于理性的传统理解,引入情境理性概念,从制度上保障风险决定作出者认真对待当事人与社会场景紧密相关的认知和感受,使各种具有情境合理性的观点和主张均有机会得到表达并获得适当考虑,由此实现科学理性与社会理性的结合。

若干年来,我国不同领域的研究者在不约而同地主张行政决策应当科学理性与社会理性并重①,同时吸纳专家和大众的知识②;而行政实务界亦有同步发展的迹象,如政府在官方文件中反复强调行政过程应当结合"公众参与、专家论证、政府决策"以实现"依法决策、科学决策、民主决

---

① 例如,何小勇:《风险社会视域下的科技理性批判》,载《科学技术与辩证法》2008 年第 1 期。
② 例如,王锡锌、章永乐:《专家、大众与知识的运用——行政规则制定过程的一个分析框架》,载《中国社会科学》2003 年第 3 期。

策,保证决策的科学性和正确性"。① 就这类观点在我国各界被广泛引用且未遭遇真正挑战而言,可以说,其已成为我国当前的主流观点。这种主流观点反映出我国各界对行政决策的一种交叉共识,即行政决策在符合法律规定的要求之外,还应当符合科学决策和民主决策的要求,而这就使得在行政决定过程中引入专家和民众参与成为必要。

的确,从公平和正义的要求来看,所有受到行政决定影响的利害关系人,都应当有权参与相关的行政决策。然而,在风险决定领域,引入公众参与——不同于引入专家参与——的主张并不能免于质疑。其中之一是:将"无知的"外行民众引入到风险决策过程中有实际意义吗?毕竟,现代风险社会不同于前现代社会的特征之一是科学技术的广泛应用,而这就意味着,现代社会中风险决策必须依赖专门"知识",依赖于专家们"特殊的认知方式、测量程序、统计调查"②;而现代民众,一般而言,并不具备这种专业知识。由此而来的问题是:因"无知"而无法理性处理现代科技相关风险的民众,难道不会把我们的法治从"远离激情的理性"变成"恐惧的法"③吗?

我国已经发生的系列 PX 事件,特别是其中引起广泛关注的、所谓 PX 词条"保卫战",似乎在很大程度上支持了这种对外行民众参与风险决策过程的质疑。该事件指的是,2014 年春,正值 PX 项目在我国各地受到民众的质疑,引发抗议时,有网民利用百度词条可以自由在线编辑的机会,多次将 PX 词条解释中的毒性说明由"低毒"改为"剧毒"。而近十位清华大学化工系学生注意到了这种不正常的变动,同样利用词条编辑功能反复将"剧毒"改回为"低毒"。报道称④,6 天之内该词条就被反复修改了 36 次。虽然最终清华学子取得了这场拉锯战的胜利,百度百科也将 PX 词条锁定在"低毒化合物"的描述上;但 PX"剧毒"这一科学上明显错误的说法还是在外行民众中流传甚广,这显然与一般民众不是化工专业

---

① 代表性的宣示,例如,十届全国人大二次会议上的《政府工作报告》指出:"坚持科学民主决策。要进一步完善公众参与、专家论证和政府决策相结合的决策机制,保证决策的科学性和正确性……"类似的,国务院发布的《全面推进依法行政实施纲要》第 11 条规定建立健全公众参与、专家论证和政府决定相结合的行政决策机制。实行依法决策、科学决策、民主决策。
② 〔德〕乌尔里希·贝克:《风险社会》,何博闻译,译林出版社 2004 年版,第 61 页。
③ Cass R. Sunstein, *Law of Fear*, Cambridge University Press, 2005.
④ 《茂名反 PX 事件:清华化学化工系学生捍卫 PX 词条》, http://health.sohu.com/20140410/n398009140.shtml, 2021 年 7 月 1 日最后访问。

人士、不具备相应的化工知识有关。

一、系列 PX 事件：从"民意的胜利"到"盲目的恐慌"？

（一）事件回顾

2007 年，厦门市发生针对 PX（para-xylene，对二甲苯，一种化学品）项目的大规模群众抵制活动，在全国范围内引发广泛关注。当地政府最终决定将该项目迁出厦门。此决定受到媒体的高度赞扬，被称为"民意的胜利"。①

之后 2011 年大连、2012 年宁波、2013 年成都和昆明先后爆发针对 PX 项目的系列反对活动。2014 年 3 月，广东茂名居民对 PX 项目的抵制又一次成为热点新闻。在这些后来的 PX 事件中，2007 年厦门事件的影响清晰可见：参与民众时常直接或间接援引厦门民众对 PX 的抵制来表明态度，政府方面则在实际行动上效仿厦门市的最终决定，纷纷向抗议民众承诺 PX 项目"一定搬迁"（大连）、"坚决不上"（宁波）或"在未达成广泛共识之前，绝不办理"（茂名）。厦门 PX 事件俨然已成"先例"。

在厦门 PX 事件落幕之初，的确有评论者对之寄予厚望，希望其可以成为一种政府与民众良好互动关系的范本，开启民众理性参与政府开放行政过程的新模式。② 然而历史的实际进程却总是出人意料的。厦门 PX 事件作为"先例"的作用，看来并没有如研究者所期望的那样，体现在地方政府开放行政过程引入公众参与③；而是令人失望地体现在民众对 PX 项目的抵制态度以及政府"一闹即停"的应对策略上。

民众对 PX 的抵制态度，从 2007 年厦门事件直至最近，看起来是始终如一的；只是媒体对其评价，从最早被赞誉的、"胜利了的民意"，转而成

---

① 《厦门人反 PX 之战：环保旗帜下的民意胜利》，http://news.sohu.com/20071225/n254281299.shtml，2021 年 7 月 1 日最后访问。

② 田飞龙：《公众参与的时代标本——厦门 PX 事件的过程分析与模式归纳》，载王锡锌主编：《公众参与和中国新公共运动的兴起》，中国法制出版社 2008 年版。

③ 大连 PX 项目 2007 年即已开始施工，2009 年 6 月正式投产，但直到 2011 年台风"梅花"摧毁了该项目附近的防波堤坝，才使其进入公众视野。宁波 PX 项目在引发公众警觉前，也早已"悄然"通过了环境评估。

为后来受到指责的、"非理性"①甚至"无底线的"②"盲目恐慌"③。相应地，政府应对策略，即原本受赞扬的、"顺应民意的""一闹即停"，也被批评为无原则、"不仅消损着政府的公信力，也浪费着不菲的社会成本和发展机遇"④。

(二) 问题关键所在

从"民意的胜利"到"盲目的恐慌"，这种评价的转变是怎么发生的？有两种紧密相关的信息起着决定性的作用。

首先是与 PX 项目风险相关的信息。在厦门 PX 事件中，被广泛转发的手机短信称 PX 是"危险化学品和高致癌物，对胎儿有极高的致畸率"。但是，PX 事件爆发后，企业、政府和相关专家通过各种途径反复声明，依据国际通行的专业标准，如国际化学品安全规划署（IPCS）与欧洲联盟委员会（EU）合作编辑的《国际化学品安全卡》和国际癌症研究机构（IARC）提供的致癌危险性评价，PX 被界定为一种低毒化学品，并不属于人类致癌物。至于 PX 项目，其生产过程的确存在爆炸泄露以及工业排放污染风险，但与其他被广泛接受的化工项目相比，PX 项目的此种风险并不更高。

其次是 PX 项目效益相关的信息。早在厦门 PX 事件中，人们就已经得知 PX 项目经济效益显著。⑤ 随着一次次 PX 事件被热议，媒体上披露了更多行业相关信息：PX 是一种应用广泛的基础化工原料，其下游产品不仅越来越多地应用于建筑工程、电器电子、医疗卫生、机械制造等行业，也广泛进入了人们的日常生活（如各种塑料制品和化纤原料）。这导致 PX 项目需求强劲。中国在 2010 年即已成为 PX 最大生产国，但仍不能满足本国消费需要。更有报道强调，本国 PX 项目发展受阻的话会加大

---

① 《院士称 PX 遭非理性抵制 反对者背后有专业组织》，http://tech.gmw.cn/2014-04/11/content_10967695.htm，2021 年 7 月 1 日最后访问。
② 《篡改 PX 词条是盲目而无底线的博弈》，http://opinion.cntv.cn/2014/04/07/ARTI1396872720200882.shtml，2021 年 7 月 1 日最后访问。
③ 《PX：真的有那么可怕？专家称：民众盲目恐慌》，http://finance.youth.cn/finance_gdxw/201306/t20130615_3369652.htm，2021 年 7 月 1 日最后访问。
④ 范正伟：《靠什么破解"一闹就停"难题》，http://www.gznet.com/news/ind/201405/t20140522_1645607.html，2021 年 7 月 1 日最后访问。
⑤ 据称，厦门 PX 项目投产后每年的工业产值可达 800 亿元人民币，占当时厦门 GDP 的 1/4。

下游产业对进口的依赖。

然而,这些看上去"权威可靠"专业知识和看上去"客观理性"的效益分析,似乎对一波又一波的抗议民众并不起作用。在民众中广泛流传的,仍然是"要健康不要 PX""如果 PX 项目效益那么好厦门人为什么不要"等话语。于是,在同情抗议民众为主的各类评论中,也开始出现了一些批评的声音,包括指责抗议民众"盲目"和"不理性"。若这些批评属实,则政府顺应这种"盲目不理性"民意的做法,其合理性自然也就令人生疑了。

在这里,一个关键的事实是:系列 PX 事件中成为焦点的 PX 是否剧毒致癌问题,并不是真正涉及科学不确定性或在科学共同体内部存在争议的问题。德国社会学家贝克曾指出:"关于风险,没有什么专家。"① 他指的是,风险所涉及的不确定性问题,已经超出了既有科学知识的限度,在这里,专家和大众一样无知。所以,在这种情况下,没有任何人能够声称自己的决定比"一般民众"的决定更合乎(科学)"理性"。于是,最重要的问题,不再是如何作出"符合科学理性"的决定,而是如何作出"公平的"决定。"对于如何作出(合乎科学)理性的决定来说,无知是一种障碍;对于如何作出公平的决定来说,无知却不一定是障碍。"② 这种论证在涉及科学不确定性的风险决策中,是言之成理的;但在 PX 事件中,这种论证并不能成立。因为这一事件所涉及的科学问题,即 PX 是否剧毒致癌,并不是一个超出科学专家知识限度或在科学共同体内部也存在争议的不确定性问题。也正因此,PX 事件比那些真正涉及科学不确定性或在科学共同体内部也存在分歧的事例(如全球气候变暖或转基因)更加尖锐地提出了如下问题:当公众意愿与专家(包括科学技术专家和经济分析专家)意见指向不一致因而看上去"不理性"时,行政机关应当如何作出决定?进而,如果顺应这种与专业知识所支持方向并不一致的民意,是否会危及行政决定的合理性?

二、对问题的已有回应

我国行政法学通说认为,行政活动不仅要符合行政合法性原则的要

---

① 〔德〕乌尔里希·贝克:《风险社会》,何博闻译,译林出版社 2004 年版,第 22 页。
② 金自宁:《风险规制与行政法治》,载《法律与社会发展》2012 年第 4 期。

求,也要满足行政合理性原则的要求;其中,行政合理性指的是行政机关行使自由裁量权时要做到客观、适度、合乎理性。① 显然,行政合理性原则并不属于那种可以直接适用的"法条形式的原则",而是所谓的"开放式原则"②;其丰富意蕴仍需要在立法、司法和执法活动中进一步明确和具体化。但是,可以明确的是,作为行政法治原则之规范要求的行政合理性是一种法律标准,而不是政策标准或道德标准。所以,行政机关对于合理性的追求,仍然首先要在既定实在法许可的空间内、遵循实在法的精神、原则的指示而进行。因此,有必要先检视既定实在法提供了何种指示。

(一)实证法指示应兼顾二者

2003年9月1日实施的《环评法》第5条规定:"国家鼓励有关单位、专家和公众以适当方式参与环境影响评价。"其第21条规定:"除国家规定需要保密的情形外,对环境可能造成重大影响、应当编制环境影响报告书的建设项目,建设单位应当在报批建设项目环境影响报告书前,举行论证会、听证会,或者采取其他形式,征求有关单位、专家和公众的意见。建设单位报批的环境影响报告书应当附具对有关单位、专家和公众的意见采纳或者不采纳的说明。"这是厦门PX事件发生当时法律对于建设项目环评中专家和公众参与的要求。从此规定可以看出,立法机关对于前述问题并无明确指示,只是同时肯定了应当纳入专家和公众的参与,却并未提及当公众意愿与专家提供的专业知识所支持的方向不一致时,行政机关该如何作出决定的问题。

厦门PX事件爆发前夕(2006年),原国家环保总局颁行了《环境影响评价公众参与暂行办法》,其中细化了环评信息公开、征求公众意见的范围和期限等要求,对于调查公众意见、咨询专家意见、座谈会、论证会、听证会等参与形式分别作出了规定。但是,再一次,并未提及当公众意愿与专家意见不一致时,行政机关应当如何处理。

2014年修订、于2015年施行的《环境保护法》新设专章"信息公开和

---

① 罗豪才主编:《行政法学》,中国政法大学出版社1996年版,第64页。
② 有关法式原则与开放式原则的区分,请参看〔德〕拉伦茨:《法学方法论》,陈爱娥译,商务印书馆2003年版,第353页。

公众参与"(第五章),明确了公民、法人和其他组织有获取环境信息、参与和监督环保的权利,各级政府环保部门负有公开信息、完善公众参与程序的义务;并且首次要求建设项目环境影响报告书"应当全文公开"。同时,此新环保法也通过强化环评制度的法律效力[1]而在事实上强化了环评专家的角色,并进一步明确了环评专业机构及人员的法律责任。[2] 但是,研究整部法律,同样未涉及当公众意愿与专家意见不一致时行政机关应当如何处理的问题。

(二) 实践中协调二者的尝试

2007年PX事件中,厦门市政府在当时法规并无明确指示的情况下,作出了一些获得高度赞扬的积极尝试。例如,向公众公布了规划环评书的简本;在召开座谈会时,通过网上报名、电视直播抽签方式确定座谈会代表等。就本书的关注而言,厦门市政府在实证法并无明确指示的情况下,作出的如下并未引起媒体很多注意的努力同样值得赞扬——如果不是更值得赞扬的话。

当环评专家在项目环评报告书中得出的结论是PX项目风险并不高且可控,而公众并不接受这一专业判断时,厦门市政府面临的选择看起来是一个非此即彼的"二选一"困局,即要么顺应"民意"否定这一"通过环评且经合法审批通过"的该项目;或是反过来,坚持该项目"安全、合法"而否定已经明确表达出来的"民意"。但是,厦门市政府拒绝了这种简单的处理方法,其选择是:在宣布项目缓建后,进行了一次区域规划环评,并根据区域规划环评结果,重新考量了争议中的具体PX项目;之后,才宣布了迁址决定。

事实上,在区域环评工作进行中,就有传言PX项目可能迁址,然而

---

[1] 如第61条,"建设单位未依法提交建设项目环境影响评价文件或者环境影响评价文件未经批准,擅自开工建设的,由负有环境保护监督管理职责的部门责令停止建设,处以罚款,并可以责令恢复原状。"删除了原来"补办环评手续"规定。第41条规定,防治污染的设施"应当符合经批准的环境影响评价文件的要求"。

[2] 如第65条规定:"环境影响评价机构、环境监测机构以及从事环境监测设备和防治污染设施维护、运营的机构,在有关环境服务活动中弄虚作假,对造成的环境污染和生态破坏负有责任的,除依照有关法律法规规定予以处罚外,还应当与造成环境污染和生态破坏的其他责任者承担连带责任。"

在接受记者采访时,厦门市政府称:"在区域环评结果出来之前,不可能作出迁址决定。"①媒体报道并未解释厦门市政府为何如此坚持的理由。从本章关注的问题出发,却可以看出其中玄奥:当民众意见与环评专家意见背道而驰时,厦门市政府在事实上试图寻求二者的兼顾。其兼顾二者的具体方法是寻求专家意见与民众意愿之间的某种共识或一致。这种共识或一致在区域规划环评完成之前并不存在,在区域规划环评结论出来后才浮现:因为区域规划环评的结论在并未否定具体项目环评报告的同时,提出了新的考虑因素,即争议中 PX 项目所在区域的整体规划定位存在问题,导致"区域空间布局存在冲突"。② 这样,当厦门市政府在区域规划环评结论公布后,作出 PX 项目迁址的最终决定时,其立场可以被解释为既非站在专家立场上否定公众意愿,也非站在公众立场上否定专家意见,而是同时兼顾了专家的观点和大众的诉求。

就此而言,将 PX 剧毒、PX 项目危险的说法在后来的流传不绝归咎于厦门 PX 项目迁址这一决定是不公平的。因为厦门市政府的迁址决定并非基于对 PX 剧毒或 PX 项目危险这些在民众中一度流行之说法的认可,而是基于区域整体功能定位和区域空间布局的考虑。但是,十分遗憾的是,厦门市政府的前述可贵努力很大程度上被忽略了。在后续的 PX 事件中,从媒体公开报道中所提供的信息来看,也未发现其他地方政府曾有超脱上述"非此即彼"之"二选一"困局的成功尝试。

三、域外经验:亦在探索中

可以想象,在风险决策过程中兼容科学专家和民众参与的问题,不会是中国所独有的问题。因此,不妨将眼光投向域外法治发达国家,搜寻是否存在可供借鉴的经验。

在美国,行政活动在经典的行政法治理论中被定位为立法意图的"传

---

① 龙雪晴、任波、庄颖:《厦门 PX 环评警示》,http://finance.sina.com.cn/china/dfjj/20070627/20183730899.shtml,2021 年 7 月 1 日最后访问。
② 2007 年 11 月底完成、12 月 5 日正式公布的《厦门市重点区域(海沧南部地区)功能定位与空间布局的环境影响评价》称:"厦门市海沧南部空间狭小,区域空间布局存在冲突,厦门市在海沧南部的规划应该在'石化工业区'和'城市次中心'之间确定一个首要的发展方向。"

送带",行政活动的合法性被认为源自行政活动对立法规范要求的严格遵循。到了福利国和规制国时期,大量行政裁量活动无法通过这种"传送带"理论而合法化,其正当性被认为来自行政机关拥有立法机关所没有的、能够保障有效达成公益目的的"专家"理性;行政合法性要求由此从形式转向实质。① 到了20世纪六七十年代,在行政过程中引入公众参与的需求高涨,美国行政法"正在转向一个确保所有受影响利益在行政程序中都获得代表的制度",即所谓的"利益代表模式"。②

就公众参与而言,美国法院已经通过判例发展出"适当考虑"标准③来审查利害关系人是否获得参与行政程序的机会、其提出的相关主张是否在行政机关的决定书中得到了讨论和合理的考虑。这种适当考虑标准加在行政机关身上的要求,并非只是确保利害关系人有机会在行政程序中出席并提交证据提出主张等程序性权利,同时还赋予行政机关一项积极的实质义务,即考虑所有受行政决定影响的相关利益。例如在1971年奥弗顿公园案④判决中,美国最高法院实际上要求行政机关应当给予公园使用者利益以极高的权重,"只是在其他路线明显不合适的"情况下,才允许交通部部长选定穿过公园的公路路线。而在适当考虑标准之前,对于行政机关未考虑受影响的相关利益的情形,美国法院是按照传统的"武断与反复无常"的标准来进行审查的。传统的"武断和反复无常"标准只适用于那些对不相关因素的考虑或对相关因素的考虑达到明显不合理程度的行政决定,法院在适用这一标准时,会在绝大多数情形中把赋予每种利益适当权重的问题留给行政机关处理;而"适当考虑"标准在确保受影响者实质性的参与权利方面对行政机关提出了更高的要求,法院在适用这一标准时,"似乎总是能够发现争议的某个方面被忽视了或者某个争论的观点没有得到适当的考虑"。

---

① 法律社会化运动中,出于社会规制目的将法律工具化对法律规范结构的影响,在欧洲和美国都受到了关注。许多学者参加了相关的讨论。例如,H. Rotthleuthner,"The Limit of Law——The Myth of the Regulatory Crisis", 17 *International Journal of Sociology of Law* 273 (1989)。
② 〔美〕理查德·斯图尔特:《美国行政法的重构》,沈岿译,商务印书馆2002年版,第167页。
③ 同上书,第157—158页。
④ Citizens to Preserve Overton Park, Inc. v. Volpe, 401 U.S. 402(1971).

就对科学理性的信赖而言,美国法院对于行政决定之科学根据的要求也在不断发展之中。美国法院对行政机关专业知识有着高度遵从的传统。当行政机关在风险规制中越来越多地运用科学研究成果时,司法部门对此的反应是:"当问题被定性为科学问题时,许多法院倾向于把行政机关当作专家来尊重。"[1]典型的,如1983年巴尔的摩天然气与电力公司案[2]中,美国最高法院认定美国原子能规制委员会对核废料处理之环境长期影响的评估是"处于科学前沿、在其特殊专业领域内所作预测",因而给予了高度尊重。不过,美国司法审查同时也存在要求行政机关说明理由的强有力传统,在说明理由的要求前"专业知识不再是一把像神圣法衣一样的保护伞"。[3] 例如,在影响深远的多伯特案[4]中,美国联邦最高法院要求初审法官了解专家证言的科学基础,决定该证言是否将科学原则可靠地应用于足够坚实的科学数据、并由此论证了专家们的科学结论;同时,初审法官还要决定科学证言是否与案件事实相关,即决定科学信息是否与该案所提出的问题相匹配。这一判例推动了法院在审查风险规制之科学根据时"扮演看门人角色"[5],强化了对行政机构风险评估所包含科学成分的司法审查,也即对风险规制决定的科学根据提出了更高或说更苛刻的要求。

从上述判例法来看,美国法院的基本立场是既要求行政决定过程确保公众参与同时也要求行政决定立足于"可靠的科学"(sound science)。然而,和中国当前实证法状况类似,美国上述判例法只是要求行政主体在行政过程中兼顾公众参与要求和科学专家的贡献,对于如何处理二者之间的紧张甚至冲突却并无明确指示。

在这种困难情形下,面对两种存在内在紧张的规范要求,美国行政部

---

[1] Wendy E. Wagner, "The Science Charade In Toxic Risk Regulation", 95 *Columbia Law Review* 1613 (1995).

[2] Baltimore Gas & Elec. Co. v. Natureal Res. Def. Council, 462 U. S. 87 (1983).

[3] Jerry L. Mashaw, "Small Things like Reasons are Put in a Jar: Reason and Legitimacy in the Administrative State", 70 *Fordham Law Review* 17(2001).

[4] Daubert v. Merrell Dow Pharmaceuticals, Inc. 509 U. S. 579 (1993).

[5] 有关此案对风险规制的影响,可参见〔美〕Macgarity:《风险评估司法审查多伯特化的前景》,载金自宁编译:《风险规制与行政法》,法律出版社2012年版,第251—347页。

门的立场事实上也很难避免左右摇摆和前后不一。① 如有研究者注意到,早在1970年代,美国环保署在涉及杀虫剂的致癌性时对其处理原则所作说明是自相矛盾的。② 较为新近的例子③则是在依据《清洁大气法》对国家空气质量标准修订中,美国环保署长所公开发布的声明出现了显著的不一致:在1996年11月,臭氧和细粒子新标准首次被推出时,为了在公众面前捍卫其对该标准的选择,环保署署长声明:"问题不在于科学,真正的问题是判断";仅仅4个月后,当公众、国会和规制机构就此标准的争议白热化时,环保署署长"转了一个180度的大弯",在公开声明中称:"我认为问题不在于判断,我认为这是科学问题。"

与前述实践发展相应,美国行政法学界对于科学专家在行政过程中的角色、公众参与在行政决策中的功能等均存在诸多理论分歧和争论。如同样注意到"对公众参与风险规制的需求源自对专家的不信任、以及相应地对规制决策者的不信任"④,学者们对于如何处理二者的内在紧张却有着分裂的立场:或者讥讽那些过度信奉公众参与作用的人是试图"以投票方式决定地球是否绕日而行"⑤;或者警告那些过度信奉科学的人"风险管理中的价值冲突及到处弥漫的不信任并不能因技术分析而减少;试图以更多的科学来应对风险争议,事实上可能扩大冲突"⑥;或者认为根本无法将(需要依赖专家的)科学问题与(需要公众参与的)政策问题分离开来⑦。全面梳理这些分歧和争论并非本章所能完成的任务,但上述观

---

① 〔美〕Cary Coglianese & Gary E. Marchant:《流沙:科学在风险标准制定中的局限》,载金自宁编译:《风险规制与行政法》,法律出版社2012年版,第105—223页。

② S. Jasanoff, "The Problem of Rationality in American Health & Safety Regulation", in Roger Smith & Brian Wynne eds., *Expert Evidence: Interpreting Science in the Law*, Routledge Chapman & Hall 1989, pp. 151-169.

③ Craig Oren, "Run Over by American Trucking Part I: Can EPA Revive Its Air Quality Standards", 29 *Environmental Law Institute* 10653(1999).

④ 〔美〕Macgarity:《风险规制中的公众参与》,载金自宁编译:《风险规制与行政法》,法律出版社2012年版,第225—248页。

⑤ 例如,Dick Taverne, "Let's Be Sensible About Public Participation", 432 *Nature* 271 (2004).

⑥ H. Kunreuther & P. Slovic, "Science, Values & Risk", 545 *Annals of the American Academy of Political and Social Science* 116 (1996).

⑦ Jasanoff, "Science, Politics, and the Renegotiation of Expertise at EPA", 7 *OSIRIS* 194 (1992).

察足以表明,美国实证法和行政实务经验只是验证了在行政决定过程中兼顾科学专家和公众参与的必要性、复杂性和困难程度,却并未对本章关注的问题提供现成的解决之道。

四、可能的出路:从抽象理性到情境理性

(一) 何种合理性?

事实上,民众的意愿与权威的科学知识或专业的效益分析所支持的方向不一致本身,并不必然意味着民众是不理性的。要真正理解这一点,需从概念上澄清"理性"的含义。

理性一词是一个社会历史的范畴,在人类思想史上其内涵是不断发展变化的。贝克曾经将理性(rationality)界定为:"人类所有的行动都可视为行动者在一组稳定偏好下于市场中累积最适量的信息和投入因素,以求得个人效用的极大化。"[①]而 Simon 提出的有限理性概念打破了完备理性假设,认为个人对其偏好的稳定性、信息的累积能力、甚至追求效用极大化的意志,都存在能力上或知识上的不足[②];据此,没有人是完全"理性的"。在 PX 事件引发的评论中,有不少批评者就是在这个意义上指责抵制者"不理性"。

但是,同样注意到有限理性状态,也可能得出不一样的结论。如哈耶克则指出,人在决策时的理性状态有理性不足、理性的无知、理性式的非理性等状态,但这三种不完全理性状态都是个体在获取与他人合作所需之知识的成本太高时的合理选择。[③] 在这样的视野中,所谓有限理性问题,其实都可以转化为情境问题,也就是:在具体情境中,人们往往不能拥有"完备理性"所需的全部知识和信息;而在这样的情境中,不加反思地依赖于习俗或惯例,可能"更有利于达成双方的目标",因而并非无效率或不理性的。这种"理性",其含义已经不再是经济学家们所假定的抽象"理

[①] Gary S. Becker, *The Economic Approach to Human Behavior*, University of Chicago Press, 1976.

[②] Herbert A. Simon, "A Behavioral Model of Rational Choice", 69 *Quarterly Journal Of Economics* 99 (1955).

[③] F. A. Hayek, Rules, "Perception and Intelligibility", in his *Studies in Philosophy, Politics and Economics*, University of Chicago Press 1967, pp. 56-57.

性",而更接近于哈贝马斯在其《后形而上学思考》一书中反复提及的情境理性①,即"理性"与否必须放置在一定的情境里加以判断:"一方面,我们在各种社会的和自然的场景内习得理性。另一方面,我们行为的理性程度依赖于我们所处的场景。这是情境理性的双重含义。"②

　　这就意味着,判断合理性的标准会因情境不同而发生变化。对于法律人来说这一点应该并不陌生。法学领域里强调的"相同情况同样对待、不同情况不同对待"可以说是情境理性的另种表达。它可以帮助法律人超越许多无法简单以非此即彼方式解决的难题。如关于环境保护与环境利用的关系,日本环境法上有两种不同的代表性学说。一种为"环境权论",认为良好的环境保护相对于环境利用而言具有优先的价值;另种为"忍受限度论",主张环境保护并不当然优先,对环境的利用只要不超过一定的忍受限度就应是被许可的。而大须贺明则认为,应区分不同的阶段来适用不同的基准③:在第一阶段,即环境破坏能够通过自然的自我净化而自行治愈时,适用忍受限度论就是合理的;在第二阶段,即环境破坏已经无法通过自然净化能力而治愈时,则应适用环境权论。

　　事实上,在环境风险领域,观察者早已经发现,权威的专业意见与外行民众看法出现不一致,并非罕见的现象。美国环保署在 20 世纪 80 年代开展的一项调查发现,一般公众对环境风险高低排序与专业人员对环境风险排序之间存在明显差异;专家认为,美国公众高度关注的放射性垃圾、核事故风险等,因为属于低度危险而并不值得如此关注;而公众以为危险不大的室内空气污染,专家认为危险其实很大。④ 然而,更为深入的研究已经揭示,专家和民众之间风险认知和评估的差异并不一定意味着外行民众"错误"或"不理性"。有代表性的,如斯洛维奇在《科学》上发表的一项研究⑤,要求被调查对象在作出风险评估的同时说明评估依据,结果发现,专家的风险评估主要依据死亡率等量化指标,而外行民众会考虑

---

　　① J. R. Habermas, *Post Metaphysical Thinking*: *Philosophical Essays*, The MIT Press 1994.
　　② 汪丁丁:《理性选择与道德判断第三文化——在华东师范大学的讲演》,http://www.aisixiang.com/data/3751.html,2021 年 7 月 1 日最后访问。
　　③ 〔日〕大须贺明:《生存权论》,林浩译,法律出版社 2001 年版,第 207 页。
　　④ 〔美〕史蒂芬·布耶耶:《打破恶性循环:政府如何有效规制风险》,宋华琳译,法律出版社 2009 年版,第 28—29 页。
　　⑤ P. Slovic, "Perception of risk", 236 *Science* 280(1987).

诸如"自愿性""公平性"等定性因素。考虑到人总是生活于一定的社会文化背景之中，外行民众所考虑的那些因素就很难说是不合理的。所以，该文特别强调，外行民众与专家不同的风险认知和评估也包含着"智慧"（wisdom）。

（二）PX 事件中的情境理性

如果我们承认，不能简单地将大众与专家不一致的意见斥为"不理性"，因为其意见很可能基于专业判断所未涵盖的、却具有"情境合理性"的"智慧"。那么，有必要追问，PX 事件中是否存在这样的情形呢？答案是肯定的。

第一，PX 项目并非零风险。作为最终产品的 PX 是低毒的化学品，但 PX 的生产过程是存在一定的爆炸和污染风险的——尽管这种风险并不高于其他未受抵制的化工生产。更重要的是，民众对企业生产管理过程中可能存在的"人为"风险的担忧：控制生产过程风险的安全技术和管理方法也许是成熟的，但民众担忧的，恰恰是企业的管理水平甚至严格遵从安全生产和环保相关要求的诚意。在厦门市规划环评之公众参与意见中就可清楚地看到这种情况。根据中国环境科学院的记录[①]，民众反对建设 PX 项目的主要理由并非是 PX 剧毒，而是"对现有企业长时间不能控制污染失望，以及不信任，进而不相信企业能搞好环境保护、达到良好的风险管理"。而这种对企业安全生产管理水平的担忧也并非空穴来风：厦门 PX 事件前海沧区居民就曾因附近化工厂排污问题而多次向环保局投诉[②]；同样在 PX 事件前夕大连 PX 项目防潮堤因台风过境而有两段被冲毁[③]。

第二，利害关系人的利益并未得到充分考虑。PX 事件初期，政府方的宣传解释鲜见提及 PX 项目对周边房地产市场的不利影响，而事件发展中媒体才披露出来这正是不少居民和房地产商参与抵制 PX 项目的动

[①] 《中国环境科学院回复厦门 PX 项目公众意见》，http://news.sohu.com/20071219/n254180129.shtml，2021 年 7 月 1 日最后访问。

[②] 《厦门人反 PX 之战：环保旗帜下的民意胜利》，http://news.sohu.com/20071225/n254281299.shtml，2021 年 7 月 1 日最后访问。

[③] 《大连海堤溃坝威胁化工企业有毒化工罐》，https://gongyi.sina.com.cn/greenlife/2011-08-09/104028784.html，2021 年 7 月 1 日最后访问。

机。① 有些 PX 事件爆发的直接诱因就是居民对征地安置补偿方案的不满。② 政府决策若不将此种重大的实际利害关系考虑在内并作出合理安排,简直类似于经过雷区却不排查会不定时爆炸的地雷。有实证研究表明③,社区利益补偿方案能显著减少公众对风险设施建设的反对。在此,有必要指出,社区利益补偿并不限于针对"特别牺牲"④的公平补偿,也包括将项目收益用于社区的公共服务和基础设施建设等。在抵制 PX 的网上言论中,我们可以发现一些对于未能分享经济发展成果的抱怨,如"发展 PX 项目就算无害,对老百姓也无好处"。如果地方政府能以公开透明的方式确保将发展 PX 项目所增加的财政收入用于当地市政道路建设或城市环境改善等公共物品的提供,应可有效减少对 PX 项目的抵制。

第三,地方政府在作出决策时信息公开不充分、未保障受影响者应享有的参与权。行政法上的正当程序原则要求行政主体在作出不利决定之前应当听取利害关系人的意见。⑤ 依据《环评法》等相关规定,征求"有关单位、专家和公众意见"也是建设项目环境影响评价的必经程序。⑥ 抵制 PX 的公众无疑是 PX 项目相关决定的利害关系者,但是从厦门、大连到宁波和茂名,公众都并非因地方政府通过正式渠道公布相关信息而广泛得知 PX 项目的;而且,当获得初步信息的民众向政府相关部门了解情况、索要环评报告等文件时,还往往被拒之门外。这不仅在很大程度上导致了公众所获知信息在完整性和可靠性上存在瑕疵,而且也极大地损害了公众对政府后来发布的相关信息——包括作为政府决定合理性根据的各类专家意见——的采信。至于地方政府在市民作为利害关系人发出自

---

① 在厦门 PX 事件和大连 PX 事件相关报道中,均曾提及 PX 项目对周边房价产生的不利影响。
② 如宁波 PX 事件。
③ 如卡勒斯(carnes)等对核废料储存场选址的研究。S. A. Carnes, eta l., "Incentives and Nuclear Waste Siting: Prospects and Constraints", 7(4) *Energy Systems and Policy 323* (1982).
④ 一般认为,"特别牺牲"为行政补偿构成要件。可参见〔德〕哈特穆特·毛雷尔:《行政法学总论》,高家伟译,法律出版社 2000 年版,第 733 页。
⑤ 我国学界对正当程序原则的含义有不同界定和表述,但无人否认这一自然正义要求;在我国司法实践中,正当程序亦"晨光初现"。参见何海波:《司法判决中的正当程序原则》,载《法学研究》2009 年第 1 期。
⑥ 《环评法》第 21 条,《建设项目环境保护管理条例》第 15 条。

己呼声时所采取的封锁信息、压制公开讨论等不恰当措施①，更强化了市民对 PX 项目的"合理"疑虑。

综上，可以说，若能应用情境理性概念，深入了解 PX 项目事件本来面目，认真对待当事人与社会场景紧密相关的认知和感受，就会发现民众的"抵制"PX 项目的选择，并非"不理性"。完全可以想象，那些 PX 事件爆发后才涌现出来的各类言论以及其中包含的不同观点，如果能在各地政府作出 PX 项目上马决定之前即有机会得到充分表达并获得适当考虑，将有助于行政决定立足于更全面的考虑和更充分的理据。

（三）制度意涵

情境理性概念有助于我们清晰地认识到，不分青红皂白地给外行公众贴上"不理性"标签并将公众排除出风险决定过程是一种危险倾向，因为那将牺牲公众参与所能贡献的智慧。也正是在这个意义上，情境理性概念可以充实或说丰富作为行政法治原则要求之一的行政合理性。这就是情境理性对于行政法制度的意涵。换句话说，如果我们接受了情境理性概念，就可以明确，行政合理性原则所要求的行政决定"应当合乎理性"，指的不仅仅是行政决定要体现（专家的）科学理性，还包括了行政决定要体现（民众的）情境理性。

澄清了抵制 PX 的民众并非不理性，则政府面临的问题其实不再是：要么坚持将决定立基于"符合理性"的专家意见而冒着激化社会矛盾的风险，要么将牺牲决定的合理性而听从所谓"盲目"的民意。问题已经转变为：听从具有科学合理性的专家意见还是听从具有情境合理性的民众？这里无疑仍然需要复杂的权衡和判断，但是，至少排除了一种可能的错误：仅仅因为民众意愿看上去与专家所指方向不一致，就简单地给民众贴上"不理性的"标签并将之排除在行政决定所应考虑的理据之外。

强调外行民众可能具有专家未必拥有的情境理性，并不意味着认定外行民众"永远正确"不会犯错。在专业分工高度发达的现代社会，外行民众不可能充分理解每种专业知识；在外行无法理解的科技广泛应用而形成的风险社会中，民众的"盲目恐慌"也的确有可能大面积蔓延（如

---

① 如厦门 PX 事件之初，地方政府不作正面反应，却先关闭了讨论 PX 事件的"厦门小鱼论坛"。

2011年福岛核事故之后的抢盐风波);而在权利主张表达常规渠道不畅时,"拒绝成为他人决定的受害者"的愤慨①也极有可能激化为情绪化甚至失控反应;这些都是无法否认的现实。但是,正如科学有可能被滥用并不能让我们拒绝合理地运用科学理性一样,公众有可能恐慌并不能成为风险决定拒绝公众参与并从中吸纳合理性的正当理由。

需要注意的是,情境理性不同于抽象理性的特征在于它不能脱离具体的社会政治经济文化情境来得到界定,也并不存在客观的、一般的判断情境合理性的实质标准,在实践中,它只能通过各利益相关方的观点来呈现。因此,就行政法制度而言,仅仅从结果要求行政决定实质内容"适当考虑"所有受影响者的利益和价值是不够的,还应当提供条件使得情境理性得以显现,即应当提供必要的机会和条件使得让所有受影响者均能参与且表达自己观点的公共空间得以形成。具体到 PX 事件,完全可以想象,那些 PX 事件爆发后才涌现出来的各类言论以及其中包含的不同观点,如果能在各地政府作出 PX 项目上马决定之前即有机会得到充分表达并获得适当考虑,将有助于行政决定立足于更加全面的考虑和更加充分的理据。着眼于制度建设,这也就意味着,在科学家主导的风险评估和行政官员负责的风险管理这两种传统制度之外,还应构建以公众参与为核心的风险交流制度②,使之成为风险防范制度必不可少的组成部分。

五、基于知识论的补充说明:风险决定者的责任

就思想源流而言,接受以科学家为代表的各类专家所提供的专业知识作为行政决定的理据,与对科学理性的信赖有关③;而有关科学理性限度,韦伯早已经强调过,经验科学关乎事实,而人的行动关乎价值,事实与价值之间的鸿沟决定了"经验科学无法向任何人说明他应该做什么,而只能说明他能够(able)做什么";"因果分析绝不提供价值判断,而价值判断

---

① 风险社会研究者认为,风险决定的受影响者与决定者之间的矛盾大有已经或将要取代劳资矛盾成为当代社会冲突的首要来源之势。有关介绍,可参见金自宁:《食品安全的制度反思:风险决定的做出》,载《绿叶》2011 年第 5 期。

② 有关风险交流制度建构,可参见金自宁:《风险规制中的信息交流沟通及其制度建构》,载《北京行政学院学报》2012 年第 5 期。

③ Jerry L. Mashaw, "Small Things like Reasons are Put in a Jar: Reason and Legitimacy in the Administrative State", 70 *Fordham Law Review* 17 (2001).

决不是因果解释"。如果将二者混同,会导致"打着科学和客观的幌子推行自己的主观意见"。①

换句话说,真正的科学从来不可能下命令要求我们去做什么或不要去做什么,而只能告诉我们"如果我们做什么会有什么后果"或者告诉我们"什么可行什么不可行"。至于到底要不要去做某事,取决于人的价值和意愿;最终是不是真的去做某事,则取决于人的意志和行动。

研究科学史的波普尔则进一步指出,从有限事例推广到无限定律、从过去推广到未来的归纳法在逻辑上不能成立、在经验上也不可靠,而人们原以为在归纳法基础上发展起来的科学知识其实是一个"猜想和反驳"的过程。在这个意义上,人类迄今为止所有的科学知识其实都是可用经验验证的大胆"猜测",这样的知识永远都在等待被经验所"反驳",也即证伪;它们的可靠性,仅仅是在被证伪之前暂时推定为可靠。换句话说,人类所有既有知识都是"可错的",而人类对所掌握知识的运用,其实质都是"试错"而已。②

如果我们接受人类所能掌握的全部既有知识都是"可错的",而对既有知识的所有运用都是"试错";那么,决定作出者选择信赖专家所提供的专业知识或说"听科学的",本身就是一种有风险的决定,——永远有犯错的风险。而这个风险,就应当也只能由决定作出者来承担(专家在此的社会责任,体现于申明此种可错风险而不是假冒百分百真理在握者)。

应用到 PX 事件,即意味着决定作出者和参与提供专业知识的专家两种不同角色可以也应当区分开来:即使专家或科学告诉人们,PX 有剧毒,人们仍然可以决定上马该项目,哪怕结果将如专家所言是中毒而亡,专家或科学事实上并不能也无权阻止有权决定者作出这样的决定;同样,如果人们因为专家或科学宣称 PX 可能有毒而最终决定不上马该项目,也是有权作出决定者而并非参与提供专业知识的专家作出了这个决定。

当然,这并不意味专家及其提供的专业知识不重要或不相关,只是意味着决定作出者应当对决定的合法性和合理性承担起责任,而不能"藏匿

---

① 〔德〕马克斯·韦伯:《社会科学方法论》,韩水法、莫茜译,中央编译出版社 1999 年版,第 6、158 页。
② 〔英〕卡尔·波普尔:《猜想与反驳:科学知识的增长》,傅纪重等译,上海译文出版社 2001 年版。

于科学之后"①,将作出决定这一不可避免包含利益权衡和价值判断的过程装扮成单纯的"科学",从而将与作出决定相伴随的责任推卸给"科学"或提供专业知识的专家。归根结底,在风险决定的理性寻求中将专家提供专业知识中包含的科学理性和外行大众参与中所体现出来的情境理性(或贝克所谓的社会理性)相结合,最终是决定作出者的责任。

六、结　语

PX系列事件是很好的例证,表明了行政机关将风险决定的合理性仅仅立足于对风险的科学评估和效益分析时,会遭遇何种困难。事实上,行政决策中的效益分析最好的情况下也只是一种功利主义(或者说后果论)的进路,其忽略的因素可由规范取向的研究揭示,具体应用也需要规范取向方法的补正;而行政决策中的科学评估,在最好的情况下也只关乎事实如何,并不能取代我们对"应当如何"的判断和"要如何做"的决定。

风险社会不同于以前的特征源自"将未来引入现在"②,也就是说,人类试图立足于现在考虑未来,并基于现在对未来的考虑而在当下采取旨在影响未来的行动。因为相对于人有限的认知能力而言,未来始终是不可预测的;所以,将未来引入现在的必然结果就是:这个世界上不再存在什么绝对的安全。相形之下,政府有限的风险防范能力显得捉襟见肘。在这样的背景下,创造制度空间发挥政府以外主体的作用,从单一的政府风险规制转向多主体共同参与的风险治理,看起来是一条颇有吸引力的途径。而本章对我国系列PX事件的观察和分析表明,为了适应此种转向,更具包容性的行政法制度有必要在理解风险规制事业的复杂性的基础上定位外行公众与专家在风险决定过程中的适当角色,而这就需要明确二者分别能为风险决定合理性作出何种贡献以及风险决定者在寻求理性时应当兼顾二者的责任。

---

① 洪延青:《藏匿于科学之后？规制、科学和同行评审间关系之初探》,载《中外法学》2012年第3期。

② 可参见 Niklas Luhmann, *Risk: A Sociological Theory*, translated by Rhodes Barrett, Aldine de Gruyter, 1993. 尤其是第二章"作为风险的未来"。

第五章　科技不确定性中的环评：
以"地铁过北大"事件为例

关于风险,不存在什么专家。

——贝克:《风险社会》

【提要】 北京地铁线路先后两次过北大引发的争议,充分显露了科技不确定性对环评的挑战。由于现行法对此类因人类知识信息限度而不可避免的不确定性考虑不足,无论是民法还是行政法的传统进路在此挑战前均捉襟见肘。风险预防原则是直面不确定性的灵活指引,结合实际事例更深入地探讨风险预防原则的意涵,有助于澄清应对不确定性的规范立场。不应期待风险预防原则取代个案情境中的复杂权衡判断,而应在具体情境中依据该原则的精神,在当下共同决策、共担风险;在未来则持续学习、动态调整。

地铁作为现代城市轨道交通的重要组成部分,实现了人车立体分流,能有效缓解大中城市的交通拥挤压力;同时,与汽车等地面交通方式相比,还具有提高土地利用率、保持地面历史文化景观、能耗较低、污染较小等比较优势。然而,地铁列车运行时,车轮与钢轨之间撞击振动,经由轨枕、道床传至隧道结构,再通过隧道结构,经由岩土等介质横向、纵向传播,可能对地铁沿线的建筑设施及居民的工作生活产生不良影响。

按我国现行法的规定,地铁建设作为"对环境有影响的项目",应依法进行环评。① 而环境振动是交通项目环评的内容之一。② 但不同于废水、废气和固体废物等传统类别的环境污染,振动的环境影响相关科学研究起步较晚,相关技术标准也并不成熟,导致在对振动进行环境影响评估时,难以避免知识有限导致的不确定性。"地铁过北大"事件正是在此背景下发生。

一、事件概要与问题聚焦

(一) 东西夹击:地铁两次过北大

2003年,北京地铁4号线规划方案公布,线路经北大东门一路向北。北大组织专家对地质结构相同的地区已建地铁运行影响进行了多次测试、对比、分析、研究,提出了《地铁引起地面振动的测试与分析报告》和《东直门—柳芳地段城铁引起地面振动测试结果》的报告,得出4号线"将对我校大型精密贵重仪器设备的正常使用产生严重影响"的结论③,并以学校名义正式报告北京市政府。之后,北京市环保局、原国家环保总局、北京市轨道交通建设指挥部组织各方面的专家进行了多次的研讨和测试,并与北大多次磋商研讨。在此基础上原国家环保总局组织专家组进行了评审,结论为:"根据现有科技水平,采取综合治理技术措施能够解决北大仪器的基本要求。"④

2009年北京地铁4号线建成通车。实测⑤发现,尽管已经采用了包括加设"钢弹簧浮置板道床"等多种先进的减振技术,4号线地铁振动仍然对北大的精密仪器设备造成了干扰。为此,北大决定在校区西部开始建设科研楼,拟将其部分受影响的精密仪器搬迁。因为新楼容量有限,一

---

① 《中华人民共和国环境保护法》第19条。
② 《环境影响评价技术导则:城市轨道交通》(HJ 453-2008)第4.3.2规定:城市轨道交通工程施工期和运营期的环境影响评价一般应考虑噪声、振动、电磁、废水、废气、固体废物,以及生态等方面的内容。此标准已被 HJ 453-2018 取代,所引内容得以保留。
③ 北京大学实验室与设备管理部:《关于解决地铁四号线途经北大东门对北大仪器影响的情况说明》(2005年7月26日)。
④ 同上。
⑤ 已发表的相关实测数据,可参见张志强、雷军:《地铁列车运行引起的振动观测及对高精密仪器的影响》,载《现代仪器与医疗》2011年第1期;马蒙等:《地铁与路面交通振动对精密仪器的影响测试》,载《北京交通大学学报》2012年第8期。

些受影响仪器仍然留在东部,有些学者只能在地铁停运后的半夜做实验。

2011年,就在北大新科研楼在建未完工之时,北京地铁16号线北延长线(时称海淀山后线)规划方案通过审批。按此规划,16号线途经北大西侧,距新建的科研楼最近距离只有200米。北大再次提出反对,希望能避免重蹈4号线之覆辙。

各方在地铁改线和仪器搬迁之间争论不下。经多次研究讨论和反复磋商,2013年8月,北京市规划委员会同意北京地铁16号线西苑至苏州街段线路规划调整方案①,据此,地铁线路向西避让200多米。2014年5月28日,北京市环境保护局作出《关于北京地铁十六号线二期(原海淀山后线)工程环境影响报告书的批复》②,其中载明:"该工程主要环境影响是运营期振动、噪声及施工期噪声、扬尘等。从环境保护角度分析,同意你单位按环境影响报告书所列建设项目的性质、规模、地点、环保措施进行建设。"

尽管16号线已经通过了环评审批,仍有专家担心16号线地铁避让的距离并不足以消除对北大精密仪器的不利影响③;另一方面,如此改线本身也导致地铁公司丧失了部分客流;由此,16号线过北大事件的处理结果被媒体指为"两败俱伤的妥协"。④ 2020年12月31日,从北大校园西边经过的北京地铁16号线中段(西苑站至甘家口站)开通运营。⑤ 专家们所担心的、16号线地铁对与之最短距离不到600米的北大新科研楼内精密仪器的影响,应可有实测数据证明(证实或证否)了⑥。

(二) 聚焦环评中的科技不确定性

每一个案例都可以从不同角度进行分析讨论。本案例也不例外。初

---

① 北京市规划委员会:《关于地铁16号线西苑至苏州街段线路规划调整方案的批复》(市规函〔2013〕1823)。
② 京环审〔2014〕167号。
③ 北京大学给政府的提案中,称"地铁距精密仪器1—1.2公里以外,是能够保证精密仪器正常运转的理想距离;650—750米是通过附加减振措施后,能够保证大多数精密仪器基本正常运转的极限距离",据此建议地铁线路向西避让至少650—750米。北京大学:《关于调整地铁海淀山后线(16号线)规划的提案》(2012年)。
④ 郭路瑶:《减振》,载《中国青年报》2018年4月25日第11版。
⑤ 裴剑飞、王贵彬:《16号线中段今日开通》,载《新京报》2020年12月31日。
⑥ 截至本书定稿的2021年底尚未见有实测数据发表。

看起来,这个案例可以被看成是众多邻避(Not In My Backyard)[①]事件中的一起。本案例和典型的邻避事件,如垃圾处理设施选址和本书前章讨论的 PX 项目纠纷等,共同的特征是涉及复杂的利益格局,决策者需要权衡诸多具有正当性却彼此互相冲突的利益诉求。在本案例中,涉及的利益主要包括:(1)地铁线路规划及建设本身负载着公众出行便利、城市交通压力缓解等利益。(2)作为利害关系方的地铁公司的投资收益,如为保障收益而需要扩大客流、控制建设成本等。(3)北大精密仪器本身负载着高精尖科研发展及科研对国计民生而言的巨大利益。(4)作为利害关系方北大科研人员正常工作的利益。其中第 1、3 项为公众/公共利益,第 2、4 项为个体/私人利益。在政府决策之前,地铁改线和仪器搬迁两种方案之间之所以相持不下,背后正是这些利益的冲突:地铁改线方案,除了改线本身要求重新规划等成本,事实上也在一定程度上以克减前两种利益为代价来保障后两种利益(第 3 和 4 项);仪器搬迁方案,则除了重新选址建楼和搬迁本身的成本以外,事实上也以克减后两种利益为代价来保障前两种利益(第 1 和 2 项)。使这种利益冲突更加激烈的是受到影响的利益规模相当可观:4 号线开通时,北大拥有价值约 11 亿元的精密仪器,其中近 5 亿受到了影响[②];而案件中涉及的、给轨道加"浮置床"[③]、给仪器加装减振平台等先进减振技术也价格不菲[④]。

地铁 4 号线的解决方案,即地铁不改线,同时用综合减振技术保障精密仪器,看起来是兼顾所有这些利益的尝试,但事实证明,一度被专家认为可以解决问题的此方案意外地失败了,导致事实上后两种利益(第 3 和 4 项利益)为前两种利益(第 1 和 2 项利益)作出了牺牲。数年后,地铁 16 号线的解决方案,即地铁避让加综合减振的方案,明显吸取了地铁第一次

[①] 所谓邻避,指的就是:一种设施产生效益为全体社会所共享,但负外部效果却由附近的民众来承担,并由此而被附近民众反对。Lake R. W, "Rethinking NIMBY", 159 *American Planning Association Journal* (1993), pp.87-93.
[②] 郭路瑶:《减振》,载《中国青年报》2018 年 4 月 25 日第 11 版。
[③] 16 号线减振投入预计达 6000 余万元。"全线共设置钢弹簧浮置板道床或同等减振效果措施 4325 单线延米,投资 5190 万元。弹性枕、梯形轨枕或同等减振效果措施 9510 单线延米,投资 951 万元,采取上述减振措施后,预计各敏感点 Z 振级评价量及二次结构噪声均可满足相应标准。"铁道第三勘察设计院集团有限公司:《北京地铁十六号线二期(原海淀山后线)工程环境影响报告书》(国环评证甲字第 1104 号),2014 年 3 月,第 8 页。
[④] 据报道,减振台价格每台约一两百万元,16 号线开通后,北大约需加装"几十上百个"。郭路瑶:《减振》,载《中国青年报》2018 年 4 月 25 日第 11 版。

过北大的教训,尝试用新的方式调和互相冲突的上述不同利益,实际效果则截至本章写作完成时仍有待观察。

正是第一次解决方案的"意外失败"和第二次解决方案实效"有待观察",暴露了地铁过北大事件不同于其他邻避事件的特殊性:人们(包括利益相关者和决策者)在此遭遇了知识的限度,触摸到了风险认知的边界。本案与垃圾处理设施选址和PX事件等典型的邻避事件的显著不同也在于此:垃圾处理和PX生产所涉均属成熟科技,周边居民担心的更多是"管理问题"而非科技本身,如泄漏、爆炸等风险;而地铁过北大事件中,决策的真正困难源于科技不确定性,即面对地铁的振动影响,连业内专家在事先也无法确定既有的可得可用技术能否满足相邻的精密仪器的使用需要。

相应地,邻避相关研究所提出的常规对策①,包括公众参与、使民众充分知情,确保相关利益诉求得到表达,在此基础上澄清利益纠葛,并对作出特别牺牲者提供合理补偿等,均无法解决科技不确定性这一特殊困难,需要探寻特别的处理之策。

二、实在法解释:不确定性应对的法律难题

检索北大法宝等司法判例数据库,可以发现不少与地铁振动相关的损失赔偿案例。② 与这些检索结果形成鲜明对比的是,本案例却并未进入司法诉讼程序。一个自然的疑问是:既然"两败俱伤"的局面出现,为何受到伤害的当事方并不寻求司法救济? 当然,是否求助于司法救济是当事人的自由。一般而言,当事人不转向司法程序,可能的考虑有两类,即法律专业上的考虑和法律专业外的考虑。法律专业外的考虑,常见的是

---

① 何艳玲:《"中国式"邻避冲突:基于事件的分析》,载《开放时代》2009年第12期;郑卫:《我国邻避设施规划公众参与困境研究——以北京六里屯垃圾焚烧发电厂规划为例》,载《城市规划》2013年第8期;王佃利、徐晴晴:《邻避冲突的属性分析与治理之道——基于邻避研究综述的分析》,载《中国行政管理》2012年第12期;张乐、童星:《"邻避"冲突管理中的决策困境及其解决思路》,载《中国行政管理》2014年第4期;杜健勋:《交流与协商:邻避风险治理的规范性选择》,载《法学评论》2016年第34期第1卷,第141—150页。

② 但涉及的多是地铁建设施工而非运营期间的振动,如,"金兴邦与中铁十八局集团有限公司侵权责任纠纷上诉案",北京市第三中级人民法院(2014)三中民终字第14736号民事判决书;"东莞拓扑实业有限公司诉广东珠三角城际轨道交通有限公司等侵权责任纠纷案",广东省东莞市第一人民法院(2015)东一法民一初字第444号民事判决书等。

机会成本太高(有其他更重要的事情要做),或顾忌"赢了一阵子,输了一辈子"等。法律专业上的考虑,则关乎当事人诉求在法律上是否能得到司法支持,如是否符合起诉条件、是否以及(更常见的)在多大程度上满足胜诉条件等。法律外的考虑暂且不论,此事件中的利害关系人寻求司法救济是否存在法律上的障碍?这属于实在法解释问题。

(一) 民事诉讼途径

首先,本事件中,北大若是就地铁振动造成的损害要求民事赔偿,是否存在法律上的障碍?答案是,的确存在。侵权法上,一般而言,有损害才有赔偿。而无论4号线还是16号线,北大主张应对地铁振动对精密仪器的危害予以考虑之时,均在地铁投入建设和运营之前,其时北大所担心的损害均尚未实际发生。虽然北大提出的专家意见主张,能够预见到地铁振动会对其精密仪器的运作产生不利影响,但由于相关的研究缺乏,知识有限的争议各方对地铁振动在本案具体情形下的危害的认知,始终存在不确定性。

具体而言,在4号线规划建设时,包括北大在内的争议各方并不确定采取了提议中的减振技术后,是否能将振动影响降低到无害的程度。到16号线规划建设时,包括北大在内的争议各方虽然能够从4号线的教训中得知,之前采用的综合减振技术不足以消除对精密仪器的不良影响;但仍然不确定避让300余米加综合减振技术是否足以将振动对北大精密仪器的不良影响降到可以接受的范围。也就是说,在运用了拟定对策(综合减振技术和改线避让)之后,北大所担忧的损害是否仍会现实发生①、(如果发生的话)损害的范围和程度如何,在事先(4号线或16号线开始运营前)都是不确定的。

当然,在4号线建成运营后,损害即实际发生了。这就意味着,"损害尚未实际发生"这一法律障碍可以随时间流逝因最初的担忧已经转化为现实损害而消除。即便如此,还有第二点可能的法律障碍:地铁建设和运营方并无过错。地铁方完全可以辩称,无论是4号线还是16号线的建设,均已是在"当时"认知下的最佳决策,不能以事后诸葛之明要求当时的

---

① 如果北大援引物权法上的"消除危险"请求权(2007年《物权法》第35条,2020年《民法典》第236条),这一不确定性也会成为障碍。

决策者;4号线对北大精密仪器使用实际上有影响这一事实是"事后"才发现的,知识和信息有限的相关主体在事先无法预知这一损害,对此损害既无故意也无过失。

对此点法律障碍,北大一个可能的对策,是强调本案属于环境污染类特殊侵权,依法①并不以过错为前提。由此,需要论证,本案中涉及的地铁振动是一种环境污染。这一点并不像初看起来那么容易。因为振动是一种普遍存在的物理现象——考虑到声音由物体振动而产生,没有振动我们甚至根本无法发声交流。环境法学上的通说也认为:"不能将向环境排放的所有不能为人类完全利用的物质和能量都视为污染物,而应仅仅将那些危害程度可以延伸到一定水平的物质或能量视为污染物。"②由此,正确的提问,其实不是振动是否属于环境污染,而是振动在何种条件下构成了环境污染?

目前我国尚无"环境振动污染防治法"。考虑类比的话,我国《环境噪声污染防治法》③区分了环境噪声与噪声污染,规定前者指"在工业生产、建筑施工、交通运输和社会生活中所产生的干扰周围生活环境的声音";而后者指"所产生的环境噪声超过国家规定的环境噪声排放标准,并干扰他人正常生活、工作和学习的现象"。这就是说,噪声要构成"环境污染",须以"超标"且致损为前提。类似的,我国《放射性污染防治法》④规定:"放射性污染,是指由于人类活动造成物料、人体、场所、环境介质表面或者内部出现超过国家标准的放射性物质或者射线",也以"超标"为前提。而在本案例中,并不存在专门针对精密仪器的振动评价标准,无论4号线还是16号线的环境影响评价,其中振动部分援引的标准均是《城市区域环境振动标准》(GB10070-88);而据此标准中的"文教区"振动限值(见表5.1),两地铁项目在经北大路段产生的振动均并未"超标"。

---

① 2009年《侵权责任法》第65条规定:"因污染环境造成损害的,污染者应当承担侵权责任。"2020年《民法典》颁布,此条被吸收成为第1229条:"因污染环境、破坏生态造成他人损害的,侵权人应当承担侵权责任。"
② 金瑞林主编:《环境法学》(第四版),北京大学出版社2016年版,第145页。
③ 第2条。
④ 第62条。

表 5.1　我国城市各类区域振级标准

适用地带范围	昼间	夜间
特殊住宅区	65	65
居民、文教区	70	67
混合区、商业中心区	75	72
工业集中区	75	72
交通干线道路两侧	75	72
铁路干线两侧	80	80

对此,北大还可以继续主张,上述技术标准只是行政执法依据,不是也不应该是认定民事侵权的要素。① 但是,在我国司法实践中,裁判法院通常只在水污染侵权等传统环境污染类型的案件支持这一基于公私法区分的主张,而在噪声污染类案件中坚持认定污染行为须以"超标"为前提。② 由此,在"法无明文规定的"振动致损案件中,法院究竟会采取何种立场,存在不确定性。

(二) 行政诉讼途径

其实,考虑到在损害发生之后才能请求损害赔偿,如果北大希望在事先就避免特定损害的发生,在理论上——只是理论上,因为实际上北大并未提起诉讼——更好的选择,是在地铁尚未开始运营之前就挑战对地铁项目的建设许可。地铁项目建设需要通过多阶段的行政审批,涉及的行政决定也有多个;其中规划许可通常被认为是抽象行政行为而排除在行政诉讼受案范围之外③,而环评审批决定则被认为在行政诉讼的受案范围之内。假设北大作为利害关系人以其精密仪器受影响为由起诉了本案中的环评审批决定,有成功的可能吗?对相关实在法的解释和分析显示,答案也并不乐观。

---

①　可参见国家环保局:《关于确定环境污染损害赔偿责任问题的复函》((1991)环法函字第104号)。

②　可参见金自宁:《风险社会背景下的合规抗辩——从一起环境污染损害案例切入》,载《北大法律评论》(第13卷第2期),北京大学出版社2012年版,第442—468页。

③　这一点并非没有争议,但当前主流教材基本都采此说。

第一，地铁振动对北大精密仪器的影响在法定的环境影响评价范围之内吗？如果不在环评范围内，则北大可能从一开始就丧失原告资格。[①]——即使北大不因此丧失原告资格，也将无法以自己精密仪器受影响为由来质疑环评审批决定的形式合法性。就16号线的环评[②]而言，按当时有效的相关规范，即《环境影响评价技术导则·城市轨道交通》(HJ453-2008)[③]的规定，振动影响的评价范围应为地铁线路轨道"中心线两侧各60m"以内区域。显然，北大的精密仪器所在位置已经超出了此距离。不过，该规范还同时规定了振动评价范围"必要时，可根据工程及环境的实际情况适当扩大"。据此，可以通过（肯定会引发争议的）灵活解释将北大的精密仪器包括在评价范围内。

第二，即使通过对上述规定的灵活解释将北大的精密仪器纳入环评范围，下一个问题是，应依据何种标准来进行环境影响评价？在16号线项目环评时（2014年），可用的相关评价标准只有前述1988年《城市区域环境振动标准》(GB10070-88)[④]。其中区分了特殊住宅区、居民、文教区、混合区、商业中心区等分别规定了振级标准值（如表5.1所示），并未提及受影响的精密仪器。地铁建设方案应当确保达到这些标准的要求，否则环评审查应不予通过。反过来，如果地铁建设方案已经达到了这些标准的要求[⑤]并且没有其他违法情形，则环评审批机关就没有理由不予通过。

问题是，即使在事前，人们就已经知道，即使地铁振动满足了这些既有标准，也根本不足以满足北大精密仪器的需要——正因为人们对这一点并无争议，4号线最终的规划建设方案才包含了额外的、针对北大精密

[①] 这一点也并非没有争议，但环评审批诉讼实务中确有此类判例，如"关卯春等诉浙江省住房和城乡建设厅等复议案"，最高人民法院(2017)最高法行申4361号行政裁定书。相关研究论文，可参见王贵松：《风险规制行政诉讼的原告资格》，载《环球法律评论》2020年第6期。

[②] 在国家生态环境部官网上检索到北京地铁4号线项目环评审批文号为"环审〔2003〕247号"，但未检索到相应的环境影响报告书原文。检索日期：2021年7月15日。

[③] HJ453-2008第8.1.4条。此标准现已被HJ453-2018取代，但正文所引规定未变。

[④] 另有北京市发布的《地铁噪声与振动控制规范》(DB11T838-2011)，该标准已于2019年更新。但对前表5.1标准并未作出修订。

[⑤] 根据环评报告书，16号线二期沿线55处敏感点环境振动VLZ10值昼间为52.5dB至66.7dB，夜间为50.2dB至57.0dB，均能满足相应标准限值要求。铁道第三勘察设计院集团有限公司：《北京地铁十六号线二期（原海淀山后线）工程环境影响报告书》（国环评证甲字第1104号），2014年3月，第146页。

仪器需要的减振技术,16号线则索性在这些既有技术标准要求之外决定地铁改线以避让北大的精密仪器。而这种处理方案,并不是某些特定的既有规则要求决策者必须如此,而是决策者在具体规则的上述要求之外、运用行政裁量权而作出的选择。由此,又引出了另一个经典的司法审查难题:面对知识有限带来的不确定性,法院如何审查行政裁量的合理性?本书下一章①专门讨论了这一问题。

(三) 滞后的规范发展

选择诉讼途径必然会涉及的上述种种难题,都可归咎于事发时环评的既有规范(包括立法和技术标准)不完善,规定不清或规定空白;然而,如果追问规范制定者在当时为何不作出规定,我们就再一次回到了知识有限的问题:历史地看,我国对环境振动的危害认识相对较晚,相应地,包括振动环评的相关规范的发展也较为缓慢。

迟至1988年,原国家环保总局才批准了《城市区域环境振动标准》(GB10070-88)和《城市区域环境振动测量方法》(GB10071-88),指导城市区域环境振动的危害评价,其中主要考虑的是振动对居民日常生活工作可能的不利影响,甚至连振动可能对建筑物造成损害(如开裂等)②都并未提及,更不用说振动对精密仪器的影响了。换句话说,在当时的认知中,振动的风险主要指向影响邻近居民的安宁,振动的其他危害尚未进入人们认知之中。而无论是4号线还是16号线进行项目环评之时,这两项基于当时有限认知、根本没有考虑地铁振动对精密仪器影响的技术规范,都尚未得到更新修订。

在2011年,已经有过处理地铁(4号线)第一次过北大的经验、尚未开始处理地铁(16号线)第二次过北大事件的北京市政府,出台了地方标准《地铁噪声与振动控制规范》(DB11T838-2011),在地铁噪声与振动控制领域里属全国首例。③ 其中明确了"超标的精密仪器实验室、古建筑等

---

① 第六章"科技专业性行政行为的司法审查"。
② 要到20年后,2008年《古建筑防工业振动技术规范(GB/T 50452-2008)》和2009年《城市轨道交通引起建筑物振动与二次辐射噪声限值及其测量方法标准》(JGJ/T 170-2009)专门就振动对建筑的影响作出了规定。
③ 李文蕊:《北京出台地铁噪声与振动控制规范》,https://news.ifeng.com/c/7fbAlmMzNDs,2021年8月1日最后访问。

特殊振动敏感建筑物应进行专项技术论证"(第 6.1.5 条)。① 但除了此项程序性要求,并无更多指示。——考虑到当时并不成熟的研究和认知水平,这种在实质上依靠专家"一事一议"的规定,也不失为一种明智的安排。

2013 年,《环境噪声与振动控制工程技术导则》(HJ 2034-2013)也提及振动对精密仪器的影响:"对于高精度仪器和高灵敏设备,应设计有效的消极隔振系统,减弱通过建筑基础所传入的干扰。"②但是,此技术标准的这一具体规定,着眼于振动控制的工程技术,是在假设周围环境中的振动已经成为既成事实的前提下考虑如何减少振动对"新安设"的精密仪器的危害;并未考虑"地铁过北大"事件中尚未建设的地铁预测中的振动可能影响到"既有的"精密仪器这一有可能从"源头减振"的问题。

在全国范围内,直到 16 号线地铁环评审批完成数年之后的 2018 年,《城市轨道交通环境振动与噪声控制工程技术规范》(HJ 2055-2018)才将放置了精密仪器的建筑与古建筑并列,作出了专门规定③:"对于古建筑、设有精密仪器的建筑物等特殊敏感目标的防护,应结合主管部门或权属部门的技术参数要求,进行振动与噪声控制设计,必要时可进行专项论证。"并且,更重要的是,该规范还规定了城市轨道交通规划设计应"依据振动与声环境质量标准及敏感建筑物使用功能需求,合理控制线路与敏感建筑物的距离"④,这相当于明确了建设在先的建筑物对于城市轨道交通的优先性。据此新规,当敏感建筑物建设在先而地铁修建在后时,地铁避让改线的"源头减振"方案优先于给"设置在先"的精密仪器加装减振台等"消极隔振"方案。⑤

但是,直至今日,我国仍然不存在如表 5.2 所示这种专门考虑了精密仪器需要的振动限值标准。这导致即使有了上述新增的规定,仍然无法解决"振动并未超标"却对精密仪器产生干扰的前述法律难题。

---

① 该标准已于 2019 年更新为 DB 11/T 838-2019,所引内容得以保留。
② 7.4.4.2(c)。
③ 第 5.8 条。
④ 第 5.1 条。此条同时也规定了:"城市轨道交通穿过处于规划阶段的振动与噪声敏感建筑物集中区域时,应预留采取振动与噪声控制措施的条件。"
⑤ 这一处理原则比较符合一般民众的社会正义感,但其科学性不无可商榷的余地。

表 5.2　美国联邦交通部振动影响详细分析限值解释①

标准类别	最大振级 VdB	应用
车间	90	能明显感觉到振动,适合于车间、工厂等对振动不很敏感的区域
办公室	84	能感觉到振动,适合于办公室以及不很敏感的区域
住宅(白天)	78	几乎不能感觉到振动,适合于拥有计算机设备及低倍显微镜(不超过 20x)的区域
住宅(晚上)、手术室	72	振动无法感觉到,但安静的房间里可能会听到由振动所诱发的噪声,适合于中倍显微镜(100x)及其他低敏感性仪器
VC-A	66	适合于中倍及高倍光学显微镜(400x)、微量天平及类似的专门仪器
VC-B	60	适合于高倍光学显微镜(1000x)及线宽为 3 微米的平版印刷仪器
VC-C	54	适合于 1 微米的平版印刷校核器材
VC-D	48	适合于大多数对振动环境有苛刻要求的仪器,包括电子光学显微镜
VC-E	42	适合于对振动极其敏感的仪器

三、可能的解答:回应不确定性的规范立场

(一) 决策于不确定性之中

上面的分析已经展示,现行立法和技术标准的缺失,实质是规范供给滞后于社会生活的发展。而在当代,这类现象并非鲜见。一般的原因是:一方面,法律是社会中的法律,应社会需求而生并在社会中运作;就此而言,法律应当、在事实上也总是以这种或那种方式回应着社会的需求②;但另一方面,社会生活变动不居,法律却以相对稳定的秩序为目标;因而,

---

① U. S. Federal Transit Administration, *Transit Noise and Vibration Impact Assessment Manual*, 2018, p. 131.

② 〔美〕P. 诺内特、P. 塞尔兹尼克:《转变中的法律与社会:迈向回应型法》,张志铭译,中国政法大学出版社 2004 年版。

法律不应、在事实上也不可能总是与社会的发展变化即时同步变更[1]。在这个意义上,可以说,法律滞后于社会发展,甚至未必总是成问题的。

因而,有必要追问,本案例中的规范滞后现象,究竟有何特殊性以至于需要特别处理? 答案是:此处的"滞后",不是立法者为了"稳定预期"而有意保守,而是立法者因"知识有限"[2]而无力提供适当规范。非不为也,乃不能也! 事实上,现代科技发展日新月异,科技应用后果却往往是滞后才逐渐显露而为人所知;在这个意义上,地铁过北大所代表的,因为"知识有限"而导致规范发展跟不上现实问题的需求,也是常态而不是例外。

面对这类问题,我们当然可以、也应当加强相关科学研究,通过拓展知识边界,力图克服无知的障碍。就本案例的情况来看,这种自然而然的反应面临着重要的约束:研究不仅需要大量财力人力的投入,也需要投入时间;而且,这个时间需要多长事先无法确定,因为对于真正的新问题而言,研究何时能取得实质的突破是无法预测的;而行政决策不可能无限期地等待下去。也就是说,在如同本案例这样的情形中,决策于不确定性之中是不可避免的。

而近年来在各国实证法上兴起的风险预防原则[3],正是因为尝试正面处理"决策于不确定性之中"难题而受到了广泛关注。

(二) 风险预防、共同决策和风险共担:地铁第一次过北大

相比其他法学领域,环境法学中较早就区分了损害预防(prevention)与风险预防(precaution)。[4] 二者的相同之处在于它们都属于事先预防,都强调防患于未然;区别在于二者所预防的危害有着不同的特性:损害预防针对可预见的未来损害,强调的是事先防范重于事后补救,要求运用既有知识和经验,提前采取措施以避免或控制未来将要发生的损害。风险预防则针对风险,即未来可能发生的不利后果;强调的是"安全好过后悔"

---

[1] 这种不同步,不只表现为滞后,有时,比如"变法"图强的时候,还可能是"超前"的。
[2] 知识和信息有限意义上的"无知"问题,是风险规制法上的核心难题。金自宁:《风险行政法研究的前提问题》,载《华东政法大学学报》2014年第1期。
[3] 金自宁:《风险规制与行政法治》,载《法制与社会发展》2012年第4期。
[4] 金自宁、薛亮:《环境与能源法学》,科学出版社2014年版,第51—55页。

(better safe than sorry)①,要求根据当下并不充分的知识和信息,即使不能完全确定,也最好及时采取防范措施以避免或降低风险。以本案例为代表的、无法避免"决策于不确定性中"的情形,属于典型的风险预防而非损害预防原则调整的范围。

由于直面"决策于不确定性之中"这一现实处境,风险预防原则受到了广泛欢迎,其影响早已超出环境法领域②;但也受到许多批评③,其中最常见的,是指其意涵含糊不清,停留在理念政策层面,难以实际操作④。故而,近年来风险防范原则研究的重要内容之一是推动其制度化和具体化,如将风险预防原则适用范围限于"巨灾"或"不可逆转损害的威胁"、引入成本收益分析⑤、明确风险存在的举证责任和证明程度等⑥。但这些努力本身也受到严重质疑。⑦ 第一,就适用范围而言,如果将风险预防原则的适用仅限于"巨灾"或"不可逆转的风险",就将地铁过北大这类事例排除在外了——这对于风险预防原则的许多拥护者来说,是无法接受的限缩。第二,精确的成本收益分析需要很多信息,超出了"决策于不确定性

---

① Roger Pielke, "Better Safe than Sorry", *Nature* 419, 433-434 (2002).

② 例如,2002 年《欧盟食品基本法》第 7 条明确规定了风险预防原则。"在特定情况下,根据对现有信息的评估,可以确定存在危害健康的可能性,但尚无科学证据证明其确实存在,这时,基于高水平地保护健康的必要,可以采取临时性风险管理措施,然后再根据进一步的科学信息作更为广泛的风险评估。"General Food Law, Regulation (EC) No. 178/2002, Article 7. 还有研究者建议在信息技术发展领域应用风险预防原则。Claudia Som, et al, "The Precautionary Principle as a Framework for a Sustainable Information Society", 85 *Journal of Business Ethics* 493(2009)。我国《食品安全法》不仅规定了预防原则(第 3 条),还规定了"食品安全风险监测和评估"专章(第二章)。

③ 例如,Frank B. Cross, "Paradoxical Perils of the Precautionary Principle", 53 *Washington and Lee Law Review* 851(1996)。

④ Christopher D. Stone, "Is There a Precautionary Principle", 53 *Washington and Lee Law Review*, 924 (1996).

⑤ Cass R. Sunstein, "Beyond Precautionary Principle", 151 *University of Pennsylvania Law Review* 1023 (2003).

⑥ 赵鹏:《风险、不确定性与风险预防原则——一个行政法视角的考察》,载姜明安主编:《行政法论丛》第 12 卷,法律出版社 2009 年版,第 193 页;苏宇:《风险预防原则的结构化阐释》,载《法学研究》2021 年第 1 期。

⑦ John S. Applegate, "The Taming of the Precautionary Principle", 127 *William and Mary Environmental Law and Policy Review* 13 (2002).

之中"这一现实情境所能提供的。① 第三,至于证明责任,已有研究者②详细而有力地论证了,在"决策于不确定性"的情境中,无论是证明威胁存在还是证明行动安全,都是"不可能"完成的任务。

在这些具体的争论之外,在我看来,更重要的是,上述将风险预防原则具体化的努力在方向上就包含着显著的危险:打着捍卫风险预防原则的旗号从根本上否定风险预防原则的价值。因为,如果我们有足够的知识和信息能够进行成本收益分析、能够举出足够证据达到特定证明程度,那么我们完全可以直接根据既有证据和成本收益分析作出决定,根本不再需要求助于风险预防原则!——从一开始,我们之所以需要风险预防原则,恰恰是因为缺乏决策所需的知识和信息。

归根结底,风险预防原则是作为原则而不是规则被提出来的。"含糊"本身,对于原则而言可以说并不是缺陷,——恰恰因为所谓的"含糊",原则才具有了作为原则的灵活性。更确切地说,作为原则,风险预防原则所规制的只是"决定的理由和决定作出的程序",其含义"只能在其适用的情境中得到实质性的界定"③。换句话说,它所要求的,只是风险决策者将知识和信息的限度以及因此限度而带来的"不确定性"考虑在内,它不要求特定的决定内容;规制或不规制、这种规制或那种规制,这些选择将由决策者在考虑不确定性以及其他各种信息之后作出。在这个意义上,只要相关的不确定性在决策过程中被提出来且被考虑到了,风险预防原则就实现了其功能。

如果搁置争议,存异求同的话,目前相关讨论中已经初步形成的交叠共识,看起来只能归结到利害关系人参与风险决策。这一程序要求的正当性是无可辩驳的:当抵达人类知识的限度时,如何应对特定风险的知识并不存在,正是在这个意义上"关于风险,不存在专家"④;也就是说,"没有任何人能够声称自己的决定比一般民众的决定更合乎理性";于是,"最重要的问题,不再是如何作出正确的或者说符合科学理性的风险决

---

① 金自宁:《风险中的行政法》,法律出版社 2014 年版,第 3 章。
② Elizabeth Fisher, *Risk Regulation and Administrative Constitutionalism*, Hart Publishing, 2007, pp.44-46. 中译本:费雪:《风险规制与行政宪政主义》,沈岿译,法律出版社 2012 年版,第 59—62 页。
③ 〔英〕费雪:《风险规制与行政宪政主义》,沈岿译,法律出版社 2012 年版,第 54 页。
④ 〔德〕乌尔里希·贝克:《风险社会》,何博闻译,译林出版社 2004 年版,第 17 页。

定,——这在客观上不可能——而是如何作出公平的或者说符合社会正义的风险决定";而"从公平和正义的要求来看,所有受到风险影响的人,都有权参与相关的风险决策"。①

需要说明的是,在"知识有限"这一约束条件下,风险决策并不存在唯一正确答案,或者说正确答案(无论是否唯一)并不可得。这种情况下,仍要确保多方参与决策,目的就并不是为了找到所谓"正解"——甚至也并不是为了达成共识,而更多的是为了减少反对:只有经过了事先共同决策的程序,事后的"风险共担"才在类似于②"同意不构成损害"的意义上有了实质的正当性。

回到案例。地铁第一次过北大,即4号线的决策完整地实现了风险决策研究成果中上述交叉共识:事先共同决策,事后共担风险。北京市相关部门在此事过程中与地铁建设方和北大多次沟通,最终达成了参与商谈的各方均接受的解决方案。当这方案在事后被发现"失败"时,各方本着"风险共担"的精神也并未因出乎意料的大失所望而"反悔"甚至尝试重启争端。这简直称得上是教科书式的示范!"采取综合减振措施后可以满足北大精密仪器的要求",这一以专家意见形式出现的预测性判断,尽管事后被证明是错误的,但基于决策当时的有限认知,包括北大在内的利害相关各方是接受的(尽管也许还保留了一些疑虑)。——这其实也提供了北大在事实上未起诉的另一可能的理由:既然事先已经参与了决策,事后"共担风险"已经成为一种具有正当性的道德责任,背后有类似于"同意不构成损害"的"自然理性",哪怕我国实在法对此尚无明确规定③。

(三) 地铁第二次过北大:持续学习与动态调整

4号线过北大事件后,时隔数年,北京地铁又第二次过北大。在16号线过北大的事件中,北京市拨出上千万元专项资金,让市政总院、北交大、中国电子工程设计研究院、中国铁道科学研究院及北大联合组成攻关

---

① 金自宁:《风险规制与行政法治》,载《法制与社会发展》2012年第4期。
② 类似于,但不同于侵权法上的"同意不构成损害",后者通常指患者同意手术或运动员自愿参加带有危险的体育活动等情形。
③ 不少学者主张在我国侵权法中对"同意不构成损害"作出规定,但《中华人民共和国民法典》侵权责任最终只规定了适用范围有部分重叠的自甘冒险情形(第1176条),并未明确承认"受害人同意"作为免责事由。相关介绍,可参见李鼎:《论自甘风险的适用范围——与过失相抵、受害人同意的关系》,载《甘肃政法大学学报》2021年第1期。

项目组，探讨可能的解决方案，除了地铁轨道减振外，还包括重新设计综合科研楼，考虑在低层装减振平台，用弹簧将上面的建筑整体悬浮起来等等。① 最终，同样是在与包括北大在内的利害相关各方多次磋商之后，政府在专家意见基础上形成了"地铁避让200米加综合减振措施可行"的预测性判断；再一次，各方接受了（尽管仍然保留了一些疑虑）这一结论。如果仅仅看"共同决策"的要求，则16号线与数年前的4号线决策并无实质差别；由此，也可以合理地推断，即使最终实测表明16号线真如一些专家所担心的，仍对北大精密仪器产生了干扰，本着"风险共担"的精神，政府也不应担心来自"事后诸葛"的纠缠或追责；——尽管地铁公司是否能够免于民事赔偿之责则在法律上仍存在着不确定性。

那么，16号线过北大这一次，与4号线过北大相比，究竟有什么不一样了？一个直截了当的回答是：关于地铁振动对精密仪器影响的知识/信息增加了。考虑到，我们转向风险预防原则的前提是知识/信息有限导致的不确定性，这一关键变动不容忽略。着眼于风险决策所依据的有限知识和信息，将地铁第二次过北大与第一次相比，首要的启发就是：人类对风险的认知，并不是"一锤子买卖"，而是呈现为一个知识/信息不断扩展的动态过程。

也就是说，决策于不确定性之中，强调的是特定时空下，不得不基于当时"有限"知识和信息作出决定的具体处境；前面所述明确适用范围、举证责任和成本收益分析的困难，均来自此特定时空下的"知识/信息有限"这一具体制约。但这样一个特定情境，只是流动不居的历史长河中一个点而已。将流动的时间纳入考虑后，知识/信息不断更新的特性也就进入了视野。

由此，问题的关键就成为：知识/信息会随着时间流逝而不断更新这一客观特性，对风险相关的法律而言，有何规范意涵？至少有两点值得特别注意。

第一，风险决策应放弃"毕其功于一役"的追求，转向动态调整的过程。决策于不确定性之中，其实意味着，将决策立足于"有限的"知识和信息；当这一决策基础随着时间流逝而发生变化时，决策本身也应随之变

---

① 郭路瑶：《减振》，载《中国青年报》2018年4月25日第11版。

化。这其实就是所谓的适应性管理①或动态治理②了。

最近几年,我国一些政府部门在自己的风险管理实务中,已经意识到了这一必要性;有一些动态调整的风险管理实践已经得到立法的明确确认。例如,《港口危险货物安全管理规定》③授权港口行政管理部门在"有发生生产安全事故的现实危险"的情形下,可以依法采取通知有关单位停止供电等措施;但"危险货物港口经营人履行决定、采取相应措施消除隐患的,港口行政管理部门应当及时解除停止供电措施"。这类规定的实质是明确了,随着隐患消除可以放松规制。立法实践中也有规定随着时间流逝确认危险存在而强化规制的,如《农业转基因生物安全管理条例》规定:对于已经通过评估颁发农业转基因生物安全证书的,在"发现农业转基因生物对人类、动植物和生态环境存在危险时",主管部门仍有权"宣布禁止生产、加工、经营和进口,收回农业转基因生物安全证书,销毁有关存在危险的农业转基因生物"。针对涉及不确定性的生态环境风险,环评法中可以、也应当引入类似规定。

第二,也应明确决策者持续学习的责任。为了使适应性管理或动态治理成为可能,决策者应当对新的知识信息保持开放和敏感,主动更新决策所依赖的知识和信息。这并不容易,若不从制度上确立决策后的跟踪评价、定期复核等机制,这一点恐怕很难自动实现。④——在16号线规划之初,就有规划编制者"并不知道4号线事实上已经对北大精密仪器造成干扰"的说法⑤;好在规划公开征求意见期间,北大及时将这一信息及相关知识传达了出来,使之得以进入16号线的最终决策之中:正是考虑到新的信息和知识,16号线才没有简单沿用4号线用过的综合减振方案,而是作了更新调整,增加了"地铁避让"等新的内容。

实际上,当我们承认不确定性源于知识/信息的限度时,也就不能否认,随着知识/信息的扩展,不确定性可能随之降低;只是这个不确定性降

---

① 可参见 Alastair Iles, "Adaptive Management: Making Environmental Law and Policy More Dynamic, Experimentalist, and Learning", 10 *Environmental & Planning Law Journal*, 288(1996); J. B. Ruhl, "Regulation by Adaptive Management—Is It Possible", 7 *Minnesota Journal of Law, Science & Technology* 21(2005).
② 梁文松、曾玉凤:《动态治理》,陈晔等译,中信出版社 2010 年版,第 330 页。
③ 第 62 条。
④ C. Fabricius & G. Cundill, "Learning in Adaptive Management: Insights from Published Practice", 19(1) *Ecology and Society* 29 (2014).
⑤ 郭路瑶:《减振》,载《中国青年报》2018 年 4 月 25 日第 11 版。

低程度，有时可能、但通常并不能，将不确定性缩减至零；也即，时间的流逝，研究的发展①和经验的积累，不能总是将不确定性转为确定性。地铁第二次过北大就是典型实例：相比第一次时，知识/信息的确增加了，不确定性也的确因此降低了一点；但面向未来决策所需的知识和信息仍然是相对不足的，也就是说，不确定性仍然存在。在这个意义上，地铁第二次过北大，作为案例另一启发意义是：风险规制决策，作为动态调整过程，本身可以持续很长时间，反复进行很多次，——直到人类掌握的知识/信息足以将这类决策问题从相对不确定状态转化为相对确定的状态。

四、结　　语

决策者和向决策者提供咨询意见的专家，都并非全知全能。在特定时空局限下，科学并不拥有知识问题的全部答案。在这个意义上，决策于不确定性之中，是一个现实的难题；不可能通过事先确立的规则告诉决策者在具体个案中应该作出何种决定。法律在这里能做的，只能是提供一些应该"如何"作决定的指引，也即就"决定的程序和理由"提出一些要求。提醒知识/信息的限度存在、要求在当下决策时将不确定性考虑在内、并且持续跟踪知识信息的更新发展据之调整先前决策，——这就是风险预防原则的制度意涵，也是现代法律应对不确定性的正解。

就此，面对知识/信息不足导致的不确定性，本项研究中"假设提起诉讼"的思想试验，不仅表明了公私法传统的进路对不确定性问题考虑不足，同时也显露了行政过程与司法过程的不同：无论是决策前组织专家研讨、利害关系人之间的磋商，还是决策后仍然持续进行的跟踪评估与应对措施的调整，都不是处在诉讼程序构造约束下的司法机关所擅长的；因此，考虑法律对不确定性问题的回应时，重点更适合放在风险决策的行政过程而不是事后救济的司法过程。——毕竟，如同4号线过北大已经证明、16号线过北大很可能也会再次证明的，如果风险决策的行政过程（包括理由）存在适当的应然规范并且得到了落实，则无论最终结果是好是坏，当事人均有理由不再缠讼不休、增加司法系统的负担。

---

① 北京地铁4号线采取了当时最先进的综合减振技术，而4号线通车（2009年）并发现综合减振技术的局限到16号线规划线路引发争议（2011年），相隔不过约两年时间，综合减振技术在此期间并没有质的突破。

第六章　科技专业性行政行为的司法审查
——基于环评审批诉讼的考察

> 完全的法律，必须包容普通于特殊之中，要求抽象与具体之互相同一。……故在立法观点已经完成之法律，在司法观点均属未完全。
>
> ——蔡枢衡：《中国法理自觉的发展》

【提要】　传统观念认为司法机关受到制度能力约束难以对科技专业性行政行为实施实质审查。但是，在澄清相关理论混淆的前提下，观察和整理我国环评审批诉讼中的相关实践，可发现，在我国当前实在法框架之内，面对科技专业性争点，法院也并非束手无策，而是可以借助裁量基准、政策文件、技术标准、行政函件或专家意见等，实现科技问题之法律化并对之作出处理。尽管现有探索仍存在种种不足，但已为我国科技专业性行政行为的司法审查的发展成熟提供了良好基础。

前一章最后指出，行政机关比司法机关更适合处理不确定性问题，这当然并不是说，司法不重要，现代社会中诉讼数量爆炸式的增长已经充分证明了司法作为"正义的最后一道防线"在事实上被寻求救济的民众所看重和依赖。但是，有一些事情行政机关比司法机关更擅长的认识仍然是成立的。这一有实际经验支持的认识，在司法审查理论中逐渐发展成为一套影响广泛的学说，即"制度能力"学说。本章将通过对科技专业性行政行为的司法审查的研究，尝试挑战这一传统学说。

一、引　言

环评本身是应用科技专业知识的活动,环评诉讼中完全可能会涉及科技专业性争点。面对科技专业性问题,法官在知识/能力上面临重大限制:简而言之,法官不是科学家,我们也不能期待或要求法官成为科学家,给定这一前提,法官该如何处理诉讼中涉及的科技专业性争议？此即司法审查理论和实务中不可回避的一大难题:科技专业性行政的司法审查应如何进行？

对此主题,我国学界对美德等国的相关经验已有一些介绍。[①] 但是,我国既无区分法律问题与事实问题的美式司法审查传统[②],也未确立区分要件裁量和效果裁量的德式法理[③],更遑论即使在德国本国亦未被法教义学稳定接纳的"判断余地"概念[④]。在环评审批诉讼领域,对国别差异的敏感性尤其重要,因为环评审批制度是中国特色的制度,无论是美国还是德国,均不存在环评审批这一立法安排。当然,这些差异并不意味着美德相关经验完全不具参考价值或借鉴意义,只是提醒我们在参考借鉴时要进行实质性的分析,谨防无视差异的生搬硬套。

尽管学界理论供给不足,但在司法实践中这一难题是无可回避的。现代社会中科技应用广泛,不只在核能利用、基因技术、气候变化等高新科技前沿领域,而且在食药品规制、工厂安全以及环评等更多具有"常规科学"应用特色的领域,同样存在涉及科技专业知识应用内容的行政决定。换句话说,由于现代科技应用领域广泛,科技专业性行政并不只发生

[①] 美国的,如刘东亮:《涉及科学不确定性之行政行为的司法审查:美国法上的"严格检视"之审查与行政决策过程合理化的借鉴》,载《政治与法律》2016年第3期;杨昕、王太高:《行政决定中的科学不确定性审查:美国的实践及其启示》,载《江海学刊》2018年第3期;德国的,如张福广:《德国行政判断余地的司法审查》,载《行政法学研究》2017年第1期,卢佩:《德国关于不确定法律概念之第三审级司法审查》,载《现代法学》2013年第6期;等等。

[②] 在美国判例法上,这一区分也并非一些论者所说的那么僵硬刻板,如谢弗林(Chevron)案,显示在法律问题上法院已比传统立场更为尊让;而针对科学证据强化审查的"多伯特(Daubert)案",则表明在事实问题上法院也可比传统立场更为激进。

[③] 德国学者对此区分早有反思,深受德国影响的日本行政法学界也多有主张放弃此区分者。相关介绍,可参见王天华:《从裁量二元论到裁量一元论》,载《行政法学研究》2006年第1期。

[④] 有学者称之为"昙花一现"。[德]卡尔-埃博哈特·海因:《不确定法律概念和判断余地——一个教义学问题的法理思考》,曾韬译,载《财经法学》2017年第1期。

在所谓的高新科技前沿领域；相应地，源于"专业知识门槛"的科技专业性决定之司法审查难题，也并不局限于流行印象中的特定高新领域。而且，对本研究而言具有重要意义的是，正由于环评通常不被当作"高科技领域"，法院在此领域反而可能更少受下文所述"制度能力"论之流行见解束缚，从而相关实践更能展现面对科技专业性争点时法院实际上能做什么。

在上述背景下，本研究尝试基于对我国环评审批诉讼已有司法实践的观察梳理，探讨在我国既定的实在法框架下法院如何处理科技专业性行政的司法审查难题。

二、理论澄清：对科技专业性行政实施司法审查之可能

（一）界定"科技专业性"

用"科技"修饰专业性行政，是为了直接进入实质讨论，而不是纠缠于语词。现代社会是分工社会，法官的专长是法律，超出法律之外，有很多专业知识都是法官所不了解的。因为法官不仅不是科学家，也不是社会学家、历史学家或教育学专家——在引发广泛关注的甘露案[①]相关讨论中，曾有论者提出，案中所涉及的抄袭认定也是某种专业判断，应当以教育部或资深教师的意见为准。质言之，不只在自然科学领域，在人文社科领域，也同样存在专业知识门槛，同样可能超出普通法官的知识范围。只是，本章在此不准备讨论哪些算哪些不算"技术行政"或"专业"决定这类本身就有争议的问题，而选择聚焦于相对清晰的概念核心、因而会较少争议的"科技性"专业决定，即涉及自然科技专业知识运用的行政决定。这一选择同时也考虑到本章批判的中国当前流行的见解——"制度能力"论源自美国，而其在美国的相关代表性论说（如后所述）主要是在谈论科学技术知识而不是社科人文专业知识；相应地，本章所观察的司法实践实例也均来自涉及"自然科学技术知识"应用的环评领域，本着有一分证据说一分话的精神，也是将议论限定在科技专业性行政更为确切；——虽然

[①] 《甘露不服暨南大学开除学籍决定案》，载《中华人民共和国最高人民法院公报》2012年第7期。

基于现代技术行政的共性,本章的讨论对于涉及社科人文专业知识应用的行政领域也具参考意义。

用"科技性"限定专业性行政,也是为了区别于涉及所谓"行政专长"运用的行政决定:司法审查学理传统上认为,行政系统自身相对于法院也有其专长和运用该专长的"专业性"决定。只是这种行政专长,源自专门领域内的行政实务经验和技能(Know-how),如市场监管部门对虚假广告的认定或公安部门对淫秽物品的认定等;有时也特指对于政策性问题的判断[①],如不同公益目标之间的平衡、行政任务优先顺序确定和行政执法资源的分配等。但这类专长并非本章探讨的主题,它与本章讨论的科技专业性有显著差异,不应混为一谈:面对本章关注的科技专业性问题,行政人员和法官一样并不是科学家,通常情况下也并不掌握相关科技专业知识,因而并无比较优势。

当然,在实践中,几乎所有的界分都可能存在相对含糊不定的过渡地带,如交通部门对交通事故的认定、消防部门对火灾事故的认定等,在常规案件简单情况下可凭执法机关及其工作人员的行政专长直接认定,但涉及更为复杂的情形时,实务中也会借助更为专业的鉴定技术,甚至借助外部的科技专业机构和专家。但理论上,仍可将通常的(normal)行政人员可以凭自己的经验及技能处理的情形和必须超出其舒适区跨越"专业知识门槛"的情形区别开来,本章集中讨论的,是后种情形。

(二) 突破制度能力论:法院能够对科技专业性行政实施司法审查

制度能力(institutional competence,又译为机构能力)论基于专业知识上的局限而支持司法机关对科技专业领域保持节制不介入的态度。代表人物之一美国巡回法院法官戴维·贝兹隆(David Bazelon),在其撰写的一系列判决书中宣称:"由在技术上一无所知的法官对数学和科学证据

[①] 美国行政法上所谓 Chevron 尊让,其论证基础其实是这种行政专长,即司法对行政的尊让只限于行政政策问题,而不是全部法律解释问题。请看:Richard J. Pierce, Jr., "Chevron and its Aftermath: Judicial Review of Agency Interpretations of Statutory Provisions", 41 *Vanderbilt Law Review* 301(1988). 对 Chevron 案及相关评论较全面的中文评介,请看李洪雷:《规制国家中对行政解释的司法审查——以谢弗林判例为中心的考察》,载《规制研究》(第 1 辑),上海人民出版社 2008 年版。

进行实体性审查很不可靠并可能带来严重危害"①;"那些非常复杂、不能为一般人所理解的科学判断事项,已经完全超越了我们法官的制度能力"②。此说在我国学界也有较大影响③,并且明显影响到了司法实务界④。

的确,专业知识门槛在涉及自然科学知识应用的诸多领域里客观存在,司法机关在此的知识和能力局限显而易见。但需要澄清的是,专业知识门槛存在这一"实然"现象并不必然构成司法机关放弃法定职责的正当理由。正如美国巡回法官哈罗德·利文撒尔(Harold Leventhal)在批评贝兹隆法官时指出的,作为监督者的法院,面对科技专业性争议时退缩不予审查是一种不完全履职的怠惰,因为不深入行政决定的科技专业性内容,就无法确定"行政机关已经以不违背或偏离立法意旨的方式合理地行使了裁量权"。⑤ 而贝兹隆法官自己,也曾在判决中警告法官不能因为"行政专业性迷思"(the mysteries of administrative expertise)就放弃司法机关保护人民生命、健康、自由等重要权益免受行政滥权侵害之职责。⑥

而且,可能更重要的是,并不能根据泛泛的表面印象即得出结论认为司法机关"无能力"介入行政机关的专业性决定。因为面对专业知识门槛,法官和一般外行公众一样具备一定的学习能力并且可以求助于其信任的专家。⑦ 而且,在诉讼中法院就特定争点作出判断的能力在很大程度上取决于诉讼当事人的举证和证明程度。如民事诉讼领域里涉及科技专业性内容的争讼亦时有发生,而法院"基本上只要处理好举证责任分配及证明度标准设定,当事人自然会想尽办法以能使法官明了之方式呈现

---

① Environmental Defense Fund Inc. v. Ruckelshaus, 142 U. S. Ap. D. C. 74,88,439 F. 2d 584,598(1971) (Bazelon, C. J.).

② Ethyl Corp. v. EPA, 541 F. 2d 1 (D. C. Cir. 1976).

③ 国内对此学说的较早介绍,请看宋华琳:《制度能力与司法节制——论对技术标准的司法审查》,载《当代法学》2008年第1期。

④ 相关案例很多。较有代表性的,如:曹天华诉常熟市劳动鉴定委员会工伤鉴定结论案(2002)熟行初字第6号行政判决书中,法院称:"由于工伤鉴定是一项专门性强的技术性科学鉴定……由劳动鉴定委员会作出最终认定,法院对鉴定结论主要证据是否充分、认定工伤等级是否正确问题,依法不作审查。"

⑤ Greater Boston Television Corp. v. FCC 444 F. 2d 841, 852 (D. C. Cir. 1970), p. 225.

⑥ Patrick M. Garry, "Judicial Review and the 'Hard Look' Doctrine", 7 *Nevada Law Journal* 162 (2006). 事实上,两位法官(贝兹隆和利文撒尔)的分歧,并不在于是否应当对科技专业性争点进行司法审查,而是在于如何展开这种司法审查:贝兹隆主张对此只作程序审,而利文撒尔则认为这种"最低限度的"审查是不够的。

⑦ 有关一般公众借助专家跨越专业知识门槛的实证研究,可参见金自宁:《跨越专业门槛的风险交流与公众参与:透视深圳西部通道环评事件》,载《中外法学》2014年第1期。

证据与论理";同样道理,在行政诉讼领域,也"不应容许行政机关以法院不懂为借口,规避说服之责"。①

当然,即使承认法院有职责也有能力审查科技专业性行政,考虑到法官学习相关专业知识必然意味着更多的资源投入(如专家顾问并非免费),质疑者完全可以继续追问:仅从利益衡量的角度,是否应当放弃对科技专业性内容的司法审查呢?对此,可能的回答是:科技知识应用广泛的现代社会是专业分工的社会,如果仅因争议涉及专业性内容就不予审查,将导致司法审查制度功能严重萎缩,甚至名存实亡。从制度性后果来看,放弃对专业性内容的司法审查还会纵容行政机关"藏匿于科学背后"②,逃避监督问责。以环评审批诉讼为例,环评文件是环评审批的初始信息来源,而环评文件由开发单位委托环评机构制作,极有可能因为误用或滥用环评专业知识而导致评价不完整或不准确的问题,若负有审批之责的环保机关在行政审批阶段未加纠正,而法院在司法审查阶段又因其专业性而放任不管,则我国环评立法的原初目的将完全落空。

在更广阔的视野里,甚至可以主张,就司法审查促进行政的制度功能而言,法官不具特定领域里的专业知识可以是一种制度上的优势③:当法院介入此类案件时,会驱使(双方当事人聘请的或法院自行邀请的)"内行"专家向法官解释争议所涉及的专业知识,从而将立足于这些专业知识的行政决定之理据,以一般公众也能理解的方式揭示出来,由此,司法审查本身承担了科技专业知识的"翻译者"功能,有利于实现行政理性(rationality)、透明度、参与等行政法价值。

三、我国环评审批诉讼中的科技专业性挑战

(一)案例检索

"完全的法律,必须包容普通于特殊之中,要求抽象与具体之互相同

---

① 陈仲嶙:《环境影响评估事件之司法审查密度》,载台湾地区《"中研院"法学期刊》2014年第14期。
② 请看 Thomas O. McGarity and Wendy E. Wagner, *Bending Science: How Special Interests Corrupt Public Health Research*, Harvard University Press,2008.
③ Emily Hammond Meazell, "Super Deference, the Science Obsession and Judicial Review as Translotion of Agency Science",109 *Michigan Law Review* 733 (2011).

一。故在立法观点已经完成之法律,在司法观点均属未完全。"[1]因此,仅仅阅读制定法中的法条是不够的,还应结合司法实践中应用这些法条的具体裁判,才有望了解一国的"活法"。

因此,基于本章的研究目的,考虑到在我国环评实践中,只有在涉及复杂的专门技术性问题时,才会启用技术评估/评审程序;笔者在北大法宝案例与裁判文书数据库中,用"环境影响评价"分别叠加"技术评估"和"技术评审"在行政案件类下进行了两次裁判文书正文检索[2],命中结果中许可类和审批类数量分别为 225 和 34;经过手动排除重复及无关(如被诉行政行为并非环评审批)者,获得有效结果 48 份裁判文书。在研读过程中,发现我国环评及环评诉讼实践中还有在技术评估/评审程序之外就科技专业性问题特别咨询"专家"的做法,故又以"环境影响评价"叠加"专家"在行政案件类下进行了补充检索[3],命中结果行政许可类 78 份,行政批准类 38 份,经过手动排除无关及重复者,获得增补裁判文书 25 份。本章以下的观察即基于此 73 份裁判文书。

这 73 份裁判文书,时间跨度为 2001—2018 年,所涉及建设项目涵盖了化肥水泥造纸等工业企业(17)、输变电站(16)、房地产开发(8)、垃圾处理(8)、采石煤矿(8)、公路铁路(6)、仓储(3)、医院和养老院(3)、供热(1)、加油站(1)等,裁判法院包括了基层区县级法院的(24)、市级法院(44)、省级法院(4),直至最高法院(1)。可以说这些案例具有比较广泛的代表性,本研究以此作为基础资料进行的观察分析可以在很大程度上反映我国环评审批诉讼之司法实践。

(二) 我国环评审批诉讼中的科技专业性争点

根据对"科技专业性"前述界定,环评审批诉讼中的科技专业性内容,指的是应用环境影响评价相关科学技术知识的内容,这主要体现在环评工作中。我国原环境保护部批准发布的《建设项目环境影响评价技术导则 总纲》[4](以下简称《环评导则》)规定,环评工作重点内容包括:(1) 确定

---

[1] 蔡枢衡:《中国法理自觉的发展》,清华大学出版社 2005 年版,第 164—165 页。
[2] 检索时间:2018 年 12 月 7 日。
[3] 检索时间:2018 年 12 月 20 日。
[4] 2016 年 12 月发布的《建设项目环境影响评价技术导则 总纲》(HJ2.1-2016)是对原《环境影响评价技术导则 总纲》(HJ2.1-2011)的修订,而后者又是对《环境影响评价技术导则 总纲》(HJ/T 2.1-93)的取代。

环评文件类型;(2)确定评价范围和评价标准;(3)环境现状调查、监测和评价;(4)环境影响预测与评价;(5)提出环保措施;(6)结论。据此,本研究将诉讼当事人对此6项内容的质疑和争议,归类为对科技专业技术内容的质疑。①

原告在59份裁判文书中对环评审批所涉及的前述科技专业性内容提出了质疑,约为全部73份裁判文书的80.8%。这一比例显著高于笔者2014年以"环境影响评价"为关键词、未叠加"技术评估/技术评审/专家"时的检索结果②:其时检索到的37起环评审批案件中只有18起争议涉及科技专业性内容,占比约48.6%。这一对比验证了本研究所使用的司法案例检索方法可以有效地聚焦于本章所关注的问题。

具体而言,在这59份裁判文书中,对环评审批的质疑中涉及的专业性内容,主要集中在如下几个方面:

1. 环评类型的确定

我国实行建设项目环评分类管理制度,根据建设项目对环境的影响程度大小将全部建设项目分为三类,分别应制作环境影响报告书、报告表和登记表。同时,我国《环评法》(第24条)还规定,在环评审批通过后,建设项目发生"重大变动"时,应重作环评;在项目建设、运行过程中有"不符合"经审批环评文件的情形的,应当组织环境影响的后评价(第27条)。实践中,有关环评类型的争议主要围绕涉案项目到底属于报告书类还是报告表类或登记表类,或者项目变动是否应当重作环评,涉案项目是否应当作环境影响的后评价等。

共有17份裁判文书中对环评审批的质疑涉及环评类型的确定。

2. 环评范围的确定

依据我国《环评导则》的相关规定,环评范围需要根据拟建项目对环境可能的影响范围来确定。相关争议主要集中在评估内容是否完整,如特定种类的污染影响或特定受影响主体应否纳入环评考虑范围、是否需要进行火灾爆炸等风险评价,是否应当包括水土保持方案、是否应当

---

① 至于诉讼中提出的纯粹程序性问题,如信息未及时全面公开或公众调查作假,或进入环评程序之前应否获得投资备案,或公告是否等于告知等,不涉及环评中自然科技知识应用内容,排除在本研究范围之外。

② Jin Zining, "Environmental Impact Assessment Law in China's Courts: A Study of 107 Judicial Decisions", 55 *Environmental Impact Assessment Review* 35 (2015).

考虑替代方案等。

共有14份裁判文书中对环评审批的质疑涉及环评范围确定问题。

3. 环境现状的调查与监测

依据我国《环评导则》的规定，环境现状调查分两次进行，第一次是在制定工作方案之前的初步调查，第二次则是确定环评工作等级和环评范围及评价标准之后的环境现状调查、监测与评价；环境调查的内容则包括了自然环境、环保目标、环境质量、污染源等各个方面。实务中涉及环境现状调查的争议，主要包括污染源调查错漏、环保目标错漏、监测点选取不当、描述现状的量化数据是否属实、当地是否属于水土流失区/风景名胜区/水源保护区等。此类挑战经常伴随着对项目选址的异议。①

共有12份裁判文书中对环评审批的质疑涉及环境现状的调查与监测问题。

4. 环评标准的选择、解释与适用

环评实务中经常援引的评价标准，除了相关法律规定，还有污染物排放标准和环境质量标准等环境标准②，也会涉及卫生防护距离、工程/线路设计标准和生产工艺流程等。实践中相关争议既包括进行本项目环境评价时是否应选用此标准而非彼标准的争议，也包括所选用评价标准中特定规定应如何解释、涉案项目的具体情形是否符合既定标准等争议。

在19份裁判文书中当事人对环评审批的质疑涉及环评标准问题。

5. 环保措施

依据我国《环评法》规定，环评文件应当包括对项目所必需的环保措施的分析。环保措施分为污染防治措施和生态保护措施两类。环评审批意见中，也大多包含建设单位应认真落实环评文件中提出的"污染防治措施""生态保护措施"或"各项环保对策措施"等要求。实务中，环评文件中列明的环保措施之必要性、充分性及可行性也可能成为争点。

有4份裁判文书中当事人对环评审批的质疑涉及环评文件中所规定的环保措施。

---

① 对项目选址的异议还有可能基于其他理由，如未取得规划许可、用地手续等，不涉及环评科技专业性内容的，不属于本章所讨论的科技专业性争议。

② 有关环境标准的法律地位，请看金瑞林主编：《环境法学》（第四版），北京大学出版社2016年版，第五章第五节"环境标准"。

6. 环评结论

实务中,环评文件的结论一般表述为:在采取必要的环境保护措施后,项目建成后污染排放等各类环境影响指标预测符合相应评价标准,从环境保护角度"项目建设可行",而环保机关肯定的审批意见一般是在此结论基础上"同意项目建设"。诉讼中,当事人直接挑战此结论的情形,一般是尝试指出项目会造成或事实上已造成了特定环境污染和损害。这种环境污染和损害可能是环评文件中提到过(并认定不会发生或可控制)的,也可能是环评文件中未提及的。当环评文件未提及特定污染或损害时,相关质疑也可能以挑战环评范围不完整的形式出现,本研究统计时,视挑战者的具体说理是针对环评范围还是直接针对环评结论而将之归入不同类下。

有 14 份裁判文书中,环评审批的质疑者直接挑战了环评结论。

表 6.1 针对环评审批的科技专业性争议类型分布①

科技专业争点	环评类型	环评范围	环境调查监测	环评标准	环保措施	环评结论
裁判文书数量	17	14	12	19	4	14

(自制表)

四、法院处理科技专业性争议的基本方法

在 59 起原告就被诉行政决定之科技专业性内容提出异议的诉讼中,法院在其中 40 份裁判文书中正面处理了科技专业性争点,也就是说,这些案件中,法官直面了引言中所述的难题并给出了自己的答案。总结起来,司法实践中处理科技专业性争点时的方法,除了被广泛推荐的求助于专业意见之外,至少还包括了诉诸制定法、诉诸其他规范性文件和求助于行政函件。

(一)诉诸制定法

(1)在 2 份裁判文书中,法院尝试直接依据制定法的明文规定来解

---

① 表中不同类型争点所涉案件数量加总超过 59,原因是不少案件出现了数种争点并列的情况。

决相关争议。

这两案的共同之处是争点所涉及的法条均来自狭义的法律(全国人大制定的法律),并且法院均依据自己对案涉法条的解释对相关争点作出了裁决。其中任坚刚一审案①涉及何谓《环评法》第 24 条规定需重新报批环评文件的"重大变动";先林纸厂案②涉及如何理解《环评法》第 27 条规定的后评价之启动条件即项目是否出现了"不符合"经审批之环评文件的情形。

但是,仔细推敲裁判文书中的案情,可以发现,《环评法》第 24 条和 27 条均包含不确定概念,并且这些不确定概念的解释均涉及科技专业性内容。对此,通常的法律解释方法并不能提供确切答案。如任坚刚一审案中,涉案项目工艺流程调整了"盐处理所使用的添加剂"并增加"含氨废水预处理设施",双方当事人对这是否构成《环评法》27 条所规定的"重大变动"各执一词。一审法院最后认定涉案项目上述变动并非"重大变动"从而不需要重新报批环评文件,事实上这并不是单纯法律解释的结果,而应该是因为其采信了环评单位和技术评估机构关于上述变动"对前后工段均不产生附加环境影响"的**专家意见**,从而支持了环评审批机关此项目变动不属于《环评法》第 24 条所规定之"重大变动"的主张。但在该案的裁判文书中,法院得出结论的真实理据只是隐含在证据认定部分,而并没有在具体争点作出裁断的部分③清晰地呈现出来,似乎法官是直接从《环评法》第 24 条字面意义解释出了本案无须重报环评,说理明显不够充分。

(2) 在 11 份裁判文书中,法院援引了《分类名录》,均是为了裁决有关环评类型的争议。

如前所述,我国实行建设项目环评分类管理制度,但法律和行政法规只是规定了"重大环境影响"的项目应编制报告书,"轻度影响"编制报告表,"环境影响很小"的项目填写登记表。④ 在实施过程中,国务院环保部门颁

---

① (2014)铜官行初字第 23 号行政判决书。
② (2016)川 2081 行初 243 号行政判决书。
③ "从本案看,该工程生产工艺的主体未发生变化,仍为硫酸法生产脱硝催化剂用载体二氧化钛生产工艺,项目的性质、规模、地点、主生产工艺及防止生态破坏的措施均未发生变动,仅对盐处理所使用的添加剂进行了调整,并增加了由此产生的含氨废水预处理设施,对前后工段均不产生附加环境影响,属于污染防治措施发生轻微变动,应当不符合《环评法》第二十四条第一款规定属于发生重大变动的情形,故无需重新报批建设项目的环境影响评价文件。"
④ 《环评法》第 16 条,原《建设项目环境保护管理条例》第 7 条(2017 年修订相关规定仍保留在第 7 条)。

布了《分类名录》(并持续更新),分别列举了这三类项目具体为哪些。这一《分类名录》从颁布主体和表现形式来看,应属部门规章,但从其实质内容来看,应属"裁量基准"。鉴于我国《行政诉讼法》规定,法院审理行政案件,应当"依据"法律、法规(52条),"参照"规章(53条),可将《分类名录》归入广义的制定法。

这11份裁判文书中的大多数(10份)均属于《分类名录》上有明确列举的情形,法院的常规做法是直接适用《分类名录》相关规定[①],典型的如倪萍案[②],原告以项目涉及"危险化学物"等为由主张涉案项目按《分类名录》应编制报告书,法院确认涉案项目并不涉及危险化学物,依据名录应编制报告表。但是,仍有一些会因涉及更为复杂的科技专业性内容而无法作常规处理:如林静案[③]涉及《分类名录》上列举的"电池"类是否包括涉案项目中不涉及电池制造、只涉及电池组装的情形;罗某某案[④]中涉及采用了"氨酸法造粒"的"复合肥生产"是否属于《分类名录》上列举的"单纯化学品混合、分装"。为了解决这类难题,法院往往会再求助于如后所述的其他方法。

在《分类名录》对涉案项目并未作出规定时,法院会审查被告即环评审批机关对《分类名录》的"参照",即将涉案项目"类比"于《分类名录》上列举的特定项目来确定环评类型。值得称道的是,正是在"参照"《分类名录》的案件中,法院在裁决部分展示了较为详细的说理。如在曾望案[⑤]中,法院称:"环评审批部门为了预防建设项目实施后对环境造成的不良影响,从养护中心项目产生排放污染物种类和浓度等方面参照最相类似的疗养院、福利院环评审批类别,要求编制报告表,体现了对包括上诉人等人在内的可能受项目影响的公众环境利益的更为有利的保护",因而认定"上诉人提出养老院没有列入建设项目环境影响评价分类管理名录,故

---

① 这一发现可与之前一项环评分类相关判例群的观察结果相互印证:我国法院解决环评类型争议常规方法就是援引《分类名录》。请看:刘星辰,《环境影响评价分类中不确定法律概念的司法适用——基于56个环境影响评价案例的实证考察》,载《环境污染与防治》2016年第11期。
② 一审:江苏省泰州市海陵区人民法院(2015)泰海环行初字第00001号行政判决书;二审:江苏省泰州市中级人民法院(2016)苏12行终78号行政判决书。
③ 江苏省苏州市姑苏区人民法院(2016)苏0508行初63号行政判决书。
④ 湖南省湘潭市中级人民法院(2015)潭中行终字第87号行政判决书。
⑤ 重庆市第五中级人民法院(2016)渝05行终120号行政判决书。

不能参照疗养院、福利院类别进行审批的理由"不成立。

(二) 诉诸行政规范性文件

行政规范性文件,即行政机关发布的除行政法规和规章以外的规范性文件。我国学界目前对其应然的法律地位及其效力仍在讨论之中①,但已达成的共识是:行政规范性文件约束力仅及于发布规定的行政机关及其下属,对法院并无当然的拘束力;只是考虑到行政活动的前后一致性和对行政相对人而言的可预期性等因素,法院对合法有效的规范性文件应予尊重;而且,行政规范性文件本身多种多样,法院对其尊重程度亦应视情况而有所差别。

本研究发现,法院在正面处理科技专业性争议内容时所援引的行政规范性文件,至少包括了两种形式,一是行政机关发布的"通知"等红头文件,二是相关技术标准(包括了技术规范、规程和标准)。

(1) 在 2 份裁判文书中,法院在裁断科技专业性争点时援引了国务院环保行政机关发布的文件。

这两案(如下所述)所涉文件内容均是针对不特定的对象、可以反复适用、具有普遍约束力的一般规定,同时又并非行政法规和规章,故均应归类为行政规范性文件。而我国《行政诉讼法》(第 53 条)规定,公民、法人或者其他组织在提起行政诉讼时,可以一并请求对被诉行政行为所依据的规范性文件进行审查。学理上认为,此附带审查包括制定主体的权限、规范内容和制定程序三个方面。② 但由于我国行政程序立法滞后,对于规范性文件制定的程序要求尚不明确,相应地在行政诉讼实践中对行政规范性文件的附带审查目前还只限于前两者。在这两个案例中,可以看到法院在援引环保机关所发布的文件对涉案争议作出裁断之前,均对该文件实施了审查,尽管裁判文书并未明确表明原告曾"一并请求"对该文件进行审查。

---

① 可参见沈岿:《解析行政规则对司法的约束力——以行政诉讼为论域》,载《中外法学》2006 年第 2 期;朱芒:《论行政规定的性质——从行政规范体系角度的定位》,载《中国法学》2003 年第 1 期;金自宁:《再论其他规范性文件的法源地位》,载《公法研究》2017 年秋季卷。

② 相关文献很多,如程琥:《新〈行政诉讼法〉中规范性文件附带审查制度研究》,载《法律适用》2015 年第 7 期;朱芒:《规范性文件的合法性要件——首例附带性司法审查判决书评析》,载《法学》2016 年第 11 期。

较早时期发生的沈月鸿案①,对行政规范性文件的"一并审查"表述得相对隐晦,混杂在对具体争点的裁决中。该案专业性技术争点之一是环评时是否应考虑项目所在地的一座沥青搅拌站对拟建项目的影响。涉及的行政规定是原国家环保总局发布的《关于加强环保审批从严控制新开工项目的通知》(环办函〔2006〕394号②),其中明确环评应当"从环保角度论证房地产开发项目选址的合理性,注意周边环境问题对拟建居民住宅的影响"。法院的处理方法是:首先承认,依据《环评法》第2条和第三章规定,项目环评"是评价项目对环境的影响而非周边环境对项目建设、使用的影响";但又指出,上述文件规定,"虽扩大了法定的环境影响评价范围,但因其有利于群众健康,故具有合理性和正当性"。即通过目的解释论证了涉案环评书依据环保行政机关发布的文件扩大环评范围的正当性。在此基础上,法院就案件中的具体争点作出了裁判,即涉案环评文件"考虑了外环境对项目的影响,对案涉沥青搅拌站对住宅可能产生的影响和防治措施作出分析,符合国家环保总局的上述规定"。

较为新近的张某等案③,涉及生态环境部办公厅发布的文件《关于印发输变电建设项目重大变动清单(试行)的通知》(环办辐射〔2016〕84号),法院对此行政规定的"一并审查"在表述上明确清楚,并且相对独立于对案件实质性争点的讨论。具体而言,法院的审查方法是:先讨论文件制定机关具有颁布该文件的职权,然后逐一审核该文件中与本案相关的具体规定(如第3条、第4条、附件第7条)与上位法即《环评法》相关规定"目的一致,不违反上位法规定"或"不与上位法冲突";在上述基础上,明确判定原告"关于84号文件相应条款违法的主张,本院不予支持"。然后,才进入案件具体争点的讨论。反映出司法实践中,对其他规范性文件的"一并审查"正在走向成熟。

(2)在17份裁判文书中,法院明确援引了技术标准来裁断科技专业性争议。

技术标准在事实上发挥着法规范的作用。④ 环评标准对于环评工作

---

① 浙江省杭州市中级人民法院(2014)浙杭行终字第274号行政判决书。
② 2021年失效。
③ 北京市高级人民法院(2018)京行终1204号行政判决书。
④ 宋华琳:《论行政规则对司法的规范效应:以技术标准为中心的初步观察》,载《中国法学》2006年第6期。

的意义,可类比于国家立法对于行政活动的意义。在诸如《环评导则》等规定了特定的评价标准时,环评技术机构和技术人员的项目环评工作类似于行政执法机关在个案中"找法"和"适法"过程。从本章表 6.1 统计可以看出,环评审批诉讼中科技专业性争点涉及技术标准类的数量最多。但法官援引技术标准裁断争议的这 17 份裁判文书与原告提出环评标准之争的 19 份文书并非完全吻合,因为一部分原告质疑特定污染物排放或工程选址/选线不符合相关标准的案件(如孙国友案①、温某等案②、中玉獭兔公司案③等),法院在裁决时并未援引特定技术标准对其作出正面回应。另有一些案件(如吕某某案④和彭泽友案⑤等)中,法院援引原告未曾援引的技术标准来回应原告提出的环评范围、环境调查监测或环评结论类主张。典型的,如楚德升一审案⑥涉及对环评结论的直接质疑,而法院回应:"原告主要担心的是政通变电站产生的电磁辐射影响身体健康。电磁辐射作为一种客观存在的物理现象,对于人体健康是否产生危害及危害后果大小,在目前尚具有不确定性,科学上亦未形成统一的认知。因此,现时仍需以国家现行的标准作为评判的依据。"

就表现形式而言,技术标准亦属于法院有权审查的行政规范性文件,但与上述环保行政规范性文件明确受到司法审查形成鲜明对比的是,本研究中的裁判文书极少见到对技术标准本身实施审查的明确表述。少有的例外是法院对标准本身的生效失效时间的核对,如正文花园案⑦中,法院认定原告主张应采用的电磁和噪声标准一项尚未颁行,一项已经失效,故不适用。在绝大多数情况下,法院都是在不讨论技术标准合法有效性的情况下直接处理进入该标准的解释适用问题。典型的如,鑫帅公司案⑧中,原告主张其锅炉是"在用锅炉",不应执行"新建锅炉"标准,对此,法院在判决书中并未单独讨论争议所涉及标准本身的合法有效性,而是

---

① 宁夏回族自治区银川市中级人民法院(2016)宁 01 行终 84 号行政判决书。
② 浙江省平阳县人民法院(2017)浙 0326 行初 5 号行政判决书。
③ 一审:安徽省合肥市蜀山区人民法院(2014)蜀行初字第 10 号行政判决书;二审:安徽省合肥市中级人民法院(2014)合行终字第 108 号行政判决书。
④ 吉林省长春市中级人民法院(2014)长行终字第 69 号行政判决书。
⑤ 江苏省南京市雨花台区人民法院(2014)雨行初字第 6 号行政判决书。
⑥ 河南省郑州市中原区人民法院(2011)中行初字第 82 号行政判决书。
⑦ 一审:上海市黄浦区人民法院(2013)黄浦行初字第 163 号行政判决书;二审:上海市第二中级人民法院(2013)沪二中行终字第 576 号行政判决书。
⑧ 重庆市江津区(县)人民法院(2016)渝 0116 行初 135 号行政判决书。

直接(援引原环境保护部的解释)称相关技术标准对"在用锅炉"定义中的"已建成投产",应以锅炉取得环保合法手续为前提,原告的锅炉系未批先建,故不属于该技术标准中的"在用锅炉"。

对此,一个可能的解释是,技术标准太"专业"以致法官不愿如同审查一般规范性文件一样对之实施"附带审查";但是,仔细推敲起来此解释却未必成立:如前述案例表明的,以红头文件形式发布的行政规范文件,有时和技术标准一样涉及高度技术性内容,而法院并未因此而回避对之作出审查和判断;而且在技术标准解释和适用争议中,法院也未一律回避其中科技专业性内容。因此这种现象更有可能是因为当事人和法院均未明确意识到并有意去运用法院对技术标准的司法审查权。有必要明确我国行政诉讼法上有关行政规范性文件附带审查的明文规定也包括了以行政规范性文件方式存在的技术标准,并且在司法审查中法院不宜未经审查即直接假定有争议的技术标准合法有效。

(三) 求助于"复函"等行政函件

在 40 份法院正面处理科技专业性争议的裁判文书中,总共 7 份裁判文书中法院在裁断相关争点时明确援引了被诉行政机关以外的其他行政机关所发布的行政函件。[①] 其中多为上级环保机关的咨询答复(如康城公司案[②]),也涉及其他相关行政机关的《情况说明》等(如申建利案[③]、张小燕案[④])。这些行政函件,多由作为一审被告的环评审批机关提供,也有法院依职权调取的,只 1 起由作为一审原告的环评审批决定之挑战者提供。

从实质内容来看,这些行政函件属于特定行政机关对广义法律(法律法规规章及其他规范性文件)的解释,仅从这种"法律解释"的内容本身来看是可以具有一般适用性的;但从表现形式上看,这些行政函件不同于行政规范性文件,并非针对不特定对象所作一般规定,而是应特定主体(居

---

① 实践中,法院有时会发函给行政机关寻求帮助,但却不在裁判文书中明确表述(如甘露案裁判文书就未提及法院曾寻求教育部对"抄袭"的解释),此处只统计了在文书中有明确相关表述的裁判。
② 广东省东莞市中级人民法院(2015)东中法行终字第 247 号行政判决书。
③ 四川省成都市中级人民法院(2013)成行终字第 177 号行政判决书。
④ 江苏省高级人民法院(2015)苏环行终字第 00002 号行政判决书。

民、建设单位、行政机关或者法院)基于个案案情之请求或请示而作之说明。这种特性在司法实践中会造成一些困惑:如罗文斌等再审案①中,原告就"氨酸法复合肥生产工艺"是否属于《名录》中应编制报告书情形咨询环保部环评司并获得肯定结论的复函,但再审法院认定该复函的真实性,却否定了其关联性,理由包括②"该答复函只是针对再审申请人代理人吴安心个人提出咨询进行答复的,而不是针对本案原审第三人的生产工艺进行答复"。这里法院说理强调的就是"复函"在形式上的具体针对性,但在很大程度上忽略了其实质内容作为"法律解释"可能具有的普遍适用性,从而说服力仍嫌不足。

理论上,对行政机关所作法律解释的实质内容,法院也应当进行司法审查并决定是否以及给予多大程度的"尊让"(deference)③,但在裁判文书中,并未见到明确表述的相关内容。法院的做法是上述实质内容为行政解释的函件视为证据,在采纳前就其关联性、合法性和真实性进行审查。如任坚刚一审案④中,原告提交省环保厅关于第三人环境问题的 949 号《监察通知》,一审法院认为该证据虽然"涉及本案的争议焦点",但原告"应当提供证据原件"却"仅能提供复印件","无法证明其真实性";而且"从该证据的内容看,该证据属于内部不公开文件,原告不能证明获取该证据的合法性",故对该证据不予采纳。

一个有意思的现象是,当事人一方提出的行政函件,可能被另一方用来支持其主张。如仍在任坚刚一审案中,被告就第三人经环评项目工艺变动是否属于《环评法》第 24 条中"重大变动"的情形请示安徽省环保厅,安徽省环保厅复函(铜环函〔2014〕401 号)认为尚无界定此类变更是否属于生产工艺或防治污染发生重大变动情形的划分依据,请铜陵市环保局结合项目建设内容、环保措施和环境影响程度变化情况,综合判断该变动是否属于"重大变动"。原告将之列为己方证据,证明被告是在作出环评批复之后才向上级作此请示,属程序违法,而法院对该证据审查的结果为不予认定。

在大多数案件中,法院会援引那些通过证据审查的行政函件来支持

---

① 湖南省湘潭市中级人民法院(2017)湘 03 行再 19 号行政判决书。
② 另一理由是该答复所针对的《名录》是被诉环评许可作出之后才开始实施的版本。
③ 可参见高秦伟:《论行政机关法解释的审查基准》,载《河南省政法管理干部学院学报》2006 年第 2 期。
④ 安徽省铜陵市铜官山区人民法院(2014)铜官行初字第 00023 号行政判决书。

其裁判。但也有个案显示出不同法院对同一行政函件的不同处理：还是在任坚刚案中，对于原告将被告提交的上述《复函》作为己方证据，一审法院不予认定；但在之后的再审中，法院肯定性地援引了《复函》、将之作为其裁判的支持理由之一。再审文书和一审文书[①]放在一起，可以看到不同法院对同一行政函件是否采纳的态度并不一致。遗憾的是，一审法院对该函件不予采纳的说理表达较绕[②]，而再审法院对其采用该函件的立场并未展开说理，所以并不清楚其中缘故。

(四) 求助专业意见

在 40 份法院正面处理科技专业性争议的裁判文书中，总共有 7 份援引专业意见作为相关裁断的支撑性理由。仅从数目来看（参见表 6.2），法院求助于专业意见(7)的时候远少于求助于规章(11)和其他规范性文件(19)。这似乎表明，法院就科技专业技术问题求助于专家或专业机构的专业意见的情形，并不像一般以为的那么普遍。对此，可能的解释是，个案中的专业意见之形成和获取费用相对较高且拘束力也不如能够一般适用的规章和其他规范性文件；更重要的是，就实质内容而言，技术标准以及像《名录》这样的规章及其他规范性文件，原本就是专家参与制定的，其涉科技专业性的内容本身就是专业知识应用的结果，在这个意义上其实是有广泛共识的专业意见。

这 7 份裁判文书中涉及的专业意见，从形成阶段上看有明显不同。其中既包括法院在司法过程中获得的专家证言，也包括行政机关在环境审批过程中获得的专家评估意见，还有建设单位在环评过程中获得的环评专家意见。

在行政诉讼进行过程中，法院依法[③]可应当事人请求或依职权主动咨询专家或要求专家证人作证。如林静案[④]中，有关涉案项目适用的环评类型，法院咨询了专家意见，并根据原告申请，指派了专家出庭作证。

[①] 一审：安徽省铜陵市铜官山区人民法院(2014)铜官行初字第 00023 号行政判决书；再审：安徽省高级人民法院(2016)皖行申 225 号行政裁定书。
[②] 一审法院认定该《复函》"系被告在原审庭审后提交的证据，属于被告方证据，在本案中被告未作证据使用，原告不能以该证据为己方证据，来反驳此证据的违法性，故该证据不予采纳"。
[③] 2002 年《最高人民法院关于行政诉讼证据若干问题的规定》第 48 条。
[④] 江苏省苏州市姑苏区人民法院(2016)苏 0508 行初 63 号行政判决书。

罗某某案①中,环保局专业技术人员作为专家出庭陈述说明涉案项目应适用的环评类型。

容易引发疑虑的是,法院在裁判中援引环评审批机关在进行环境审批时通过技术评估/评审程序或咨询专家而获得的专家意见。如贾某案②,针对原告提出垃圾压缩站对幼儿园和住宅楼的不利环境影响问题,法院称该垃圾站距离符合技术规范,且"经专业技术评估意见认为在落实污水、大气、噪声等各项污染防治措施后,垃圾压缩站产生的污染物及环境影响可以得到有效控制"。有时法院也同时援引建设单位委托进行的环评活动阶段的专家咨询意见。如在汤国英案③,法院称,在环评文件编制阶段已经由专家出具了专家评审意见,在审批阶段,又由扬州市环境科学学会出具了技术评估意见,均认为"符合相关要求"。不同于法院在司法过程中依法取证,这种专家意见是被告即环评审批机关一方提供的证据,这一点使其说服力不如法院在司法过程中主动获取的、独立第三方出具的专家证言。

事实上,作为环评审批对象的环评文件,本身也是由专业人员运用其专门知识以专业方法完成,其结论在这个意义上也是一种"专业意见"。而法院在实务中也的确可能将之当作专业意见来使用,如曾望案④中法院称"专项评价是环评审批的主要依据",任坚刚再审案⑤也将环评文件《补充报告》结论作为论证理由。只是,在环评审批诉讼中,环评文件本身成为被挑战的对象时,其结论和得出结论的方法、依据往往就是争议的焦点。在此,其作为"证据"的证明力和作为"理由"的说服力,均应先接受法院的严格审查才可予以认定;否则,就难以服人。

与同样被法院当作证据的行政函件类似,环保机关作为支持自己的环评审批决定而提交法律的专业意见,其中特定内容也可能被原告援引用于质疑审批决定,由此引发原被告之间的激烈交锋。这一现象本身说明,因为专业意见必须服从专业知识逻辑,因此即使由被告方提供,其内容也仍然具有一定的中立性。如林某某案⑥中,原告提出,在技术审查会

---

① 湖南省湘潭市中级人民法院(2015)潭中行终字第87号行政判决书。
② 广州铁路运输中级法院(2016)粤71行终416号行政判决书。
③ 江苏省扬州市中级人民法院(2014)扬中行终字第00015号行政判决书。
④ 重庆市第五中级人民法院(2016)渝05行终120号行政判决书。
⑤ 安徽省高级人民法院(2016)皖行申225号行政裁定书。
⑥ 福建省泉州市丰泽区人民法院(2014)丰行初字第141号行政判决书。

上专家反对环评文件中的选址方案并提出了地下或半地下替代方案,而"被告在作审批决定时未充分考虑专家处理建议"。而法院也将被告审批时"是否充分考虑专家意见的问题"作为主要争点之一列出并作出了明确处理。

表 6.2　法院处理科技专业性争点的不同方法

方法	诉诸制定法		诉诸其他规范性文件		求助于行政函件	求助于专业意见	
	法律	规章	政策文件	技术标准		环评文件	其他专业意见
裁判文书数量	2	11	2	17	7	2	7

（自制表）

五、求解科技专业性行政的司法审查：范围、标准和强度

对司法审查的全面理解和把握,不仅仅包括审查范围,还包括审查的标准和强度。审查范围回答的只是可否实施司法审查的问题,可理解为司法审查权的外部边界(scope);如,日本行政诉讼史上曾经流行过(后被抛弃)"裁量不予审查"原则①,即将行政裁量行为排除在司法审查范围之外。确定已纳入司法审查范围之后,需要考虑采用何种司法审查标准(criteria);选取了审查标准之后,还要考虑适用这一标准的严格程度,即采取何种审查强度(intensity,又译为密度)②的问题。如美国针对行政裁量的司法审查实践,就"恣意"(arbitrary and capricious)这一法定标准的实施,发展出了一系列审查强度不同的判例③;而欧盟法判例群显示④,比例原则这一司法审查标准的实际应用,也呈现出从"十分温和到异常严

---

① 〔日〕田村悦一:《自由裁量及其界限》,李哲范译,王丹红校,中国政法大学出版社 2016 年版。
② 有学者形象地称之为司法权的"纵向范围"。杨伟东:《行政行为司法审查强度研究——行政审判权纵向范围分析》,中国人民大学出版社 2003 年版。亦可参见江必新:《司法审查强度问题研究》,载《法治研究》2012 年第 10 期。
③ 被认为审查(过于)宽松的判例,如 Vermont Yankee Nuclear Power Corp. v. Natural Resources Defense Council, Inc. 435 U.S. 519(1978);被认为审查相对更严格的判例,如 Massachusetts v. EPA 549U.S. 497(2007);介于二者之间的,如 Motor Vehicle Mfrs. Ass'n v. State Farm Mutual Auto. Ins., Co., 463 U.S. 29, 43 (1983)。
④ 相关介绍,可见蒋红珍、王茜:《比例原则审查强度的类型化操作——以欧盟法判决为解读文本》,载《政法论坛》2009 年第 1 期。

格"的手段与目的间正当性论证的谱系。

其中,司法审查的标准与强度的关系十分密切:若标准本身是具体明确的,如更多体现为规则要求的形式合法性标准,就很难甚至无法在司法适用中调整其强度;有些标准,如更多体现为原则(比例原则、平等对待原则等)要求的实质合法性,则在适用上相对灵活,有较大的强度调整空间。

(一) 科技专业性争点如何进入司法审查范围:科技问题之法律化

对我国司法实践的观察验证了理论澄清部分的观点,即以能力局限为由将科技专业性问题实质性地排除出司法审查范围之外,无论从事理还是从实践上看都是不成立的。法官并非科学家这一现实情况对司法审查的影响被过度夸大了。

本研究聚焦于法院正面处理科技专业性争点的实际案例。在这些实例中,法官所借助的技术标准、规范性文件及行政函件,和专家意见一样,都是使科技专业性问题变得可理解的有效工具。典型的如在林某某案①中,有关声环境质量标准的选用涉及系争区域是否属于生态功能区的问题。无论是特定地区是否属于生态功能区还是应适用何种声环境质量标准,初看都是涉及科技专业知识应用、非环境科学专家不能决定的问题,但由于当地政府为行政机关执法人员提供可操作指示的配套文件,明确了不同环境噪声标准适用的区域划分;对法官来说,在确定该行政文件的合法有效性之后,本案中的争点就转化为:本案争议的特定建筑是否处于有清晰四至的特定地域范围之内。这是无须专业科技知识即可判断的问题。——依据该文件,甚至一个外行公众都可以明确宣称"涉案输变电工程拟建位置为刺桐大桥北桥头东侧、现阳泉花苑南侧,不属于1类标准适用区域";原告应执行"1类"标准的主张,不予支持。

评论者可能会以为,这时法官并没有真正处理科技专业性争点,而是把原本的科技专业性内容转化为广义的法律解释和适用问题了。但是,这种评论是典型的事后诸葛眼光:如果摆在眼前的任何案件,但凡其中争议涉及科技专业性内容,就从一开始即以能力局限为由将之彻底排除在司法审查之外或只对之进行最低限度的程序审,则法官根本不会启动查找寻求各种可用资源的工作,无论这些可用资源是规范性文件、技术标

---

① 福建省泉州市丰泽区人民法院(2014)丰行初字第141号行政判决书。

准、行政函件还是其他各种专业意见。

更重要的是,这种评论完全出于对法官角色、诉讼程序乃至法律制度的误解:为什么要法官直接去处理那些科学家才能处理的问题呢?事实上,在具体案件中,法官要解决的始终是法律上的争议;作为法律纠纷的裁断者,法官根本无须成为科学技术专家,而只要对相关科技知识有一定程度的了解,足以对相关争点作出裁断即可[①];即使面对科学证据,法官们也"只需要对一个特定的证人所提供的证据的可靠性和有效性作出裁决"[②],而并不需要对可能涉及的科学问题本身作出裁决。举例来说,当事人主张电磁辐射有损其身体健康时,法官并不需要成为真正懂得电磁辐射原理的物理学家,而只需要可以看懂、能够核实被告所主张的"目前并无科学证据表明变电站(或微波炉)的辐射对人体健康有害"即可对该争点作出裁决。[③]

(二) 回到我国实在法:从司法审查的范围到标准和强度

根据我国《行政诉讼法》的规定,对被诉行政行为的司法审查(第69条),既涉及其事实问题,也涉及法律问题;以合法性审查为原则(总则第6条),但也有例外(如被诉行政行为"明显不当"或"滥用职权"的,可判决撤销)。所有这些相关条文均为一般性规定,并未特别提到科技专业性行政之司法审查难题。对此,在没有相反论据的情况下,一般应当解释为:科技专业性争议未被排除出司法审查范围,行政行为并不能因其涉及科技专业性内容而享有免于司法审查的特权,也即在我国现行法框架秩序下,法院有权对科技专业性行政实施司法审查。

我国实在法在司法审查范围方面虽未明确提到科技专业性行政的特殊性,但的确提供了若干不同的司法审查标准。根据我国《行政诉讼法》

---

① 艾伦:"事实认定者无须全盘通晓特定专业领域的知识,反之,其目标在于掌握足够多的知识从而能够理性地对当前案件进行审议。"〔美〕罗纳德·J.艾伦:《专家证言的概念性挑战》,汪诸豪译,载《证据科学》2014 年第 1 期。

② 〔美〕肯尼斯·R.福斯特、〔美〕彼得·W.休伯:《对科学证据的认定——科学知识与联邦法院》,王增森译,法律出版社 2001 年版,第 293 页。

③ 科学知识社会学(SSK)也发现有必要区分对专业知识的不同了解程度,如对某项研究成果发表评论或参与讨论以对该研究有一定的了解为前提,但为了在该领域中从事研究并取得某项研究成果则需要了解更多。可参见〔英〕哈里·柯林斯:《改变秩序:科学实践中的复制与归纳》,成素梅、张帆译,上海科技教育出版社 2007 年,附录一"哈里·柯林斯在山西大学的演讲",第 206 页。

第 69 条和第 70 条,有关事实认定,司法审查的法定标准为:"证据确凿"还是"主要证据不足";有关法律适用,标准是:适用法律法规正确还是错误;程序问题的审查标准为:符合还是违反法定程序;针对行政主体权限,有"超越职权"标准;对于行政裁量,则有"明显不当"标准和"滥用职权"标准①。

在我国行政诉讼实践中,程序审是我国法院运用较多的一种司法审查方式。比较而言,程序审的司法审查强度是较弱的,因为进行程序审时,法院无须深入行政决定的实质内容,只需审查行政决定是否遵循了法定步骤、顺序、形式、时限等,对行政权的监督可以说是最低限度的。但是,从前述环评审批诉讼的情况来看,当事人提出的科技专业性争点早已超越了步骤顺序时限形式等单纯程序问题,法院不深入行政决定的实质内容就无法对这些争点作出正面回应。

进入行政决定的实质内容,即进入行政行为的事实认定、法律适用等内容。我国实在法针对事实认定和法律适用问题提供了不同标准,但并未区分法律问题与事实问题的审查强度。我国学者对于是否应借鉴英美经验区分事实问题和法律问题的不同审查强度存在不同看法②,但不可否认的是,实践中区分法律问题与事实问题是十分困难的。科技专业性争点既可能以事实问题的面目出现,也可能以法律问题的形式出现,不宜事先排除任一可能性。如我国环境法领域有很多实在法规范的构成要件中包含的"环境影响"这一术语,就确定其意义离不开环评专业人员的评估而言它蕴含科技专业性内容,而作为不确定法律概念,其在司法适用中往往会陷入法律问题与事实问题交织的模糊地带。

---

① 其中"滥用职权"标准于 1989 年即已确立,"明显不当"标准在 2014 年修订时才正式成文化(其前身为"(行政处罚)显失公正")。其间,曾有学者通过对实际案例研究发现,"滥用职权"标准并未如期成为评价行政裁量的主要标准,故增加"明显不当"标准实有必要。请看:沈岿:《行政诉讼确立"裁量明显不当"标准之议》,载《法商研究》2004 年第 4 期。

② 一些研究者主张借鉴英美经验,对法律问题与事实问题实施不同强度的司法审查,如周永坤:《对行政行为司法审查的范围:事实问题——一个比较的研究》,载《法律科学》1996 年第 5 期;徐继敏:《我国行政诉讼全面审查制度再思考:法院对行政机关事实认定的态度分析》,载《现代法学》2004 年第 6 期。另一些研究者则持异议。如杨伟东:《法院对行政机关事实认定审查的比较分析》,载《法学研究》1999 年第 6 期;朱新力:《论行政诉讼中的事实问题及其审查》,载《中国法学》1999 年第 4 期。本人认为事实认定是行政机关的"比较优势"这一说法是不准确的,因为"认定事实"作为适用法律的前提,其实是法院的日常工作,很难说其在这方面不如行政机关擅长。

如果我们聚焦于法院作为法律适用者的角色，则重要的并非去区分法院面临的问题是法律问题抑或事实问题，而是去分辨针对特定争点既有法律规定是如何指示的、是否给行政机关留下了合法的裁量空间：假如按照实在法的指示，特定争点——无论该争点属于法律问题还是事实问题——只有"唯一正解"，则依据（形式）合法性的要求，法院依法别无选择，只能服从该法令；只有在对特定争点按实在法存在有多种可能解答的情形下，我们才能说，行政机关拥有合法的裁量空间，并且司法机关在多大程度上尊重此空间内的裁量才成为需要处理的问题。而此处的裁量空间，应作广义理解，无论在事实认定还是在法律适用活动中，只要存在并非"唯一正解"的合法空间，即应视为有合法的裁量空间存在。① 一旦确定此合法裁量空间的确存在，则相应的司法审查标准，即为法定的"滥用职权"和"明显不当"标准，也即学理所谓的"行政合理性"或"实质合法性"标准②。显然，这一标准较抽象，在适用上相当灵活，可以容许不同强度的司法审查方式。对此强度如何拿捏，在立法上并无更多明确指示时，司法机关享有合法的裁量权力。

（三）强度问题：针对理由的司法审查

当我们澄清在我国现行法框架下，科技专业性行政应当纳入司法审查范围，并应适用与其他行政行为相同的司法审查标准之后，可以发现，真正的困难在于：应用"滥用职权""明显不当"也即"合理性"标准时，应当如何运用司法裁量权，拿捏司法审查的适当强度。

对此，我国实在法虽无明文规定，但并非毫无指示。从我国行诉法上规定的裁判方式可以看到，当被诉行政行为不能成功通过司法审查时，常规的裁判方式是法院撤销该行政行为并由行政机关重新作出处理，而不是由法院直接变更被诉行政行为③。这本身就表明了立法对于司法不得

---

① 从法律适用实务来看，在收集证据认定事实、寻找应适用的法规范、涵摄、作出处理等法律适用的各个步骤均可以发现行政裁量的存在空间。参见高鸿、殷勤：《论明显不当标准对行政裁量权的控制》，载《人民司法（应用）》2017年第19期。从法理角度对此的阐释，可参见王贵松：《行政裁量的内在构造》，载《法学家》2009年第2期。

② 我国行政法学界对行政合法性和行政合理性、形式合法性与实质合法性之间的区别及联系的相关讨论，可参见沈岿：《公法变迁与合法性》，法律出版社2010年版；何海波：《实质法治：寻求行政判决的合法性》，法律出版社2009年。

③ 变更裁判作为例外，只适用于明文列举的有限例外。

替代行政的基本立场。在最终裁判之前的司法审查过程中,包括将合理性标准应用于对行政裁量的审查时,也应贯彻同一精神,即确保法院既不放弃监督行政的法定职责也不僭越司法角色替代行政职能。考虑到行政事务和行政行为的多种多样,在这两端之间,即强度适中的司法审查,无法用理论演绎的方式给出一刀切的方案,但可立足于实践经验逐渐类型化。

站在司法审查者的立场来看,在司法审查强度类型化并未完成的当前阶段[①],从行政机关对裁量的说理切入是一条切实可行的路径。针对行政机关理由说明的司法审查,是基于合理性标准的审查,即行政机关应当说明其裁量判断所依据的事实、规范和各种考虑因素,并展示这些根据(basis)能够"合理地"支持其得出所作判断。[②] 这里的合理与否,应基于"一位通情达理、了解情况的常人"[③]的判断。司法审查者的任务,并不是在假装行政判断不存在的情况下独立地根据各种因素作出自己的判断,然后将自己的判断与行政判断相比照看是否一致;而是在行政判断已经作出之后,评价行政机关得出判断的过程[④]是否达到了"合理性"标准的要求。这样的标准,既允许司法机关将其监督延伸到行政裁量的实质内容(事实、规范及考虑因素等),又并未替代行政机关作出实体判断。

在科技专业性行政之司法审查领域,针对行政机关说理的司法审查进路有着显著优点:这样的进路中,被告行政机关有责任以可理解的方式说明作为其决定基础的相关科技专业性内容,这不仅有利于行政决定的利害关系人和一般公众对该决定的实质内容有更好的理解,也减轻了法官学习相关专业知识的压力。正是在这个意义上,我们可以说,法官在知识和能力上的客观约束在个案中最终会体现在:行政机关在作出行政决定时的考虑因素,是否能够以及在多大程度上可以在事后由法院进行重

---

① 对我国法院相关探索的整理,可参见王贵松:《论行政裁量的司法审查强度》,载《法商研究》2012年第4期。

② 对此,可参考美国司法实践中发展出来的"严格检视"标准:在 state farm 案中,法院认定,行政机关应当对可得证据作出解释,并且说明其"所认定的事实与所作选择之间合乎理性的联系(rational connection)"。K. C. Davis, R. J. Pierce, *Administrative Law Treatise*, vol. 1, Little Brown and Compay, 3rd edtition, 1994, pp. 311-313.

③ 这是法理学上常用的标准,但其具体含义在特定案情中仍是容易引起争议的。相关讨论,可参见何海波:《论行政行为"明显不当"》,载《法学研究》2016年第3期。

④ 对此,亦可参照日本行政法上的判断过程审查方法。王天华:《行政裁量与判断过程审查方式》,载《清华法学》2009年第3期。

建和理解。① 事实上,在我国,已有司法裁判论及法院对专业技术性行政决定的尊重以行政机关说理为前提,如山东衡之源热力有限公司与枣庄市环境保护局处罚上诉案②中,法院称:"对专业性、技术性等事项的研判、认定,只要行政机关能作出合乎逻辑的阐释、说明,人民法院对此应给予必要的尊重。"

理论上,针对行政裁量说理的司法审查可区分两个层次:一是行政主体使用的判断基准是否合理,即行政主体在作出判断时是否遵循一般标准以及遵循了何种标准;二是审查行政主体适用基准至个案时的具体权衡和考量是否合理,主要是看行政机关得出具体判断时基于何种考虑,这些考虑因素能否合理地支持其得出相关结论。从本章对司法实践的整理结果来看,我国的法官对此理论虽然并无清晰自觉的认知,但在裁判过程中以解决具体争点为直接目的而采取的实际做法,与此理论内在要求是不谋而合的。具体而言,当法官为解决专业争点而转向规范性文件和技术标准时,关注的实际上就是科技专业性决定的判断基准;当法官转向个案中的"专家意见"和相关行政"复函"时,关注的往往是行政机关形成专业技术判断过程中的具体考虑因素。

当然,司法机关针对行政判断理由实施的司法审查,以行政机关就其裁量负有说理义务为前提。我国尚无《行政程序法》,故对行政裁量的说理义务并无统一的一般规定;但是,行政主体应当说明其作出行政行为的事实依据、法律依据及裁量时的考虑因素,作为一般法理被广泛接受③;《行政处罚法》《行政许可法》《行政强制法》等立法也已明确规定行政主体说明理由的义务④;国务院 2004 年发布的《全面推进依法行政实施纲要》也明确要求,行政机关行使自由裁量权的,应当在行政决定中说明理由。这些都为我国司法机关针对行政裁量理由的司法审查提供了支持。司法

---

① 盛子龙:《行政法上不确定法律概念具体化之司法审查密度》,台湾大学法律研究所1998 年博士论文,第 180 页。
② 山东省枣庄市中级人民法院(2017)鲁 04 行终 68 号行政判决书。
③ 姜明安主编:《行政示与行政诉讼法》(第六版),北京大学出版社、高等教育出版社 2016 年版,第 348 页以下。
④ 如《行政处罚法》第 31 条、第 41 条;《行政许可法》第 38 条、第 42 条;《行政强制法》第 18 条、第 24 条、第 25 条等。

实践中也的确出现了要求行政主体对其裁量充分说理的裁判意见①。在前述环评诉讼文书中,也可发现尝试强化行政主体说理责任的实例,如在先林纸厂案②中,法院指出:"被告在《批复》和《答复》中的事实认定等系原则性、笼统性表述",被告"应当提交原告不符合审批环境影响评价文件的包括但不限于上述环境保护标准在内的客观指标具体情形",并最终以被告说理不够具体而认定"就本案的现有证据而言,其要求原告进行环境影响后评价主要证据不足"。

六、结　　语

如果我们能超越对行政法治的形式主义理解,则行政合法性不只是合法律性,而同时容纳了实质意义上的良法善治之追求。在这样的视角下,行政合法化资源既有由内而外的(in-outside)也有由外而内的(outside-in)。③ 前者主要是指增进行政决定合法性的各类行政自制机制,后者包括进入行政过程并影响行政决定的立法机关之授权、公众的意见和专家的知识,同样起到了赋予行政决定合法性的作用。法院是保障良法善治之问责网络中的重要一环④,对科技专业性行政的司法审查,有助于监督和保障立基于专业知识的行政合法性。

司法审查的制度定位涉及司法权与行政权的界分及关系、公民权利保障与行政权力正常运作的平衡等多种考量。这些不同的考量之间存在紧张,加上宪制结构、法律文化、制度路径依赖等政治社会历史背景的影响,司法审查往往在司法节制与司法能动之间摇摆不定。具体到以环评

---

① 如郴州饭垄堆矿业有限公司诉国土资源部再审案(最高人民法院(2018)最高法行再6号)中,最高法院在裁判文书中明确:"只有借助书面决定和卷宗记载的理由说明,人民法院才能知晓决定考虑了哪些相关因素以及是否考虑了不相关因素,才能有效地审查和评价决定的合法性。不说明裁量过程和没有充分说明理由的决定,既不能说服行政相对人,也难以有效控制行政裁量权,还会给嗣后司法审查带来障碍。"
② 四川省简阳市人民法院(2016)川2081行初243号行政判决书。
③ Sidney A. Shapiro, Elizabeth Fisher, & Wendy E. Wagner, "The Enlightenment of Administrative Law: Looking Inside the Agency for Legitimacy", 47 *Wake Forest Law Review* 463 (2012).
④ Francesca Bignami, "From Expert Administration to Accountability Network: A New Paradigm for Comparative Administrative Law", 58 *American Journal of Comparative Law* 859 (2011).

审批为代表的科技专业性行政之司法审查,也需要在既定实在法框架之内,综合考虑支持司法能动与司法节制的各要素。①

本章在关注突破制度能力论的迷思时更多强调了支持司法能动的因素,即突出法院应当也能够对被诉行政行为的专业技术内容实施司法审查。但是,接下来的问题是,此种审查到何处止步?对此的思考会突显硬币的另一面,即支持司法节制的合理考虑:基于国家机构职能分工和在此分工前提下的国家治理效率价值,作为"复审"(review)的司法审查,在立法给行政机关留下了选择空间时,原则上不应替代行政法定空间内的裁量判断。综合两方面,面对科技专业性行政,法院既不能放弃审查,亦不宜混淆角色替代行政职能,选择只能落在这两端之间。

正是在这两端之间,我国法院在环评审批诉讼实践中,在学理研究供给不足的情况下,就科技专业性行为之司法审查进行了探索。尽管这些已有探索的具体做法仍有如前所述的种种不足,特别是说理的清晰和充分方面有较大改进空间,但其中积累的经验弥足珍贵,遗憾的是并未引起学界足够关注。本章在辨析澄清了相关学理的基础上,对这些司法实践经验进行评析和整理,并基于我国实在法框架针对科技专业性行政司法审查的可能方向提供了建议,有助于促进我国司法审查进一步发展成熟。

---

① 可参见黄锦堂:《高度科技专业性行政行为之司法控制密度》,载《东吴法律学报》2009年第1期。

第七章　作为科学证据的环境损害鉴定评估

> 法律的生命不在于逻辑,而在于经验。
>
> ——霍姆斯:《普通法》

【提要】 环境损害鉴定评估涉及环境科学知识应用,关于法院如何审查判断这类科学证据,学界流行观点存在遵从模式与教育模式的两难。观察36起环境司法案例分析我国法院对环境损害鉴定评估的运用经验,发现可据之反思修正主流观点的偏差。实际上,从科学证据审查判断的动态过程来看,遵从模式与教育模式呈现出递进的层次关系。在此基础上回归规范立场,可发现我国三大诉讼法的立法动向中从鉴定"结论"到鉴定"意见"呈现遵从模式转向适度教育模式的整体趋势,而强化科学证据的法庭质证和庭前开示制度及审查判断标准的实质化,在此趋势下均具情境合理性。

前章讨论了科技专业性行政行为的司法审查,聚焦点在司法权和行政权的关系这一行政诉讼法领域特有的经典问题。本章继续探索涉环境评价类的诉讼,但视野不再局限于挑战环评审批决定的行政诉讼,而转向一个三大诉讼法均需处理的共性问题:科学证据的审查认定问题。

一、引　　言

准确认定事实对于司法裁判的重要性是不言而喻的。裁判事实认定准确不仅本身即具有"道德和政治价值",也因其对法律一般威慑功能的决定性影响而同时具有经济分析意义上的效率价值。① 与依靠"神明裁判"的前现代司法不同，现代司法的基本理念之一就是事实认定应当立基于证据。20世纪后半以来，证据法中最显著的发展动向是"事实认定的科学化"②或说科学证据的兴起。由于专业知识门槛的存在，这一动向给司法审判带来了重大挑战。③

本章选择从环境损害鉴定评估的司法运用入手来考察这一挑战。主要考虑是：虽然学界对于科学证据的内涵外延④尚未达成共识，但无人会否认环境损害鉴定评估是一种科学证据；而且，环境诉讼实践中法院认定事实时高度依赖科学证据，曾有学者观察千余份环境纠纷裁判文书发现"鉴定结论对于事实认定起着决定性作用"⑤；但是，就研究现状而言，我国学界对司法机关如何审查判断科学证据的专门讨论中，不仅对我国法院相关实践的经验考察相对较少⑥，也很少直面本章所关心的专业知识门槛问题⑦。

环境司法实践中广泛存在对环境损害鉴定评估的需要，因为环境司法活动中经常遭遇污染物鉴别、环境损害的范围和程度评估、因果关系认定、污染治理及生态修复方案费用测算等⑧需要运用环境科学专门知识和技术方法予以鉴别评判的专门性问题。早在2007年，国家海洋管理部门即已颁布海洋生态环境损害评估技术文件⑨。2011年原环保部发布《关于开展环境污染损害鉴定评估工作的若干意见》，附有《环境污染损

---

① 〔美〕理查德·波斯纳：《证据法的经济分析》，徐昕、徐昀译，中国法制出版社2001年版，第43页。

② 〔美〕米尔建·达马斯卡：《漂移的证据法》，李学军等译，中国政法大学出版社2003年版，第200页。

③ Stephen Breyer, "The Interdependence of Science and Law", 5363 *Science* 537(1998), pp. 537-538.

④ 张斌：《论科学证据、专家证言、鉴定意见三者的关系》，载《证据科学》2012年第1期。

⑤ 吕忠梅、张忠民、熊晓青：《中国环境司法现状调查——以千份环境裁判文书为样本》，载《法学》2011年第4期。

⑥ 数量有限的已发表论著中有不少主要立基于外国实践和理论，特别是美国的判例法，如张南宁：《科学证据可采性标准的认识论反思与重构》，载《法学研究》2010年第1期；张君周：《论法官对科学证据的审查——以美国法官的看守职责为视角》，载《法律科学》2008年第6期。

⑦ 艾伦在评论中国法学界对科学证据的既有研究时曾指出这一不足。〔美〕罗纳德·艾伦：《专家证言的概念性挑战》，汪诸豪译，载《证据科学》2014年第1期。

⑧ 参见司法部、原环境保护部《关于规范环境损害司法鉴定管理工作的通知》（司法通〔2015年〕118号）第2条。

⑨ 即《海洋溢油生态损害评估技术导则》（HY/T 095-2007）。

数额计算推荐方法(第Ⅰ版)》》①。到2015年,最高人民法院、最高人民检察院、司法部联合下发通知②,环境损害司法鉴定成为全国人民代表大会常务委员会《关于司法鉴定管理问题的决定》(以下简称《鉴定管理决定》)颁布十年来第一项经过"商两高"程序纳入统一登记管理范围的鉴定事项。司法部和原环境保护部也依据该文件下发通知③,要求规范环境损害司法鉴定管理工作。另外,最高人民法院、最高人民检察院、关于环境民事公益诉讼、环境侵权纠纷、环境污染刑事案件和生态损害赔偿案件的相关司法解释中④,均对环境损害鉴定评估作出规定。

为了解我国法院对环境损害鉴定评估的运用实践,本研究利用北大法宝法规库的案例联想功能,收集了上述重要法律文件涉及环境损害鉴定评估的法条下"联想"到的全部"指导案例""典型案例""经典案例"和"推荐案例",手动排除重复和不相关案例后,得到案例共36个,其中民事25个,行政4个(含行政附带民事1个),刑事7个(含刑事附带民事诉讼4个)。⑤ 被北大法宝标记为上述四类案例的,主要是指导案例、最高人民法院分年度在全国范围内发布的典型案例、最高人民法院公报、省高级人民法院公报和《人民司法》选载的案例以及其他社会影响较大的案例。鉴于发布主体挑选这些案例时已经考虑过其代表性,并且这些案例公布后的实际影响力显著高于其他"普通案例",就本章的研究目的而言,这些案例已经具备足够的典型意义。——尽管这些案例的选取方法,决定了无法对本研究中的量化结果进行简单的外推计算。

需要指出的是,就定义而言,环境损害鉴定评估是运用科学技术和专业知识,对因环境污染或生态破坏所致损害的性质、范围、程度等进行鉴定和测算的活动⑥;相应地,纳入本章研究范围的"环境损害鉴定评估",

---

① 2014年已更新为《环境损害鉴定评估推荐方法(第Ⅱ版)》(环办〔2014〕90号)。
② 《关于将环境损害司法鉴定纳入统一登记管理范围的通知》(司发通〔2015〕117号)。
③ 《关于规范环境损害司法鉴定管理工作的通知》(司发通〔2015〕118号)。
④ 最高人民法院《关于审理环境民事公益诉讼案件适用法律若干问题的解释》(法释〔2015〕1号,法释〔2020〕20号修正)、《关于审理环境侵权责任纠纷案件适用法律若干问题的解释》(法释〔2015〕12号,法释〔2020〕17号修正),最高人民法院、最高人民检察院《关于办理环境污染刑事案件适用法律若干问题的解释》(法释〔2013〕15号,法释〔2016〕29号修改),最高人民法院《关于审理生态环境损害赔偿案件的若干规定(试行)》法释〔2019〕8号,法释〔2020〕17号修正。
⑤ 检索日期:2020年8月1日。其中有些案例对应多份裁判文书,如被收入公报案例和指导性案例,加上原判,可能有超过3种不同版本的裁判文书,但在本研究中仍计数为1个案例。
⑥ 参见《环境损害鉴定评估推荐方法(第Ⅱ版)》第4.2条。

并不限于由法院在诉讼过程中委托专业机构提供的"司法鉴定"意见,还包括了以专家咨询意见、技术评估报告、事故调查报告或检验检测报告等各种形式提交到法庭的、内容包含环境损害鉴定评估的专业意见。理由是:(1)在环境损害鉴定评估被纳入司法鉴定登记管理体系之前,实践中相关专业意见广泛采用了司法机关委托鉴定之外的各种形式。(2)环境损害鉴定评估被纳入司法鉴定管理范围,也不意味着排斥以司法鉴定以外的形式对环境损害进行专业评估。例如,最高人民法院《关于审理环境侵权责任纠纷案件适用法律若干问题的解释》(2020 修正)第 8 条规定,"对查明环境污染案件事实的专门性问题",除委托法定机构出具鉴定意见外,也可"由负有环境资源保护监督管理职责的部门推荐的机构出具的检验报告、检测报告、评估报告或者监测数据"。[①] 而且,我国三大诉讼均已引入所谓的专家辅助人(如后所述)制度[②],承认"有专门知识的人"发表的专业意见"经当事人质证"可以作为认定案件事实的根据[③]。(3)考虑到环境损害鉴定评估工作本身内容复杂多样、具备相应司法鉴定资质的专业机构和专业人员数量少且鉴定评估费用高昂等现实制约[④],可以预见,在环境损害鉴定评估领域,司法鉴定之外的各种专业意见未来仍将继续存在并发挥重要作用。

二、环境损害鉴定评估之司法运用:当法律遇上科技

就诉讼的动态过程而言,法院对证据的审查判断,可以区分两个不同步骤或环节,即"采纳(为证据)"与"采信(为定案证据)"[⑤]或"法庭准入资格审查"与"定案证据资格审查"[⑥];如果借用(德意等国证据法上)证据资格与证明力的区分,也就是指,法院应当先进行证据资格或证据能力的审

---

① 类似规定还有:最高人民法院、最高人民检察院《关于办理环境污染刑事案件适用法律若干问题的解释》(2016 年)第 14 条;最高人民法院《关于审理生态环境损害赔偿案件的若干规定(试行)》(2020 修正)第 9 条。
② 《民事诉讼法》第 79 条、《刑事诉讼法》第 192 条、《最高人民法院关于行政诉讼证据若干问题的规定》第 48 条。
③ 最高人民法院《关于审理环境侵权责任纠纷案件适用法律若干问题的解释》第 9 条。
④ 王旭光:《环境损害司法鉴定中的问题与司法对策》,载《中国司法鉴定》2016 年第 1 期。
⑤ 何家弘:《证据的采纳和采信——从两个"证据规定"的语言问题说起》,载《法学研究》2011 年第 3 期。
⑥ 陈瑞华:《刑事证据法》(第三版),北京大学出版社 2018 年版,第 126—127 页。

查判断,将不具备法律上资格的证据材料排除掉以缩小庭审范围,加快诉讼进程;然后再审查判断(具备资格的)证据之证明力大小。① 但是,从我国司法实践来看,这种区分并非显著。就纳入本次研究范围的36个案件来看,裁判文书中涉及证据审查判断的相关表述各不相同,除了予以/不予"采纳"或"采信"之外,还有予以/不予"确认",也有表述为可/不可作"认定事实的根据"或"裁判的依据",或能够/不能作为"有效证据"或"定案根据"等。鉴于此,本章选择超越裁判文书表面措辞而进入裁判的实质内容,直接考察法院最终裁判实质上是肯定并采用还是否定并拒绝了案涉环境损害鉴定评估专业意见,法院的这种实质决定又是基于何种理由。结果发现:纳入此次研究的36个案件中,有25个在终审时肯定并全面采用了案涉专业意见;在其余11个案件中,有5例基本采用了专业意见但作了局部调整,剩下的6例则属于在专业意见存在对立分歧的情况下法官(不得不)作出决断的情形。

表 7.1 专业意见实质运用一览表

全面采用	非全面采用		合计
	局部调整	裁决分歧	
25	5	6	36

(自制表)

(一) 肯定并全面采用的理由

通过研读肯定并全面采用案涉专业意见的25个案件之裁判文书,梳理归纳相关说理,发现被提到次数最多的采用理由可归结为如下几个方面。

(1) 主体的专业资格。这是在25个案件中被提到次数最多的理由。共有16个案件在解释为何采用案涉专业意见时提到了意见提供机构或/和个人的专业资格。考虑到鉴定资质的行政登记是对特定主体专业能力的官方确认,实践中法院常采取核验相关资格证书的方法来确认相关主体的专业资格。但是,当专业意见提供主体并不具备经登记的专业资质

---

① 江伟主编、傅郁林副主编:《民事诉讼法学》(第二版),北京大学出版社2014年版,第181页。

证书时,要确定评估主体的专业能力就不得不另辟蹊径了。如在谢知锦案①中,裁判指出:当事人"虽未能提供评估人的个人评估资格证书,但参与评估的主要人员具有生态学教授职称、生态学博士学位"因此有能力就案涉"生态环境修复费用和生态服务功能损失的专业问题"提供专业意见。

(2)程序合乎规范。 25个案件中共有14个提及此理由。从这14个案例来看,鉴定评估本身的委托和作出程序合乎规范被提到6次,案涉评估依据的材料"经法庭质证"或评估意见"经法庭质证"无异议或异议不成立被提到13次。后者明显次数更多,反映出对法庭质证的特别重视。值得注意的是,程序合规范理由在这14个案例中从未单独出现,裁判文书在说理时通常将这一理由与主体资格等理由并用。如在指导案例132号的裁判文书②中,将主体资格与经合法委托及经质证一并列出:"该鉴定评估中心系法院委托,评估鉴定中心具有法定资质,评估依据均已经双方当事人的质证,故对该报告以虚拟治理成本法计算的损害数额予以确认。"

(3)内容的科学性。 25个案例中有10个案例在肯定案涉专业意见时论及其内容的科学性。以说理详细程度区分,这些案例又可归入两类。一类可称为概略表述类,即在裁判文书中的相关表述是总括式的。如阳钦民案③,在裁判文书中概括性地宣称鉴定评估"方法与结果准确",却并不深入鉴定评估实质内容或对相关专业技术性内容只是一带而过。这类共有3个案例。另一类可称为具体阐明类,即从裁判文书中可以看出法官对专业意见的审查已深入到专业技术性内容。如邓某案④,法院在宣称案涉环境损害评估专家咨询意见"内容客观科学"之前,针对"事发地的污染情况已经消除"故无须赔偿的异议,作了具体解释和说明:"本案的污染事故属于重金属污染,虽然涉案含铅废水已经随水流流向他处,但对于整个北江河道水源来说,涉案废水中的重金属经过沉积作用后仍然存在,并经水流作用扩散到当地的整个水资源生态系统中,对当地的生态环境已经造成了不可逆转的污染和破坏。"有7个案例可归入此类。

---

① 《谢知锦等与北京市朝阳区自然之友环境研究所环境侵权责任纠纷上诉案——破坏生态环境民事公益诉讼的侵权责任承担》,载《人民司法》2017年第35期。
② "中国生物多样性保护与绿色发展基金会与秦皇岛方圆包装玻璃有限公司大气污染责任民事公益诉讼案",河北省高级人民法院(2018)冀民终758号民事判决书。
③ 《阳钦民污染环境案》,载《人民司法》2018年第11期。
④ "广东省韶关市人民检察院与郑辉雄、邓仁加环境污染责任纠纷案",广东省清远市中级人民法院(2016)粤18民初32号民事判决书。

(4) 其他。也有一些案件的裁判中提到案涉专业意见与其他证据一致或得到其他证据支持(如正鹏公司案①)。这是对我国证据审查判断之传统方法"印证"②的运用。因这种方法普遍适用于所有证据种类,而裁判文书中相关说理也并未涉及专业意见作为科学证据的特殊性,故在此未单独列出。还有一些案件的裁判采用专业意见相关表述过于抽象,无法分辨究竟基于何种具体考量。如称案涉专业意见"具有证据的真实性、合法性和关联性,能够证明……违法排污造成的经济损失的事实"(汇威案③)或"符合证据'三性',能客观反映本案事实,本院予以采信"(望谟案④)。这当然不能说错,因为按诉讼法学界通说,证据审查判断的基本内容即是证据三性;只是此"三性"同样是普遍适用于所有种类证据审查的一般标准,而上述两案的裁判说理并未展示此一般标准是如何应用于特定个案情形的,更未涉及案涉环境损害鉴定评估意见作为科学证据的特殊性,故在此从略。

(二) 否定并拒绝的理由

研读全面或部分否弃案涉环境损害鉴定评估意见的 11 个案件,梳理归纳裁判文书中的相关说理,整理结果如下。

1. 局部调整的理由:裁量权行使

在 11 个案例中有 5 个,终审法院基本采纳了以环境损害评估鉴定为内容的专业意见,但有局部调整。这 5 个案例裁判中的局部调整均为对损害赔偿具体数额的调整,而并不涉及专业意见中对污染物的定性、生态破坏和环境污染活动之存在、当事人的实际损失及行为人污染活动与损害结果之间因果关系认定等内容。考察这些数额调整的具体情况,发现均涉及裁量权的行使。从裁量权的依据来看,可分为两类。

一是司法解释相关规定明确赋予法院确定损害赔偿数额的裁量权。典型的如最高人民法院《关于审理环境民事公益诉讼案件适用法律若干

---

① 2019 年度人民法院环境资源环境公益诉讼及生态环境损害赔偿典型案例之十:江西省九江市人民政府诉江西正鹏环保科技有限公司、杭州连新建材有限公司、李德等 7 人生态环境损害赔偿责任案。
② 可参见李建明:《刑事证据相互印证的合理性与合理限度》,载《法学研究》2005 年第 6 期。
③ "广西贺州市汇威综合选矿厂与贺州市环境保护局、贺州市政府环境保护行政管理、其他案",广西壮族自治区贺州市中级人民法院(2015)贺行初字第 27 号行政判决书。
④ "望谟县环境保护局环境保护行政管理(环保)案",贵州省普安县人民法院(2017)黔 2323 行初 2 号行政判决书。

问题的解释》(以下简称《环境公益诉讼解释》,2020 修正)第 23 条规定,"生态环境修复费用难以确定或者确定具体数额所需鉴定费用明显过高的",法院可以结合污染相关因素,参考专家意见,"予以合理确定"。中安公司案①中,法院即依据此条,宣称"本院综合此次环境侵权事件中污染环境、破坏生态的范围和程度、生态环境恢复的难易程度、侵权主体过错程度等因素,并参考华南研究所的专家意见,酌情认定本次环境侵权造成的生态环境损害量化数额为 22601250 元"(生态环境损害 6457.5 万元×35%)。此量化数额与其委托机构出具的专业意见中的计算结果(8610 万元)相差甚大,但裁判文书中除了对法条明文规定的重复外并无更多解释,仅从此说理来看,无从评断裁判对赔偿数额的最终确定是否裁量"合理"。

二是相关实体法或技术标准中规定生态损害赔偿计算方法时为系数选取留下了选择空间。如指导案例 131 号的裁判文书②称,按照相关技术标准(《环境损害鉴定评估推荐方法(第Ⅱ版)》)的规定,"环境空气二类区生态损害数额为虚拟治理成本的 3—5 倍,本院认定按虚拟治理成本的 4 倍计算生态损害数额",从表述上看根本没有提及选定倍数"4"的理由。而该案原告中华环保联合会委托原环境保护部环境规划院出具的评估意见中的取值是 5 而不是 4,对此,裁判也并未说明为何要选取与有资质的专业机构意见不同的计算系数。作为少见的例外,王小朋案③相关说理较为详细。在该案中,生态资源损失计算按案发当时适用的相关规定(《江苏省渔业管理条例》第 38 条)所允许的系数为 0.5—3,而该案的裁判文书比较具体地解释了选择 2.5 的两点具体考虑④:一是"案涉非法捕捞鳗鱼苗方式的破坏性";二是"案涉非法捕捞鳗鱼苗时间的敏感性和地点的特殊性"。

2. 专业意见冲突时的裁断:科学法庭?

11 个并未全面采用专业评估意见的案例中,除去局部调整 5 例,余下 6 例均涉及专业意见之间的冲突,即同一案件中出现数份以各种形式

---

① "中华环保联合会诉宜春市中安实业有限公司等水污染民事公益诉讼案",江西省高级人民法院(2018)赣民终 189 号民事判决书。
② "中华环保联合会诉德州晶华集团振华有限公司大气环境污染责任纠纷公益诉讼案",山东省德州地区(市)中级人民法院(2015)德中环公民初字第 1 号民事判决书。
③ 《泰州市检察院诉王小朋等 59 人非法捕捞、收购长江鳗鱼苗生态破坏民事公益诉讼案》,载《江苏省高级人民法院公报》2020 年第 1 辑。
④ 但是,此案裁判仍未正面说明案涉专家意见的不同取值即 3 有何不妥或为何需要调整。

提出的专业意见,而它们彼此冲突。在这种情况下,法院遵从任一种专业意见,均意味着否定了与之对立的其他专业意见。面对这种状况,法院的最终裁断结果可分为居间调和与择一而从之两种。

一般而言,居间调和是比择一而从之更难证立的决定,因为理论上需要仔细分辨每一方意见中合理和不合理的成分。只有1例(鸿顺公司案①)裁判采取了这种立场。该案中,当事双方的专家对于造成污染的排污量计算并无分歧,只对生态环境损害计算系数的取值有分歧。对此分歧,法官的裁决是:"计算倍数的确定,双方申请出庭的技术专家意见并不存在较大差距……本院认为综合考虑本次污染行为的污染物成分、被破坏的生态环境状况等因素,可以取双方申请的技术专家意见关于倍数取值的平均值,即2.035倍作为本次生态环境损害数额的倍数取值。"这一裁判涉及具体赔偿数额调整,和前述裁量权行使的裁判类似,说理相当概略,处理结果也颇有"和稀泥"之嫌。

在大多数案件中,法官在裁判时选择在对立的专业意见中择一而从之。这些案例涉及的专业意见的对立,只有1例(盘古公司案②)涉及多份鉴定意见之间的不一致,其余均为鉴定意见与其他形式的专业意见存在冲突。权威机构出具的鉴定意见或评估报告和专家证言不一致的,法院有时采用鉴定意见,有时采用专家意见。前者如在胜科公司案③中,针对南京环境科学研究所出具的《司法鉴定意见书》,胜科公司提交了多位教授博导联合署名的《污染环境案专家意见》和江苏环保产业技术研究院股份公司出具的《分析评估意见》;法院最终以鉴定主体具备资质、生态环境损害计算方法符合相关规定为由,采纳了鉴定意见。后者如王升杰案④中,针对原告提交的市环境保护科学研究所出具的《评估报告》,法院邀请出庭的专家发表了不同意见,而"原被告均认为出庭专家证人对污染

---

① "徐州市检察院诉徐州市鸿顺造纸有限公司环境民事公益诉讼案",江苏省高级人民法院(2016)苏民终1357号民事判决书。
② "太仓市林源电线电缆有限公司与苏州盘古金属制品有限公司大气污染责任纠纷上诉案",江苏省苏州市中级人民法院(2016)苏05民终字4077号民事判决书。
③ 2019年度法院环境资源环境公益诉讼及生态环境损害赔偿典型案例之五:江苏省南京市鼓楼区人民检察院诉南京胜科水务有限公司、ZHENG QIAOGENG(郑巧庚)等12人污染环境刑事附带民事公益诉讼案。
④ 《连云港市赣榆区环境保护协会诉王升杰环境污染损害赔偿公益诉讼案》,载《最高人民法院公报》2016年第8期。

处理修复费用的意见更为科学合理",由此法院采用了出庭专家的评估意见。

值得特别注意的是,作为最高人民法院"环境资源刑事、民事、行政十大典型案例"之一的倪某案①。在该案中,原告委托原农业部淡水渔业环境监督监测站论证,结论为某公司的风力发电机叶轮转动投影及噪声扰乱改变了其养殖中华鳖所需的安静生活环境,经评估其损失总计1637966元。但是,一审法院委托原农业部渔业生态监测中心进行现场试验鉴定,报告结论为:试验现场的噪声、电磁辐射以及转动的阴影,不会对中华鳖的存活和生长造成影响。两份权威机构出具的专业意见相冲突,一审裁判采纳了试验鉴定意见,再审裁判却明确否定了它,主要理由是:本案涉及新的环境污染,依据原农业部渔业局资源环保处出具的证明材料,虽然渔业生态监测中心具有"渔业污染事故"鉴定资质,但并不具有"涉及本案环境污染因素"的鉴定资质。再审法院的这种做法,直面"有资质证者未必有能力,无资质证者未必无能力"的实际情况,打破了长期以来对鉴定评估主体资格审查只停留于相应资质证书有无核对的形式审查进路,真正深入到了个案具体案情所决定的、对环境损害鉴定评估专业能力的实质要求。考虑到环境损害鉴定评估广泛涉及水气土等不同环境媒介、海洋森林草原湿地等不同生态系统、农林渔牧业等不同行业不同领域的环境污染和生态破坏,实施相应评估应用的科学原理和技术要求各不相同,专业机构和人员通常不能跨领域开展评估鉴定工作。法院在审查鉴定评估主体资格时超越对资质证书的形式审查而深入对案涉环境损害所需专业能力的实质考察,具有合理性。但是,由于专业知识门槛的存在,这一进路实际上对法官提出了很高的要求。学理上正面回应这一难题的,正是下文所述之遵从模式与教育模式之争。

三、科学证据之法理反思:在遵从与教育之间

一方面,我国三大诉讼法均规定了,证据须经法庭"查证属实,才能作为定案的根据"②,"全面、客观地审查核实证据"③是司法机关无可逃避的

---

① 最高人民法院2017年发布环境资源刑事、民事、行政十大典型案例之五:倪旭龙诉丹东海洋红风力发电有限责任公司环境污染侵权纠纷案。
② 《刑事诉讼法》第50条,《民事诉讼法》第63条,《行政诉讼法》第33条。
③ 《民事诉讼法》第64条,《行政诉讼法》第43条。

法定职责。另一方面,作为一种科学证据,环境损害鉴定评估涉及超出一般人生活常识的科学原理和技术手段的应用,由此,法官通常无法像处理其他证据一样"运用逻辑推理和日常生活经验法则"[①]即可完成审查判断的法定职能。质言之,法官不是科学家,因此科学证据——或更确切地说,证据中的科技成分——已经超出了法官的通常知识范围。对此科技内容,普通法官和外行公众一样,不越过一定的知识门槛就无法理解,遑论对之作出有效的审查和评断了。这一难题,实际上是在既定法律框架下,如何对待以科学技术为典型代表的专业知识的问题。对此,学理上一般认为[②],法官可能采取两种不同的处理模式,即所谓的遵从模式和教育模式。

(一) 遵从模式与教育模式的两难

遵从模式指裁判者在自己并不"理解"科学证据的情况下采用专业机构或人员的意见。这种模式的实质是,裁判者找到有专业能力的专家并信任其判断。这时,法官也并非完全放弃对专业意见的审查,只是审查方式停留于不涉及科技专业技术知识理解和运用的形式审查。如,对环境损害评估意见审查,只及于主体适格和程序合规的形式审查。虽然可以合理地推断,无论是专业资质证书的颁发还是相关程序规范的设计,均应体现或符合环境损害评估的科学规律和要求,就此而言,对专业意见审查时考查主体是否具有资格证书和是否符合相关程序规范,确有必要。问题是,完善和纯粹的程序正义是罕见的,现实中常见的是不完善的程序正义[③],即主体适格、程序合规本身并不能确保实体结果的正确。鉴定评估主体不具资质证书或鉴定过程不符合相关程序规范的,专业意见内容和结论固然极可能出错;但有资质证书的主体以符合程序规范方式出具的专业意见,内容也不一定就是正确无误的。由于在现代诉讼场景中,专业意见往往是认定案件事实的关键,对专业意见只作形式审查不作实质审查,实际上相当于将事实认定的准确性系于特定专家/专业机构是否真可信靠。也正是在这个意义上,美国证据法学者艾伦认为[④],当法官对专家

[①] 《民事诉讼法》解释第 105 条;《刑事诉讼证据规定》第 54 条。
[②] Ronald J. Allen & Joseph S. Miller, "The Common Law Theory of Experts: Deference or Education", 87 *Northwestern University Law Review* 1131 (1993).
[③] 〔美〕罗尔斯:《正义论》,何怀宏等译,中国社会科学出版社 1988 年版,第 80—83 页。
[④] 〔美〕艾伦:《专家证言的概念性挑战》,汪诸豪译,载《证据科学》2014 年第 1 期。

证言的遵从并非出于对专业意见内容的"理解或赞同"时,就意味着"将事实认定的决定权移交给了他人"。

教育模式则被认为是司法活动的常规模式,即在一般情况下,裁判者通常要求证人以可理解的方式提供证言,以使裁判者能够根据自己的理解作出事实认定。教育模式下,专家证人和其他证人一样,都是事实认定所需相关信息之提供者,区别只在于专家证人提供的信息包含了科技专业性内容。教育模式的支持者认为裁判者只有基于自己的理解作出事实认定才是符合"理性"的:假如裁判者根据自己都不理解的信息作出事实认定,这就不是"理性"而是"迷信"了。教育模式的实质是要求法官在诉讼过程中学习掌握科学证据所包含的科技专业性内容,由此能够基于自己对科学证据的理解、考量而形成对案件事实的判断。此模式的主要问题是,在现代分工社会,要求法官学习诉讼可能涉及的各种科学技术专业知识,是否真的现实可行?毕竟法官的专长是法律,超出法律之外的诸多专业知识领域,法官和外行民众无异。要想理解和掌握诉讼涉及的各种科技知识,需要付出大量的时间、精力和努力,而司法审判活动却是有审结时限要求的。

美国法庭对待科学证据的历史经验(或说教训)较为充分地揭示了遵从模式的问题及从遵从模式转向教育模式的困难所在。长期以来,美国法庭上的相关实践被研究者认为是"遵从"模式,突出体现在所谓的 Frye 标准[1]:专家证言所依赖的科学技术应当"在其所属领域被普遍接受"。这一标准事实上将科学证据审查判断权拱手让给了"科学共同体"。[2] 1993 年的多伯特案[3]则突出强调了法官应对科学证据履行"守门人"(gatekeeper)之责,即法官应当实质性地考查专家证言的科学基础,确保只有相关且可靠的科学证据才被采纳。这被认为标志着美国法院对科学证据由迷信转向"怀疑"(skepticism)[4]、由遵从模式转向教育模式。但是,之后美国科学院发布报告[5]指出,在实践中法庭仍然"继续依赖法庭

---

[1] Frye v. United States 293 F. (1923), at 1014.
[2] 李学军、朱梦妮:《意见证据制度研究》,中国人民大学出版社 2018 年版,第 66 页。
[3] Daubert v. Merrell Dow Pharmaceuticals, Inc 509 U. S. 579 (1993).
[4] Jonathan J Koehler & Michael J Saks, "The Coming Paradigm Shift in Forensic Science", 309 *Science* 892(2005).
[5] National Research Council, *Strengthening Forensic Science in the United States:A Path Forward*, National Academies Press,2009, p.85.

科学证据而没有充分认识和处理不同法庭科学学科的局限性",法官对那些缺乏科学基础、不具可靠性或可靠性存疑的所谓"垃圾科学"并未尽到"守门人"职责。究其原因,一个难以回避的因素应当是:教育模式内含的、事实认定者须通过学习理解各类专业知识的要求在实践中是难以做到的。对此,一个著名的例证是,大法官伦奎斯特(Rehnquist)在异议意见①中对多伯特案判决将"可证伪性"(falsifiability)、"错误率"(error rate)等列为专家证言可采性的考虑因素表达了担忧,他坦承自己就不懂"可证伪性"是什么意思。一项对400位美国州法官的调研②也支持了大法官的担忧:尽管接受调研的法官们多数认同科学证据"守门人"角色,但理解可证伪性科学含义的,只有6%;理解错误率的,只有4%。

这就是科学证据在法理上的两难困境:一方面,仅仅对科学证据实施形式审的遵从模式很可能带来盲从迷信,有必要对科学证据进行实质审;另一方面,支持实质审的教育模式所主张的,事实认定者对科学证据应像对一般证言一样作出基于自己理解的评断,又因要求过高而难以实行。讨论至此,似乎已经进入死胡同。

(二) 实践经验中可能的出路

学说理论要求界分明晰、逻辑严密,但现实经验却往往是混沌的连续体,在清晰的核心之外总有模糊的边缘地带;相应地,理论上看起来无路可走的困境,现实中未必不能"对付过去"。观察我国相关实践经验,特别是更仔细地深入具体案例,可以发现上述似乎并无出路的主流学说可能存在的偏差疏误。

1. 现象观察:遵从模式与教育模式并存

从法院裁判运用专业意见的结论来看,全面采用案涉环境损害鉴定评估意见的案件加上局部调整后基本采用的案件,占到研究范围内全部案件的83%,印证了既有研究中有关我国法官在环境诉讼中高度依赖科学证据的发现。但与此同时,在其余占比27%的案件中法官事实上进行了独立于专业意见的评价和判断,——如果考虑到局部调整也是基于法

---

① Daubert v. Merrell Dow Pharmaceuticals, Inc 509 U. S. 579 (1993) at 600.
② SI Gatowski et al. , "Asking the gatekeepers: A national survey of judges on judging expert evidence in a post-Daubert world", 25 *Law and Human Behavior* 433(2001).

官的独立评判,占比则达到31%,——而且,在最终裁判中被否定的,不只包括了以专家咨询报告或分析报告形式出现的专业意见,还包括了具有法定资质的鉴定机构出具的司法鉴定意见(如前述倪某案);这又在一定程度上突破了我国法官"过分"信赖科学证据[①]的流行印象。

从相关说理来看,在法院肯定并全面采用案涉专业意见的案件中,裁判文书多数仅根据专业意见提供主体具备专业资质和专业意见作出合乎程序规范,即得出了采纳/采信的决定。典型的如鼎美案[②]中,"法院认为,江苏龙环环境科技有限公司具有相应的评估资质,且评估程序合法,评估内容应当予以采信"。如前所述,只考虑主体是否具备专业资格、专业意见的作成和提交是否符合既定程序要求,可以并不以法官理解和掌握特定科技领域里的专门知识为前提,属于遵从模式的典型做法。

但是,在另一些案件中,法官却深入案涉专业意见的科技专业性内容。这些案件,包括一些裁判最终全面采用案涉专业意见的案件,也包括一些最终(部分)否定了案涉专业意见的案件。深入案涉专业意见的科技专业性内容并作出相应裁断,这本身以法官学习了解具体领域里的专业知识为前提,应当归入教育模式。典型的如全国首例检察环境公益诉讼案许建惠案[③]中,被告对排污量、污染环境的后果及因果关系提出了全面质疑,而法院裁判中也将"如何认定两被告污染物及排放量""两被告污染行为造成环境损害后果的范围是否包括土壤、地下水与周边环境""被告的污染行为与环境损害后果之间有无因果关系"均列为争点并逐一展开讨论。对这些争点展开讨论并基于相对详细的讨论作出认定,不可避免地涉及外行法律人非经一定的学习就无法了解的科技专业性知识。典型的如,对被告所洗废桶里含有危险废物(如对苯二甲酸和间苯二甲酸聚酯)的认定、现场地下水取样检测结果的解读(如地下水超标因子属污染物且该污染物与洗桶行业的特征污染物相吻合)等。

综合两方面的情况,可以说,如果以教育模式和遵从模式为坐标来衡

[①] 可参见刘建华:《让科学证据走下神坛》,载《中国司法鉴定》2011年第5期;杨建国:《论科学证据可靠性的审查认定——基于判决书中鉴定结论审查认定的实证研究与似真推理分析》,载《中国刑事法杂志》2012年第1期。

[②] "常州市鼎美装饰材料有限公司、李训斌等污染环境刑事附带民事公益诉讼案",江苏省常州市中级人民法院(2019)苏04刑终60号刑事裁定书。

[③] 2015年度检察机关十大法律监督案例之九:江苏省常州市人民检察院诉许建惠等环境公益诉讼纠纷案(江苏省常州市中级人民法院(2015)常环公民初字第1号民事判决书)。

量,我国司法实践,整体上是一种混杂并存的状态。也就是说,教育模式和遵从模式,虽然如前所述在理论逻辑上是相互对立不可兼容的,但在实践中却完全可以呈现出并存状态。推敲这一观察结果的可能意涵,值得反思的是,正确的提问,也许并不是我们从整体上应当选择遵从模式放弃教育模式还是选择教育模式放弃遵从模式,而是在何种范围/程度上遵从模式是适当的、在何种范围/程度上教育模式又是适当的。带着这样的反思,更切近地观察实际案例,可有更多发现。

2. 划定范围:并非在所有情形法官均需实质进入科技专业性内容

第一,环境损害鉴定评估为代表的专业意见并非免费,其制作、获取和运用均需相关主体付出大量的时间精力,因此,从成本效益的角度,如非必要,不应求助于专业意见。这主要是指当法官凭借自身知识经验和技能能够作出决定的,则不必也不应舍近求远。① 例如,前述赋予法院裁量权的《环境公益诉讼解释》第23条提到的众多考虑因素中,"污染环境、破坏生态的范围和程度""生态环境的稀缺性""生态环境恢复的难易程度"等,可能需要依赖环境科学家的专业意见;但是,侵害人的"过错程度"则落在法官比科学家更擅长的领域之内了,应属法官不假外求的问题。这里涉及的,是法官在进入任何专业意见的具体内容之前应当先行解决的前提问题,即法官为了有效解决当前案件,是否需要求助于专业机构/人员的意见。假如对此先决问题的回答是不需要,则专业意见的实质内容是否可信/可靠就是不相干的问题了。

第二,同样站在法官立场上,着眼于如何有效完成裁判任务来考量介入科技专业性内容的现实需要,还可以发现,当仅仅对专业意见进行形式审查即可得出明确否定结论时,亦无需再进一步深入其实质内容。仔细考察前述专业意见被否定和拒绝的案例,即可发现,在审查判断案涉专业意见时,如果可以确定意见提供主体不具备相应专业资格(如依法应具法定资质却不具备或实质上根本不具备所需专业技术能力)或鉴定程序严重违法(如检材受污染或鉴定操作严重违反相关技术规范),依法即足以排除此专业意见,并无必要进一步深入该意见的科技专业性内容。

---

① 有学者将此问题放在证据"相关性"项下讨论,如何家弘、刘晓丹:《论科学证据的采纳与采信》,载《中国司法鉴定》2002年第1期。但是,专业意见的必要性与通常所谓证据的相关性并不完全吻合,具有相关性的专业意见仍可能因获取成本过高而并不必要。

第三,同样着眼于裁判者的制度角色和进入科技专业性内容的必要性,更一般而言,当专业意见的科技专业性内容未成为案件争点时,裁判者通常也无须介入。因为从诉讼制度的基本功能来看,法官区别于立法者和行政主体的制度角色就是解决纠纷;在当事人对案涉科技专业性内容并无争议时,就意味着此内容并无纠纷,法官何需介入? 如前所述,在裁判肯定并采用案涉专业意见的案件中,同样涉及专业意见内容科学性的说理,出现了概略表述和具体阐明的不同;一个可能的解释就是,在前一类3个案件中,鉴定评估意见中的专业技术问题并未成为当事人之间的争点。而在另外7个案例中,诉讼当事人对鉴定评估的专业技术性内容提出了具体的质疑。换句话说,只要当事人之间的争议限于专业意见提供主体是否具有资格和相关程序是否合规,而对意见内容本身并无异议,则法官对专业意见只作形式审查而不深入专业意见的实质内容,是可理解的。

需要补充说明的是,专业意见中的科技专业性内容未成为争点,包括两种情况,一种是当事人对专业意见的科学技术性内容无异议或未提出质疑;另一种是当事人提出了质疑但未就质疑提供至少是表面合理的(plausible)根据。前种情形易于理解。后种情形的处理涉及具体证明责任问题。在本研究范围内,有不少案件的裁判明确提到了后种情形。典型的如134号指导案例的裁判文书[①]中,对于案涉鉴定评估报告,法院称:"经审查,鉴定评估机构在鉴定评估的受理、实施、鉴定评估结论的出具等方面,均不存在违法的情形,上诉人虽辩称鉴定评估机构对洼地土壤的取样不科学,但未能举证证明,本院不予采信。"这里的逻辑是,当案涉专业意见通过法院的初步审查,法官即已经形成初步心证,要推翻此初步心证,需要对鉴定意见有异议的当事人负责提出证据。此时,有异议当事人承担的是与法官对证据的评价密不可分的、具体的提出证据责任,而不是通常由实体法规定的主观证明责任和在事实真伪不明时承担败诉风险的客观证明责任[②]。当异议当事人无法完成此具体的提出证明责任时,法官通常不必进一步深入专业意见的科技专业性内容。当然,这一"通

---

① "恩施自治州建始磺厂坪矿业有限责任公司与重庆市绿色志愿者联合会环境污染公益诉讼纠纷上诉案",重庆市第二中级人民法院(2016)渝02民终772号民事判决书。

② 证明责任中的客观与主观的证明责任、抽象与具体的证明责任,可参见〔德〕汉斯·普维庭:《现代证明责任问题》,吴越译,法律出版社2006年版,第10—15页。

常"是允许例外的,典型的如,异议者提出相关证据确有困难①、需要"摸索证明"②或法官依法应当依职权予以调查的情况。

3. 突破流行观点:当需要实质进入科技专业性内容时,法官也无须成为科学家

专业意见的科技专业性内容成为争点,可能表现为当事人对之提出了有根据的质疑,也可能表现为案件中多份专业意见彼此冲突。这时,法官只要想正面回应而不是回避③这种已经被提出来的争议,就无法避免要进入专业意见的科技专业性内容。那么,这是否意味着在这种情况下,法官就一定要落入教育模式?本项研究给出的答案是:是,也不是。

一方面,对这类科技专业性争点作出谁是谁非的裁断,特别是前述在专业意见冲突时作出"择一而从之"的决定,本身就需要法官能在一定程度上理解争议各方究竟在说什么。在这个意义上,法官的确靠近了前述流行观点中描述的"教育模式"。实际上,当两份(以及更多)专业意见之实质内容及结论相冲突时,只要这些专业意见均由具备专业资格的主体以符合程序规范的方式提供,法官在事实上就不可能采取通过形式审确认专业意见可靠性并信任之的遵从模式来解决纠纷。

另一方面,深入考察实践,可以发现,此时法官所作所为并不完全符合前述流行观点中的"教育模式"。在法官因科技专业性内容成为争点而不得不在采用案涉专业意见时详细说明理由的5个案例和法官在专业意见彼此冲突的情形下不得不作出决断的6个案例中,法官的相关说理大多针对专业意见的理由论证,特别是针对具体疑点争点的说明和解释。法官此时的角色,类似于专业期刊编辑:编辑当然需要具备一定程度的专业知识,才能判断投稿是否达到了发表水平;但其对相关专业知识之了解和掌握,只需达到足以作出所需判断的程度即可,无须达到能写出研究论文的程度。在类似意义上,为了对诉讼中涉科技内容的争议作出裁断,法官也并不需要成为有能力写出专业意见的科技专家,而只需要有能力评

---

① 例如,在刑事诉讼中,控方拥有自己的鉴定部门、被告却无权委托鉴定的情况下,被告就很难对鉴定意见提出有效质疑。

② 胡学军:《从"抽象证明责任"到"具体举证责任"——德、日民事证据法研究的实践转向及其对我国的启示》,载《法学家》2012年第2期。

③ 对裁判文书的研究表明,实践中的确有法官在不说明理由的情况下对一些科技专业性争议回避不予处理。Jin Zining, "Environmental Impact Assessment Law in China's Courts: A Study of 107 Judicial Decisions", 55 *Environmental Impact Assessment Review* 35 (2015).

价已经提交到法庭的相关专业意见即可。相比流行观点中教育模式对法官的角色期待,这种定位对法官学习科技知识的要求显然大大降低了。这种模式,不妨称之为"适度"教育模式。

而且,在诉讼过程中,当事人会相互辩驳,这促使专业意见提供者积极主动或应要求澄清相关疑点争点,由此会帮助法官进入原本不熟悉的专业知识领域。例如,在127号指导案例的裁判文书[①]中,案涉鉴定意见确定污染事实时运用了卫星遥感技术形成的图像。被告申请出庭的专家对这种技术方法提出质疑。这是典型的科技专业性问题,属于科技外行(包括法官)理解起来有困难的争点或说疑点。从裁判文书中我们可以看到,一审法院就误解了卫星图像的证明意义,认定《鉴定意见》所依据的卫星图像不能证明何时发生污染。但原告在上诉书中对此作出了解释,即《鉴定意见》中卫星图像所欲证明的,并不是污染"何时"发生,而是"污染海水源地"为某公司和"提供给鉴定人的全部养殖区均处于污染海水范围内"。同时,针对专家质疑,二审中鉴定人提供了《分析报告》,详细说明了卫星图像提取、解译及推论过程。而被告方专家又针对此《分析报告》提出了《质疑报告》,以数据方法"存在很高误检率"等理由继续质疑。这些争议涉及大量科技专业性内容,明显超出了外行法官通常具有的知识范围。但二审法官并未对此争点不作裁断,也并未为了作出裁断而跟从专家之间的争论将法庭质证变成科技研讨,而是综合评估双方提出的、相互辩驳的专业意见,最终裁决"《鉴定意见》选用卫星遥感监测技术,采取多种解译方法对卫星图像进行判读,根据普通海水与污染海水之间的灰度差值分析污染是否发生,进而确定污染海水位置以及漂移动态等信息,已多次运用于海洋环境监测研究,得到了相关部门的认可,具有科学性"。——可以看出,运用此裁判理由本身需要法官学习一定的案涉专业知识,但并不需要法官成为专家证人的科学同行。

综上所述,从证据审查判断的动态过程来看,遵从模式和这种适度教育模式,实际上存在先后递进的关系。如图7.1所示。

---

① "吕金奎等与山海关船舶重工有限责任公司海上污染损害赔偿纠纷上诉案",天津市高级人民法院(2014)津高民四终字第22号民事判决书。

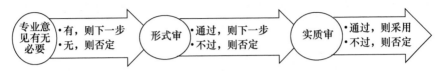

图 7.1　专业意见审查判断流程图（自制）

（三）可能的解释

上述发现不仅注意到了教育模式和遵从模式在实践中可以并存，还进一步指出了它们是如何并存的。这些发现表明，教育与遵从之间的互不相容的特征似乎被流行学说夸大了。如何解释这些发现？

现代分工社会中，依赖专业机构/人士已经成为我们的日常生活经验；没有人能够不依赖他人的专业知识技能而在现代社会中生活。用吉登斯的话来说，"现代性制度的特性与抽象体系中的信任，特别是专家系统中的信任相关"；"没有人能够选择完全置身于包含在现代制度中的抽象体系之外"。① 在法庭上也不例外。以此来看，面对科学证据，法庭上的遵从模式具有突出的优点，即符合专业分工原理，让最有能力者去做自己最擅长的事。伴随此优点的更多好处是可以节约大量司法资源，提高解决纠纷的效率。而教育模式要求基于理解之决定，所欲实现的抽象"理性"类似于对客观真实的追求，在诉讼中更多是作为理想目标或价值理念而存在②；在种种现实条件的制约下，真正可及的往往只是有证据支持的"事实认定"和有合理理由支持的"有限理性"或"情境理性"③。这也就意味着，对专业系统和专业人士所提供专业知识的信赖，什么时候是适度的、什么时候是过分的，也取决于情境。

实际上，科学证据的遵从模式也并非完全不需要任何对科技知识的理解，因为得到信任而成为遵从对象的，应是真专家而非"江湖骗子"，是所谓的"好科学"（sound science）而非"垃圾科学"④。对科技知识没有任

---

① 〔英〕吉登斯：《现代性的后果》，田禾译，译林出版社 2000 年版，第 73 页。
② 我国学界的相关争论，可见樊崇义：《客观真实管见——兼论刑事诉讼证明标准》，载《中国法学》2000 年第 1 期；龙宗智：《"确定无疑"——我国刑事诉讼的证明标准》，载《法学》2001 年第 11 期；陈瑞华：《刑事证明标准中主客观要素的关系》，载《中国法学》2014 年第 3 期。
③ 金自宁：《风险决定的理性探求——PX 事件的启示》，载《当代法学》2014 年第 6 期。
④ P. W. Huber, "Junk Science in the Courtroom", 26 *Valparaiso University Law Review* 723 (1992).

何理解的话,很难想象法官如何能够识别出"真专家"和"好科学"。因此,就法官需要跨越专业门槛学习新知识的要求而言,遵从模式与适度教育模式只是程度的差别:其中,相对易于操作的遵从模式所要求的学习任务也较轻。

聚焦于本章的研究主题,需要特别强调的是,我们不应脱离诉讼场景去抽象一般地讨论法律与科学的不同①甚至法律与科学的"文化冲突"②,司法实践中法官直接面对的,不是法律与科学(的关系),而是"法律中"的科学(之地位与作用)。也就是说,不能忘记服务于制度功能的诉讼架构是一种法律程序,法官在处理科学证据时处于诉讼结构之中、受到证据规则的约束和指引。归根结底,法官在具体案件中的职责始终是去裁断被提交到法庭的法律纠纷,而不是去解决只有科技专家才能解决的科技问题;"作为法律纠纷的裁断者,法官根本无须成为科学技术专家,而只要对相关科技知识有一定程度的了解,足以对相关争点作出裁断即可;即使面对科学证据,法官们也只需要对一个特定的证人所提供证据的可靠性和有效性作出裁决,而并不需要对可能涉及的科学问题本身作出裁决。"③由此出发,方可超脱遵从与教育的两难,更好地认识科学证据审查判断从遵从模式转向适度教育模式本身所具有的情境合理性。

四、回到实在法规范:从遵从走向适度教育

回到我国实在法,众所周知,我国三大诉讼的证据规范存在重要差异,如证据资格、证明标准、举证责任(客观证明责任)分配等相关规范均各不相同,相应地,"针对刑事诉讼、民事诉讼和行政诉讼等不同案件类型,而且立案、侦查、起诉、审判等不同诉讼阶段,环境资源类案件的证明责任不尽相同"④;但是,就本章关注的问题而言,即外行法官如何处理涉及科技专业知识应用之证据,则是三大诉讼均需面对的共同问题:无论何

---

① S. Haack, "Irreconcilable Differences? The Troubled Marriage of Science and Law", 72 *Law and Contemporary Problems* 1 (2009).
② L. Roberts, "Science in Court: A Culture Clash", 257 *Science* 732(1992).
③ 金自宁:《科技专业性行政行为的司法审查——基于环境影响评价审批诉讼的考察》,载《法商研究》2020年第3期。
④ 王灿发等:《中国环境损害司法鉴定的发展路径与管理探索》,载《环境保护》2017年第9期。

种类型的环境损害诉讼,"无论证明责任如何分配",环境损害鉴定都是"必不可少的支撑手段"。① 只是,检索相关条文,发现有关环境损害鉴定评估的前述重要法律文件均未对环境损害鉴定评估之审查判断作出具体规定。因此,司法实践中的相关依据只能来源于三大诉讼法中的一般证据审查判断规则,尤其是鉴定意见的审查判断规则。

仍然着眼于三大诉讼法的共同点,运用前面的研究发现,近距离观察我国证据审查判断相关立法规定,可以发现对科学证据从盲从到审慎,也即从遵从模式向适度教育模式转变的趋向——虽然以本章的研究发现来看,我国相关立法可能至少部分地受制于前述流行观点对教育模式错误的绝对化理解,这一转向相对迟缓,并不足以回应对"适度教育"的现实需要。

(一) 从鉴定"结论"到鉴定"意见"

专家/专业机构提供的、涉及科学技术知识应用的专业意见,作为科学证据,在我国三大诉讼实践中都长期存在。被 1979 年《刑事诉讼法》、1982 年《民事诉讼法(试行)》和 1989 年《行政诉讼法》纳入法定证据种类的"鉴定结论",是形式多种多样之专业意见的典型代表。2005 年全国人大常委会《鉴定管理决定》首次将之称为"鉴定意见"。此后 2012 年《刑事诉讼法》和《民事诉讼法》修订、2014 年《行政诉讼法》修订,均将"鉴定结论"改为"鉴定意见"。很多研究者②认为这一改动意义重大,表明立法者确认了鉴定主体提供的专业证言并非是一锤定音的"结论",而是有可能出现错误的一种"意见",凸显了法庭对之实施审查的义务;同时也有利于打破对鉴定的迷信,强调法庭有权基于自己的审查判断部分否定甚至全面否定它。以遵从模式与教育模式为坐标来衡量,这一变动标志着我国科学证据立法整体上从遵从模式向教育模式的位移。

(二) 质证要求

当专业意见受到当事人质疑和挑战时,专业意见制作者因最了解相

---

① 孙佑海:《环境损害司法鉴定:如何依法有序发展?》,载《环境保护》2016 年第 24 期。
② 例如,胡玉霞:《透析司法鉴定新〈决定〉》,载《安徽大学学报》2006 年第 1 期;陈瑞华:《鉴定意见的审查判断问题》,载《中国司法鉴定》2011 年第 5 期;樊崇义、吴光升:《鉴定意见的审查与运用规则》,载《中国刑事法杂志》2013 年第 5 期。

关信息而最适合出面作出说明和解释。如前所述,这种解释说明本身也可帮助外行法官去理解案涉专业技术性争点并在此基础上形成自己的判断。

对此,1979年《刑事诉讼法》和1982年《民事诉讼法(试行)》均已规定当事人经法庭许可,可以向鉴定人发问。只是鉴定人极少出庭导致这些规定实际无法实现。[①] 2005年《鉴定管理决定》(第11条)已明确,当事人对鉴定意见有异议的,鉴定人"应当"出庭作证。但是《民事诉讼法》是直至2012年修订,在将鉴定"结论"改为鉴定"意见"的同时,才明确了当事人对鉴定意见有异议或者法院认为有必要的情况下,鉴定人"应当"而不是"可以"出庭(第78条)。2012年《刑事诉讼法》(第187条)规定的则是,"公诉人、当事人或者辩护人、诉讼代理人对鉴定意见有异议,人民法院认为鉴定人有必要出庭的",鉴定人"应当"出庭作证。为保障鉴定人出庭,修订后的《民事诉讼法》和《刑事诉讼法》还均规定了鉴定人应当出庭经法院通知拒不出庭的法律后果,即"鉴定意见不得作为认定事实的根据"。[②]

考虑到面对科技专业性知识,参与法庭质证的当事人及其代理律师和法官一样会遇上专业知识门槛,修订后的《民事诉讼法》和《刑事诉讼法》将原司法解释中早有规定的专家辅助人制度上升为法律,确认诉讼当事人可以申请法庭通知"有专门知识的人"出庭,协助对鉴定意见的质证。在行政诉讼领域,亦在2002年最高人民法院《关于行政诉讼证据若干问题的规定》即已明确:"对被诉具体行政行为涉及的专门性问题,当事人可以向法庭申请由专业人员出庭进行说明,法庭也可以通知专业人员出庭说明";"必要时,法庭可以组织专业人员进行对质";并且,"专业人员可以对鉴定人进行询问"。尽管由于配套规则有待完善等原因[③],这类规定实效尚且不尽人意,但不可否认这种立法安排本身对于保障专业意见的法庭质证效果具有重要意义,并且由此也是我国科学证据审查从遵从模式向适度教育模式位移的有力支持。

---

① 刘建伟:《论我国司法鉴定人出庭作证制度的完善》,载《中国司法鉴定》2020年第5期。
② 《民事诉讼法》还进一步规定了此种情形下,支付鉴定费用的当事人可以要求返还鉴定费用。后续修改,相关法条内容均保留。
③ 可参见胡铭:《鉴定人出庭与专家辅助人角色定位之实证研究》,载《法学研究》2014年第4期;李瑞钦:《民事诉讼专家辅助人的法律定位与制度优化》,载《人民司法》2014年第21期。

（三）庭前开示

诉讼当事人对专业意见内容的知悉是展开有效质证的前提，而由于专业知识门槛的存在，非科技专家的诉讼当事人及其代理律师对专业意见提出质疑的前提是在一定程度上学习了解之前并不熟悉的专业知识，因此，能够在庭审质证之前提前知悉专业意见的内容就具有了特别意义。这一点即使在外行当事人拥有专家辅助人的情况下也是成立的——由于专业技术问题可能的复杂性，即使是"具有专门知识的人"也需要提前知悉才能做好"辅助"质证的准备。

在刑诉领域，早在1979年，我国刑诉法就对鉴定意见的告知和异议作出了规定，要求"用作证据的鉴定结论应当告知被告人""如果被告人提出申请，可以补充鉴定或者重新鉴定"；并在后来修订中除将"被告"改为"犯罪嫌疑人"，"鉴定结论"改为"鉴定意见"之外，还将告知范围扩大到包括了"被害人"。但是，对告知方式、时间、未告知后果等事项未作明确规定，实践中更存在披露信息有限、专家参与不足、救济措施缺失[①]等问题。在民事诉讼领域，2001年《关于民事诉讼证据的若干规定》（以下简称《民诉证据规定》）即已规定了我国民事诉讼中的庭前证据交换制度，并在2012年《民事诉讼法》修订时[②]写入法律，2019年《民诉证据规定》并设专节规定"举证时限与证据交换"。这些规定当然也适用于作为法定证据种类的鉴定意见，但它们作为一般规定更多着眼于防止诉讼突袭、明确争点、固定证据等一般功能[③]，并未考虑作为科学证据的专业意见上述特殊性。

由此，值得特别注意的是，2019年修订的《民诉证据规定》新增之鉴定书庭前异议与解释程序[④]，即鉴定书副本应及时送达当事人，当事人对鉴定书内容有异议的，应在指定期间书面提出；对于当事人的异议，法院"应当要求"鉴定人作出解释、说明或补充；同时，"人民法院认为有必要的，可以要求鉴定人对当事人未提出异议的内容进行解释、说明或者补充"。这一鉴定意见的审前异议与解释程序比仅仅将异议"记录在案"的

---

① 吴高庆、张进：《论刑事鉴定意见的庭前开示程序》，载《中国司法鉴定》2013年第2期。
② 第133条第4项，2021年修正后为第136条第4项。
③ 高洪宾、何海彬：《庭前证据交换实务问题研究》，载《政治与法律》2001年第1期。
④ 第37、38条。

证据交换程序更进了一步，即要求鉴定人针对当事人的异议和法官可能的疑问给予回应。就鉴定意见涉及科技专业性知识应用而言，这一安排明显具有适度教育模式特色：借助这一程序，不仅当事人能更好地为庭审做好准备，法官自己也能在开庭之前即有机会学习了解专业意见可能涉及的新知识，从而有利于法官基于自身的理解对科学证据作出审查判断。

（四）审查判断规则的实质化

从审查判断的具体规则来看，早在 2001 年，最高人民法院《民诉证据规定》①对"鉴定结论"的审查判断即作出了初步规定，要求法院审查鉴定书"是否具备"委托人的姓名或名称、鉴定的材料和依据及使用的技术手段、对鉴定过程的说明和明确的鉴定结论、对鉴定人资格的说明和鉴定主体的签名盖章等内容；并且规定鉴定书的鉴定主体不具资格、程序"严重违法"和结论"明显依据不足"等情形，是允许重新鉴定的法定前提。很显然，审查"是否具备"明文列举的上述内容与审查鉴定主体资格具备、程序是否"严重违法"一样，是典型的形式审查；而审查鉴定内容是否"明显"依据不足，也相当于明确地宣示了法院并不需要深入科技专业性内容的实质，只需关注鉴定内容中的"明显"问题。这些均体现出鲜明的"遵从"模式特色。

对比三大诉讼法将"鉴定结论"改为"鉴定意见"之前和之后的相关审查判断规则，可以看到新规则虽整体仍偏重形式审查，但也包含了一些能够引入教育模式下实质审的内容。如《关于适用〈中华人民共和国刑事诉讼法〉的解释》②设专节规定了"鉴定意见的审查与认定"，其中不仅列举了法院"应当着重审查"的十项内容，还从反面规定了"不得作为定案的根据"的九种情形。涉及的审查判断因素，除了主体资质、委托与回避、鉴定程序、鉴定意见的形式要件（鉴定意见"应当具备"哪些内容的要求）之外，还列出了"鉴定的过程和方法是否符合相关专业的规范要求""检材是否充足、可靠"等应予审查的内容；在不得作定案根据的情形中，不仅列入了"鉴定对象与送检材料、样本不一致的"，送检材料、样本"因污染不具备鉴

---

① 第 27、28、29 条，2019 年《民诉证据规定》相关内容参见第 40、41、36 条。
② 法释〔2012〕21 号。

定条件的";还在鉴定机构不具法定资质之后,增添了"或者鉴定事项超出了该鉴定机构业务范围、技术条件";这些规定都为引入更具教育模式特色的实质审查判断开了绿灯。

在这方面,特别值得关注的是,2019年修订后的《民诉证据规定》将"鉴定所依据的原理、方法"这一科技专业性内容列入了鉴定意见审查内容(第36条),只是尚未就此提供审查标准。即假如案涉鉴定意见并未说明所依据的科学原理和方法,则依据此条可认定内容不全/违法;但假如案涉鉴定书提供了所依据的科学原理和方法,法庭对这些原理方法可能出现的错谬如何展开审查?立法并未提供进一步指示。虽然,边沁式证据自由评价[①]的推崇者可能并不认为这是问题;但是,从法官审查判断证据的裁量权需要一定的规范和指引[②]来看,这不能不说是一大缺憾。事实上,本研究在司法实践部分观察到的裁量说理不足,至少可部分归因于实质审查判断标准的欠缺:因为实质审查判断标准,既有助于避免法官裁量可能出现的任意性,也会降低法官就证据评价及审查判断结论展开说理的难度。

五、结　　语

本章立足于中国司法实践,通过研读36个司法案例的裁判文书,梳理了我国法院运用环境损害鉴定评估意见之司法经验,并据之反思矫正了科学证据审查判断学说上的流行观点。本章的研究发现,面对科学证据或说证据的科技专业性内容,遵从模式与适度教育模式不仅各有其具体适用范围,而且从证据的审查判断的动态过程来看还呈现出递进的层次关系。借此发现,可以更好地认识我国实在法相关动向,即从鉴定"结论"到鉴定"意见"呈现了遵从模式转向适度教育模式的整体趋势,而强化专业意见的法庭质证、庭前开示制度及科学证据审查规则的实质化,均有利于在遵从模式转向适度教育模式的趋势下降低法官的学习成本,因而

---

① Jeremy Bentham, *Rationale of Judicial Evidence Vol. 5*, Hunt and Clarke 1827, pp. 477-94.

② 对证据自由评价论的批评,可参见〔美〕亚历克斯·斯坦:《证据法的根基》,樊明等译,中国人民大学出版社2018年版,第4章。亦可参见,陈瑞华:《以限制证据证明力为核心的新法定证据主义》,载《法学研究》2012年第6期。

具有情境合理性。

然而，总的说来，即使在鉴定"结论"已经被修改为鉴定"意见"之后，既有规定仍然大多是主体资格及程序的相关规则。从裁判实践的需求来看，既有规则更多地服务于法官对专业意见的形式审查，一旦"不得不"进入对专业意见中科技专业性内容的实质审查，法官立刻就面临"无法可依"的状态。这一方面是因为对科学证据进行实质审比起形式审来专业知识门槛更高，确立相关标准比较困难；另一方面也在很大程度上是因为，从立法演进过程来看，对科学证据从形式审转向实质审的时间较短，尚未积累起足够的相关经验并将之条理化、类型化。

对此实质审查判断规范欠缺的问题，以本章的研究发现来看，相比饱受批评[1]的多伯特（Daubert）标准，美国《联邦证据规则》第702条[2]更具参考意义。此条提供了4项审查专家证言的判断标准，其中第1项即专家证言是否对裁判者认定案件事实有实质性帮助，主要涉及本章前述判断必要性这一前提问题：考虑到专家证言的获取和审查判断均成本高昂，如对案件事实认定并无实质帮助，当属不必要的情形。其余3项标准，即专家证言所依据的科学原理与方法是否可靠、专家证言是否立基于足够的事实或数据和此原理与方法是否可靠地适用于本案事实。如按法律人所熟悉的三段论推理框架整理科学专业知识运用的内在逻辑[3]，则此3项标准分别对应着规范大前提、事实小前提和将规范应用于事实的涵摄，较易为包括法官和律师在内的法律人所理解和掌握，值得借鉴。当然，这样的实质审查标准仍相对抽象，但更为具体的标准可能最终只能寄望于实践经验的更多积累和对这些经验不断进行整理和反思。就此而言，本章的研究只是一个开始。

---

　　[1] Thomas O. McGarity, "Daubert and the Proper Role of the Courts in Health, Safety, and Environmental Regulation", 95 *American Journal of Public Health* 92(2005).
　　[2] Fed. R. Evid. 702.
　　[3] 关于专家证言中的大小前提区分，可参见：E. J. Imwinkelried, "The Bases of Expert Testimony: The Syllogistic Structure of Scientific Testimony", 67 *North Carolina Law Review* 1 (1988).

第八章 风险评估的法律规制

> 每1起严重事故的背后,必然有29次轻微事故和300起未遂先兆事件以及1000起事故隐患。
>
> ——海恩法则

【提要】 风险评估是各国政府广泛采用的风险规制工具。从传统法教义学视角来看,风险评估就行为类型而言是公法上的事实行为,不在行为法上法律保留原则适用范围,但应受法律优先原则约束,风险评估中的行政裁量还应受到比例原则的约束。在此一般框架之下,我国现有风险评估立法有待进一步完善,除理顺已有立法规定、强化针对外部不确定性的相关机制之外,也有必要确立内在不确定性的说明责任以确保风险规制者对风险评估的合理运用;从风险评估可以是不断迭代的动态过程来看,还有必要明确进一步调查研究、风险再评估、偏离"推荐值"等与不确定性减少相关的规范要求。

如本书导论所述,就学理定义而言,环境评价外延比我国实证法(《环评法》)上规定的要更为广泛。但是,即使按《环评法》等现行有效的实证法规定,环境影响评价工作的法定内容也包括了环境风险评估。只是,按照相关技术规范,包括在环境影响评价中的环境风险评估范围仍失于过窄,无法实现人们期待的环境风险预防功能。对此,已有一些研究者提出相关批评和建议:应当在对周围环境状况的调查与评价阶段拓展和增强对积累性环境风险的识别[①],将健康风险评估也纳入环评

---

① 何香柏:《风险社会背景下环境影响评价制度的反思与变革——以常州外国语学校"毒地"事件为切入点》,载《法学评论》2017年第1期。

制度①等。

尽管现行立法存在上述不足,但可以肯定的是,环境影响评价活动发挥法定功能的关键在于预测拟议行为的环境影响,而这种"环境影响"并不限于凭着进行环境评价时所掌握的知识和信息即可确定的未来损害,也包括凭着进行环境评价时可得的知识信息并不能完全确定未来是否会发生的损害。后者就是风险评估了。本章将这种环境风险评估与食品、公共卫生等领域内的风险评估放在一起,讨论风险评估之法律规制的共通问题。

一、研究缘起:风险评估的"法化"

为了应对现代社会中的风险,各国政府纷纷采用风险评估这一规制工具。② 我国也不例外。但是,我国学界迄今为止的风险评估研究相关成果主要由科学技术工程等学科的研究人员贡献,法学视角的研究相对薄弱。③ 究其原因,在很大程度上应该是由于风险评估长期以来被广泛认为是"纯粹的"科技知识应用事务④,主要受自然规律而不是人为立法所约束、并不属于或尚未进入法律调整范围。为数不多的已有法学研究成果,似乎受此流行见解影响,大多强调风险评估中科学理性与社会理性

---

① 程红光、王琳、郝芳华:《将健康风险纳入环评可行性分析》,载《环境影响评价》2014年第1期。甚至还有我个人并不赞同的、将社会风险评估纳入的建议,如程雨燕:《将社会风险评估引入环评制度的立法建议》,载《环境保护》2013年第5期。

② 私主体也可出于自己的目的利用风险评估这一工具,但本章将讨论限于政府在风险规制活动领域对风险评估工具的运用,包括政府部门自行实施风险评估和政府出于规制风险这一公共目的依法要求和监督私主体实施风险评估等不同情形。

③ 在CNKI的CSSCI类学术期刊库中以"风险评估"为标题检索内容,按引用率排序,前200篇文献中,只有2篇作者为法学研究人员,其余198篇中绝大部分来自工程科技研究人员,也有少数来自公共管理学科(检索日期:2021年6月10日)。这2篇仅有的法学类文章为:沈岿:《风险评估的行政法治问题——以食品安全监管领域为例》,载《浙江学刊》2011年第3期;成协中:《风险社会中的决策科学与民主——以重大决策社会稳定风险评估为例的分析》,载《法学论坛》2013年第1期。

④ 着眼于"国家安全"和"社会秩序"的风险评估(如"社会稳定风险评估")内容明显不同于公共卫生和环保等领域的风险评估,更多政策性而更少科技性,需另行探讨,本章暂不论。

结合、专家与公众参与相结合等[1],关注焦点实际仍放在风险评估与风险管理的区分这一"外围"问题,少见深入风险评估活动本身"内在"不确定性[2]的探讨。

但是,观察近年来的立法动向,情势已发生变化。随着风险社会到来,风险规制成为各国政府的重要任务,越来越多国家的立法者开始意识到,风险评估过于重要,不能完全交给技术专家。风险评估由此出现了"法化"现象。

在我国,食品安全、公共卫生、环境保护等已经成为风险评估"法化"的典型领域。2007年通过的《突发事件应对法》已包含"风险评估"的规定(如第5条),而此法出台的历史背景除了自然灾害事件(如1998年特大洪水),也包括全国瞩目的重大公共卫生事件(如2003年"非典")和环境污染事件(如2005年"松花江污染事件"[3])。2008年"三鹿奶粉事件"[4]冲击之后,2009年《食品安全法》即设专章"食品安全风险监测和评估"(第二章),之后该法经数次修改[5],此章内容均得以保留并不断丰富。在公共卫生领域,我国《传染病防治法》虽然并未使用"风险评估"这一术语,但相关规定的实质内容已涉风险评估,如2004年修订时新增条文规定各级疾病预防控制机构的职责包括"收集、分析和报告传染病监测信息,预测传染病的发生、流行趋势"[6]。类似地,我国环保立法中,虽然直接提及风险评估的法条数量并不多,但究其实质,环境法领域里风险评估"法化"可以说是相当早的:典型的如,我国1979年《环境保护法(试行)》即规定了环评审批制度,而环评内容很早就涉及环境风险评估,只是评估范围比

---

[1] 如,郑智航:《食品安全风险评估法律规制的唯科学主义倾向及其克服——基于风险社会理论的思考》,载《法学论坛》2015年第1期;金自宁:《风险规制与行政法治》,载《法制与社会发展》2012年第4期;杨小敏:《我国食品安全风险评估模式之改革》,载《浙江学刊》2012年第2期;彭飞荣:《食品安全风险评估中专家治理模式的重构》,载《甘肃政法学院学报》2009年第6期。

[2] 作为少有的例外,赵鹏在论文中注意到了风险评估使用"假设推定"这一内在不确定性表现,但其法律建议部分又回到了本章后述的外部不确定性应对方法中,未考虑针对风险评估内在不确定性的特殊对策。赵鹏:《风险评估中的政策、偏好及其法律规制——以食盐加碘风险评估为例的研究》,载《中外法学》2014年第1期。

[3] 可参见金自宁、薛亮编著:《环境与能源法学》,科学出版社2014年版,第78页。

[4] 可参见李静:《我国食品安全监管的制度困境》,载《中国行政管理》2009年第10期。

[5] 2015年修订、2018年和2021年修正。

[6] 第18条第(二)项。

较局限,仅限于突发环境污染事件的风险评估①。2014年修订后的《环境保护法》,虽然只在一个条文(第39条)中明确提到"风险评估",但该法同时引入了环境资源承载能力监测预警、农业污染源的监测预警和环境污染公共监测预警三种环境预警机制,——就制度运作的内在要求而言,这些预警均须以相应的风险预评估为前提。2018年《土壤污染防治法》更是将包含风险评估的"土壤污染风险管控标准"制度②和"土壤污染风险管控和修复"制度③当作重点内容作出了详细规定。就此而言,法学界对风险评估的研究已经滞后于立法的进展。

为此,本章运用行政法教义学相关法理展示了风险评估合法性评价的一般框架并梳理了我国现行法上风险评估相关规定,在此基础上指出风险评估的法律规制进一步完善需要直面不确定性的挑战,特别是亟须发展相应的规范以回应风险评估内在不确定性带来的疑虑。

二、法理解析:风险评估合法性评价的一般框架

传统法教义学视野中,政府为风险规制目标而进行的风险评估就行为类型而言是一种公法上的事实行为。与以行政处分为典型代表的行政法律行为不同,行政事实行为并无意图处理/改变相对人的权利义务,也由此并不直接发生行政法律关系设立、变更或消灭的法律效果。④

(一) 风险评估与法律优先

法律优先无疑适用于所有的行政活动,行政事实行为也不例外。这意味着,行政事实行为同样不得违反法律,即同样需要遵循已有的实体法和程序法的规范要求。

目前主流行政法教材上对行政行为合法性要件的讨论,主要针对作为法律行为的行政行为而展开;但这并不等于说行政事实行为就没有合

---

① 如《建设项目环境风险评价技术导则》(HJ 169-2018 取代 HJ/T 169-2004)第3.1条将"环境风险"界定为"突发性事故对环境造成的危害程度及可能性"。
② 第12—13条。
③ 第35—68条。
④ 我国行政法学界对行政事实行为的界定众说不一,参见王锴:《论行政事实行为的界定》,载《法学家》2018年第4期。

法性问题,只是针对行政事实行为的法律规范通常很少或并不明确,由此,"有关事实行为的法律限制通常需要借助规范解释推导"[①]。典型的如,从行政事实行为是一种职务行为推论其应当符合组织法上对管辖权的规定。"组织法定"原则下,这一点殊少异议。疑义更多发生在行为法意义上的适法性分析中。

(二) 风险评估与法律保留

作为风险规制工具的风险评估是否需要具体的行为法为根据方可实施? 这涉及对法律保留原则适用的理解与判断。

与法律优先原则不同,法律保留原则的适用范围一直存在争议。[②] 不过,在此无须深入这些学理争议,只需提取相关"交叉共识",即可确认: 鉴于风险评估的实施方式通常并不涉及"强力"运用,其实质内容也只关乎提供特定风险信息,而并不涉及对行政相对人权利义务的直接干涉或处置,因而无论根据侵害保留理论还是权力保留理论,都并不在行为法上的法律保留适用范围内。这就意味着,风险评估的进行通常并不需要以行为法上的直接根据为前提,也即,一般而言,只要不与法律相抵触,行政主体在职务范围内可以根据行政任务的需要裁量决定是否及如何进行风险评估。

事实上,当行政主体被赋予某种针对风险实施预防性规制的职权时,进行风险评估往往是履行此职权所必需的前提;如不进行风险评估,行政主体很难论证其风险规制决定的正当性。在这种情况下,如一般性地要求行政主体只有当存在明确的行为法授权时方可实施风险评估,无法满足现代社会对政府风险规制的现实需求。当然,这种裁量权的行使并非毫无限制:裁量不等于任意为之,裁量是否合理的问题始终存在。

(三) 风险评估与比例原则

有关行政事实行为的现有研究鲜见涉及比例原则的。但是,如前所述,行政主体对于是否及如何进行风险评估享有裁量权,这就使得保障裁

[①] 〔德〕沃尔夫等:《行政法(第二卷)》,高家伟译,商务印书馆2002年版,第192页。
[②] 参见王贵松:《行政活动法律保留的结构变迁》,载《中国法学》2021年第1期;黄学贤:《行政法中的法律保留原则研究》,载《中国法学》2004年第5期。

量合理性的比例原则有了适用空间。

具体而言,风险评估既然是风险规制的工具,就应当以风险规制目标所需为限。风险评估并非免费。风险评估无疑应由专业人员实施,但委托这些专业人员的主体即实际承担风险评估费用的主体,根据法律的不同安排,可能是作为风险规制机关的行政主体或作为风险规制对象的行政相对人。在前种情形下,涉及公共资源的投入是否符合成本—效益原则的判断;在后种情况下,则涉及为了风险规制这一公共政策目的是否给私主体增加了不适当负担的判断。两种判断均应符合比例原则。进而言之,同样基于比例原则的精神,为避免所谓的"分析致瘫痪"[1]后果,应当适当限制风险评估对量化和分析精细程度的追求:精确的量化本益分析有时不可行、有时也不可欲[2],决定特定风险评估应止于何处和决定是否进行风险评估一样,都需要基于合理考量的综合权衡。

理论上,这种权衡判断交由立法裁量似乎更为合适,但风险规制现实需求强劲而风险评估"法化"不足的情境中,往往不得不交由行政主体裁量。在这种情况下,应该说,强调此种裁量应受比例原则的制约,尤为重要。

(四)违法后果与法律救济

1. 违法后果

行政事实行为存在违法情节时会引发何种法律后果,并不存在普遍适用的一般规则。可以肯定的是,因为事实行为并不以特定法律效果为目的或内容,无效或可撤销这类针对一般行政为法律效果的违法后果,对事实行为并不适用。[3] 但是,事实行为并非没有事实上的影响。由此,事实行为违法可能导致行政主体需要采取补救措施以消除其违法在事实上的不良影响;具体补救措施包括停止侵害、排除妨碍、恢复原状、消除影响、赔偿或补偿等。我国《行政诉讼法》2014年修改时引入的"补救判决"(第76条)即可适用于行政主体应当消除而不消除违法行为不良影响的情形。

---

[1] Thomas O. McGarity, "Some Thoughts on 'Deossifying' the Rulemaking Process", 41 (6) *Duke Law Journal* 1385(1992).

[2] 金自宁:《风险中的行政法》,法律出版社2014年版,第三章。

[3] 〔德〕毛雷尔:《行政法学总论》,高家伟译,法律出版社2000年版,第392页。

需要补充说明的是,作为事实行为的特定风险评估常常与作为法律行为的具体风险规制决定相结合,虽然并非总是如此。风险评估不与具体风险规制决定相结合的,如对某地区生态环境风险的评估,若评估结论是尚未达到需启动预警的水平,则可不触发任何具体的行政决定。风险评估与具体风险规制决定相结合,成为具体规制决定在程序上的前置环节和支持该规制决定的理由之一的情形,如经风险评估后,基于风险评估结论对特定产品作出许可或不予许可的决定。当风险评估与后续规制决定相结合时,一个特殊的法律问题是,如果风险评估存在合法性瑕疵,是否会影响到后续风险规制决定的合法性?对此,相对容易判断的情形有两种,一是风险评估程序轻微违法,并未或不足以影响风险评估实质内容的,不应因评估瑕疵否定后续决定的合法性;二是风险评估方法或程序严重违法,已经影响或足以影响到风险评估实质内容的,应可认定以此风险评估为基础的风险规制决定因"依据不足"甚或存在"误认事实"而违法。居于此两端之间的,由于现实情形可能千差万别,无法事先作出一刀切的安排,只能在个案中参照上述精神斟酌处理。

2. 法律救济

一般认为,行政事实行为虽然不产生直接的法律效果,但可能在事实上导致相对人合法权益的损害,对此可能的损害应予救济。在严格将撤销之诉限于行政处分的国家,如德国,亦肯定可通过司法诉讼针对行政事实行为可能造成的损害提供一定的法律救济,如,相对方可以请求行政主体不实施特定的事实行为,或者请求清除事实行为造成的后果。[1] 在美国,对行政行为的司法审查并不区分法律行为与事实行为——只要行政机关的行为造成损害,即被认为是可审查的。[2] 在我国,即使那些主张行政事实行为内涵外延过于不确定而不宜将之与行政法律行为并列研究的论者,也并不否认有必要就行政事实行为给行政对人可能造成的损害提供司法救济。[3]

困难在于,此种主张如何与我国行政诉讼法上使用的"行政行为"概念相协调:因为我国通行教材在界定"行政行为"时往往将事实行为排除

---

[1] 〔德〕毛雷尔:《行政法学总论》,高家伟译,法律出版社 2000 年版,第 393 页。
[2] 王名扬:《美国行政法》,中国法制出版社 1995 年版,第 630 页。
[3] 如王锡锌、邓淑珠:《行政事实行为再认识》,载《行政法学研究》2001 年第 3 期;杨勇萍:《行政事实行为比较研究》,载《法学评论》2002 年第 2 期。

在外,而我国行政诉讼实践中也不乏就行政事实行为是否可诉而发生争议的案例。① 对此,有研究者②主张"把程序性、阶段性行政事实行为合并到最终的具体行政行为救济程序之中予以救济",而对单独造成损害后果的行政事实行为通过行政赔偿诉讼予以救济。这种方案应可适用于风险评估引发的法律救济问题。

三、实在法观察:我国风险评估既有立法及其不足

(一)实在法整理

在风险评估的"法化"已经开始的当前,从我国现行法中可以看到一些对风险评估合法性的要求。主要参考我国食品法和环境法领域既有立法,整理如下。

1. 启动风险评估的职责。不止一部法律明确,相关行政主体有责任进行风险评估的情形。这种要求有时是明示的,有时则是暗含的。前者如《食品卫生法》(第18条)明确列举了"应当进行食品安全风险评估"的六种情形,后者如前述《环境保护法》上对"预警"的规定。

2. 风险评估的内容。相关规定有详有略。相对概略的立法例比较多,如《食品安全法》规定,"国家建立食品安全风险评估制度……对食品、食品添加剂、食品相关产品中生物性、化学性和物理性危害因素进行风险评估"(第17条)。相对详尽的立法例也有,如《土壤污染防治法》明确列举了土壤污染风险评估报告应当包括主要污染物、污染范围、主要类型的风险以及风险管控修复的目标和基本要求等主要内容(第37条)。

3. 风险评估的程序与方法。主要包括**(1)专业人员资格和专家遴选**。作为应用科学知识的实践活动,从事风险评估者需"具备相应的专业能力"③,因而专业资格和专家参与是风险评估程序安排的重点内容。如我国《食品卫生法》对食品安全风险评估专家委员会的规定。**(2)基础信息收集**。作为风险评估根据的基础信息是否充分、是否准确,直接决定了

---

① 可参见陈卫东、迟忧:《信息公开不当的损害赔偿责任承担——山东济南市中区法院判决柏岳诉济南市教育局政府信息公开案》,载《人民法院报》2016年6月2日第6版。
② 张旭勇:《为我国行政事实行为救济制度辩护》,载《法商研究》2012年第2期。
③ 参见《土壤污染防治法》第43条。

风险评估是否可行、评估结论是否可靠。此种基础信息可能来自风险规制主体的监测、检查、调查等，也可能来自风险行动者依法定义务的报告或利害关系人/公众的举报等。无论何种来源，均需相应制度安排予以规范。如我国《食品卫生法》明确规定"食品安全风险评估不得向生产经营者收取费用，采集样品应当按照市场价格支付费用"（第17条第4款）。**(3) 风险评估方法。**有法律明确风险评估应"运用科学方法"（《食品卫生法》第17条），但风险评估的具体步骤和方式通常由相关技术标准等其他规范性文件规定。如《企业突发环境事件风险评估指南（试行）》（部分失效）设风险评估程序专项（第5点）明确了五个具体的实施步骤；《全国动物卫生风险评估专家委员会章程》则规定了专家意见分歧应记录在案和利害关系人异议的处理等（第17条第2款，第21条）。

4. 风险评估报告的使用。既包括将风险评估报告本身作为信息分享的规定，也包括将风险评估报告作为采取进一步风险管控措施依据的规定。前者如《食品安全法》（第20条第2款）要求，卫生和农业部门应当及时"互相通报"安全风险评估结果等信息。后者如，《食品卫生法》规定，"食品安全风险评估结果是制定、修订食品安全标准和实施食品安全监督管理的科学依据"（第21条）；《土壤污染防治法》规定：土壤污染责任人应当按照国家有关规定以及"土壤污染风险评估报告"的要求，采取相应的风险管控措施（第56条）；并且，"对达到土壤污染风险评估报告确定的风险管控、修复目标的建设用地地块"，相关主体可申请主管部门将该地块移出建设用地土壤污染风险管控和修复名录（第66条）。

5. 违法后果。当实在法对事实行为合法性要求已经存在具体规定时，违反特定条款可能引发相应的法律责任。检索我国已有风险评估相关立法，可以发现，对于违反实在法对风险评估相关合法性要求的，至少存在如下法律责任。**(1) 按规定应进行而未进行风险评估的。**如《核安全法》（第80条）和《土壤污染防治法》（第94条）均对此类情形规定了责令改正、罚款、代履行等法律责任。**(2) 出具虚假风险评估报告的。**《核安全法》对此种情形规定了对责任单位和直接责任人实施"双罚"；且单位"有违法所得的，没收违法所得"（第82条）。《土壤污染防治法》则在"双罚"和没收违法所得之外，还规定了"从业禁止"的处罚类型，且和罚款一样亦是"双罚"：对于单位而言，"情节严重的，禁止从事上述业务"；对于负责的自然人而言，"情节严重的，十年内禁止从事前款规定的业务；构成犯罪的,终身禁止从事前款规定的业务"(第 90 条)。**(3) 违反风险评估报告特定使用要求的。**如《食品安全法》对于未按规定通报或公开包括相关风险评估报告在内的"食品安全信息"的(第 145 条)、在安全风险评估得出相关产品不安全结论后"未及时采取相应措施,造成食品安全事故或者不良社会影响的"(第 144 条)①,分别视情形规定了从警告、记过或者记大过到降级或者撤职直至开除的行政处分。

(二) 既有立法的不足

可以看出,这些既有立法远非完备。一个明显的例证是:将既有立法中风险评估的合法性要求与对应的法律责任相对照,可以发现,对于风险评估内容并非虚假,但存在不完整或错误以及风险评估程序方法有问题的情形,现行法上未明确相关主体的法律责任。更为重要的是,仅看实在法上已有的风险评估合法性要求本身,也并不完整——典型的例证就是,全部上述规定对于下文所述风险评估法律规制的特殊难题并无涉及。

对此,可以理解的原因是风险评估"法化"是较为新近的事,规范体系的完善尚需时日。若进一步追问风险评估规范体系当如何完善,则可发现:前述行政法教义学上行政事实行为相关法理只是为评价风险评估合法性提供了基本框架,但此框架的具体内容仍有待填充;而用于填充此框架的具体内容,并不能从前述行政法教义学一般原理中演绎而来,有必要补充基于经验和事理的视角。

四、不确定性:风险评估法律规制的特殊难题

一旦引入基于经验和事理的视角,就会发现,遵循的传统法教义学进路而确立的基本框架里,风险评估给现代法治带来的独特挑战是隐而不现的。换句话说,这种传统的分析框架对风险评估法的特殊性关照不足。这种不足并不能仅仅归因于当前行政法教义学有关行政事实行为的部分相对而言并不成熟,而更多源于将风险评估归类为行政事实行为的法律定位——这种定位本身就更强调风险评估与其他事实行为的共性而非

---

① 此条还规定了"造成严重后果的,其主要负责人还应当引咎辞职"。

差异。

事实上,作为风险规制工具的风险评估活动,与同属行政事实行为的行政强制①相比,具有只单纯提供信息而并不涉及运用"强力"直接干涉相对人权益的特征;与突发事故即时通报这类同属提供信息之事实行为相比,其特征又呈现为包含对未来情势的预测;与同样包含预测内容的汛情预报等行政事实行为相比,风险评估则更多地面临科技的不确定性。——这一特征正是本章主张应特别关照的、风险评估的特殊性,因为正是这一特殊性造成将风险评估纳入法治框架的独特困难。

可将风险评估活动涉及的不确定性挑战分为外部不确定性和内在不确定性两类:从其对法治的挑战来看,这两类不确定性存在重大差异,有必要区别对待。

(一) 外部不确定性

风险评估的外部不确定性,即风险评估可能受到外部因素影响而产生不确定性。风险评估活动并非由机器在真空中进行,真实世界中诸多因素都可能影响到风险评估者从而破坏其风险评估的可靠性,典型的如专业能力不足、角色越位(超出其专长范围提供意见)、用中立客观的科学意见外衣包裹其偏私取向等。

这一类不确定性在实务界和学界已引发较多关注和研究,也存在一些被经验证明相当有效的法律解决方案。如对风险评估机构和人员的专业水平和资质要求②、明确风险评估的任务范围仅限"咨询"而非替代决策③、建立无利害关系声明制度和利益冲突处理机制④、增强透明度和问责等外部监督机制等。概括而言,就是确保从事风险评估的专业人员承

---

① 行政强制措施虽在学理上被归为事实行为,但其实施会直接限制相对人的权益,因此我国《行政强制法》第10条明确规定"行政强制由法律设定"。

② 如我国《全国动物卫生风险评估专家委员会章程》规定任委员的基本条件包括了"在本学科领域具有较高的学术地位和影响,了解和掌握动物卫生风险评估及相关学科的发展前沿和趋势"(第12条第2项)。

③ 如美国《联邦咨询委员会法》9.b"除非由法律或总统命令作出特别规定,咨询委员会应仅被利用于提供咨询职能。鉴于咨询委员会的报告或提供的建议而要决定采取的措施和表达的政策仅能由总统或联邦政府的官员作出"。

④ 如欧盟食品安全管理局发布的相关规则。EFSA, Decision of the Executive Director on Declarations of Interest, https://www.efsa.europa.eu/en/corporate/pub/independencerules 2014, 2021年7月1日最后访问。

担"诚实代理人"①的角色。

这些具体法律对策背后,存在一种得到广泛认同的基本观念,即根据事实问题与政策/价值问题的二分来区分风险评估与风险管理②;认为交给风险评估专业主体处理的,只是特定风险是否存在、科技上有效的风险控制手段是否存在等事实问题;至于是否接受特定风险、是否采取特定风险预防措施等涉及价值判断/政策选择的风险管理问题,不再适合交给专业主体处理;理由是:风险评估更多是"科技的"事,受专业知识逻辑约束;而风险管理,更多是"政策的"事,受以民主决策和行政问责等传统行政法规范约束。在此风险评估—风险管理二分框架下,也有研究者(正确地)指出,传统上认为属于风险评估的"是否要对某类危害进行风险评估、什么时候进行风险评估、不同类别危害的风险评估如何排序"等,因"价值偏好因素加强"而"并不是科学判断占主导或支配地位的问题"③,故而应归类为风险管理而非风险评估。

(二) 内在不确定性

风险评估的内在不确定性,指由于"无知"而导致风险评估结果准确性受影响的情形。从根本上说,风险评估内在不确定性源自知识与信息的有限性,具体而言,包括人类科技知识有限、可得数据有限、风险本身的随机性、保护目标的差异性等。④ 与前述外部不确定性不同,这种不确定性内置于风险评估活动之中,假定从事风险评估活动的主体都是"诚实的代理人",仍然无法消减这种不确定性。

这类不确定性在实践中广泛存在,但学界的关注和研究相对不足。这在一定程度上是因为当前学界研究更多关注风险管理与风险评估的二分框架下的前述法律对策,而几乎没有提及风险评估内在不确定性与外

---

① 〔美〕小罗杰·皮尔克:《诚实的代理人——科学在政策与政治中的意义》,李正风等译,上海交通大学出版社 2010 年版,第 16—18 页。
② NRC: *Risk Assessment in the Federal Government: Managing the Process* (1983).
③ 沈岿:《风险评估的行政法治问题——以食品安全监管领域为例》,载《浙江学刊》2011年第 3 期。
④ 有研究者主张在讨论风险评估中的不确定性来源时应区分(认知上的)不确定性(uncertainty)和(自然存在的)变异性(variability),2009 年银皮书即采纳了此种区分。但也有研究者认为此种区分徒增复杂性而并不实用。M. G. Morgan & M. Henrion, *Uncertainty: A Guide to Dealing with Uncertainty in Quantitative Risk and Policy Analysis*, Cambridge University Press 1990.

部不确定性的不同,就更不会注意到,前述风险评估与管理二分的框架下的种种对策只能解决外部不确定性问题而无法解决内在不确定性问题了。

特定时空下人类所能掌握和运用的科技知识和信息总是有限的,风险评估内在不确定性因而无法避免。风险评估实践中,内在不确定性因素弥漫于危害识别、剂量—反应评估、暴露评估和风险表征在内的风险评估全过程[1],贯穿技术、方法论和认识论等不同层次[2],涉及概念化、模型和参数的选择[3]、对数据的可得性、准确性和充分性的评价[4]、对量化评估结果的解释等各个方面。以实践起步相对较早、内在不确定性暴露也较充分的化学品健康风险评估[5]为例,常见的内在不确定性问题包括:依据现有知识并不能确定对动物有致癌/致病效果的化学品是否对人类也有同样的致癌/致病作用时,是否及如何将动物实验结果外推到人类?无法按现实中的低暴露量观测致病/致癌效果(通常是因为耗时太久或违背伦理)时,是否以及如何将实验室中高剂量暴露水平的测试结果外推至低暴露水平的现实世界?依据当前可得数据无法确定实际的暴露水平或不同目标所具有的不同敏感性时,风险评估是基于推测中的最糟糕情形还是出现可能性最大的情形?——事实上,这三个实例分别对应着我国《生态环境健康风险评估技术指南 总纲》中解说不确定性来源时提到的"科学认识不足、评估方法局限和基础数据欠缺"[6]。

在处理这些不确定性之前,先需要识别和确认其存在。为此,风险评估实践中已发展出所谓的数据质量评估[7]要求,即在展开风险评估之前,先对评估所依赖的基础数据质量进行评估,评估的标准是相关性、可靠性和充分性。但是,和人类知识的有限性是相对的一样,可用数据的可靠性和充分性往往是一个程度问题,风险评估活动如不因这种既定的知识和信息的鸿沟(gaps)而止步,就需要发展相应的操作技术来处理这些不确定性。

---

[1] NRC: *Risk Assessment in the Federal Government: Managing the Process* (1983), pp. 33-37.

[2] 〔英〕谢尔顿·克里姆斯基、〔英〕多米尼克·戈尔丁:《风险的社会理论学说》,徐元玲等译,北京出版社 2005 年版,第 294 页。

[3] 可参见《建设项目环境风险评价技术导则》9.1.1.1 预测模型筛选。

[4] 参见《化学物质环境风险评估技术方法框架性指南(试行)》。

[5] 可参见 US EPA, An Examination of US EPA Risk Assessment Principles and Practices, Washington, DC office of the Science Advisor. EPA/100/B-04/001. USEPA. 2004。

[6] 《生态环境健康风险评估技术指南 总纲》第 3.6 条。

[7] 可参见,《化学物质环境风险评估技术方法框架性指南(试行)》第 2 条第(四)项。

对于无法完全排除的内在不确定性,当前风险评估实践中最常用处理方法是运用假设或预设(assumptions/defaults)①,这些预设的内容可能是抽象的原则导向性指示,也可能是具体参数取值,还可能是模型结构和形式的选择。同样以实践起步相对较早、操作性技术规程相对成熟的化学物质健康风险评估为例。对于将动物试验结果外推至人类,美国EPA风险评估政策中明确要求"动物致癌物应推定为人类致癌物"②;我国的相关风险评估指南亦明确在量化的剂量—反应评估中,可通过"毒物代谢动力学模型或种间剂量调整"将动物试验剂量转换为人类等效剂量③。至于是否将风险评估立基于"最糟糕情形",显然不能一刀切,而应区别不同的评估任务,至少在化学品的风险评估中,我国的相关技术标准中的确存在基于"最糟糕情形"的规定,如"针对每个环境评估对象,采用最敏感物种数据作为关键效应数据,明确拟评估化学物质对环境生物的危害性"④和"对于相同暴露途径和暴露时间的不同毒性效应,选择最敏感的靶器官毒性参数作为最终的毒性参数"⑤等。

如此操作,固然在技术上使得风险评估在知识和信息不足的情况下仍可继续进行,但也带来了新的问题。首先是风险评估的不一致性。和对数据的可靠性及充分性评估一致,真实世界中的不确定性在很多时候并不是一个点或一条线,而是一个有一定跨度的范围。在这个范围内,多种不同的假定或预设可能都同样有合理性;而依据不同的假定和预设,得出的风险评估结论是不一样的——有时相差甚远。⑥ 进而,这种不一致蕴含着不确定性被滥用的风险,即利害关系人在发现自己利益受威胁时,"总是能够找出方法论上的问题来挑战不受欢迎的结果"⑦。最后,也许

---

① 可参见 NRC: *Science and Decisions*: *Advancing Risk Assessment* (2009), pp. 99-100。
② John S. Applegate, "A Beginning and Not an End in Itself: The Role of Risk Assessment in Environmental Decision-Making", 63 *University of Cincinnati Law Review* 1643 (1995).
③ 《生态环境健康风险评估技术指南 总纲》7.3.2.2(a)。
④ 《化学物质环境与健康危害评估技术导则(试行)》5.2.1.1。
⑤ 《生态环境健康风险评估技术指南 总纲》7.3.2.3(b)。
⑥ A. Amendola, "Uncertainties in Systems Reliability Modeling: Insights Gained Through European Benchmark Exercises", 93 *Nuclear Engineering and Design* 215 (1986). 该研究报告了10个小组对同一核电站给水系统所作风险评估结果差异极大,经讨论交流之后仍然不能解决分歧。
⑦ 〔英〕谢尔顿·克里姆斯基、〔英〕多米尼克·戈尔丁:《风险的社会理论学说》,徐元玲等译,北京出版社2005年版,第295页。

是最重要的,这些内在不确定性究竟会在多大程度上影响风险评估结论的可靠性?风险规制者在相关决策中要如何将这些不确定性的影响考虑在内?——事实上,利害关系人之所以关注和参与风险评估不确定性之争,也是因为其与基于风险评估之规制决定利害相关。对这些疑虑不作处理的话,会引发对风险评估的科学性、客观性和中立性的怀疑,从而危及风险评估作为风险规制决定正当化理据的作用。

五、镜鉴:美国联邦环境执法中的风险评估制度

20世纪70年代以来,环境保护领域里"事先预防优于事后补救"已渐成共识。[①] 然而,预防性规制无法避免的困难是决策于不确定性之中,而风险评估是帮助规制机关作出这种困难决定的重要工具。美国作为较早开始相关实践的国家,其环境风险评估规范体系已在事实上成为许多国家和地区建构相关制度时的重要参考。典型的如,其1983年红皮书[②]中的风险评估与风险管理二分框架和风险评估"四步法",已在世界范围被广泛传播和接受。我国在2004年颁布的《建设项目环境风险评价技术导师则》(HJ/T 169-2004)[③]也区分了风险评估与风险管理,2020年新近颁布的《生态环境健康风险评估技术指南 总纲》(HJ1111-2020)更明确采用了风险评估"四步法"。然而,所谓的二分框架和四步法,虽然重要,但也只是美国环境风险评估经验的局部内容。目前国内对美国相关经验——以及教训——仍然欠缺更全面的了解和更深入的把握。

美国有判例法传统,但制定法在现代美国法源中所占比重越来越大。特别是在环境保护这一新兴法领域,可以说主要是立法机关的制定法推动了相关法律制度的创立。只是,由于风险评估和预防性规制处于环境法这一新兴领域中的前沿地带,相关经验并不成熟,许多问题尚无定论,制定法只是、也只能是提供一个大致的框架,更为具体的内容是由司法机关在判例中去解释、填充和发展的。基于此,本部分首先概述美国相关制定法框架,接下来才考察美国法院在对环境执法活动的司法复审中发展

---

① Poul Harremoes et al. eds., *The Precautionary Principle in the 20th Century: Late Lessons from Early Warnings*, Earthscan, 2002, p.31.
② NRC: *Risk Assessment in the Federal Government: Managing the Process* (1983).
③ 已被HJ169-2018取代,风险评估与管理的二分在新标准中仍保留。

出来的相关判例规范。

(一) 美国联邦制定法要求在环保领域实施预防性规制

在美国,并无哪部国会立法明确要求环保机构在执法过程中实施风险评估,但是,1970年代以来,确有多部制定法使用"充分安全余地""足够安全余地""(不会导致)不合理的健康或环境风险"等用语要求美国联邦环境保护署(Environmental Protection Agency,以下简称EPA)对环境和健康风险实施预防性规制。若干立法例如表8.1所示。

表8.1 美国联邦预防性环境规制若干立法例

制定法	受规制的活动	预防性规制内容
《联邦杀虫剂、杀真菌剂和灭鼠剂法》(FIFRA)	杀虫剂的生产使用	用于原定用途时,应"对人和环境不会导致不合理的负面影响",否则,不予登记
《安全饮用水法》(SDWA)	饮用水供应	应"尽可行之可能地接近(as closely as feasible)减少污染到不发生负面健康影响且留有足够安全余地的水平"
《清洁大气法》(CAA)	质量标准设定	应"保护公众健康且留有足够安全余地"
	有害污染物排放	可能带来"对人类健康有负面影响的威胁"的,应列入控制清单;(在基于技术的控制未能达成目标时)应当设立标准"保护公众健康且留有足够安全余地"
《清洁水法》(CWA)	质量标准设定	应"足以保护公众健康和环境不受任何合理预见的负面影响"
	有毒污染物排放	污染物"对健康和福利具有可识别的影响"时,应予规制
《有毒物质控制法》(TSCA)	化学品的生产利用或处置	存在"合理根据相信会导致损害人类健康或环境的不合理风险"时,禁止或限制使用
《超级基金法》(SNCP)	污染事件响应和处置	应"依据比较风险或对公众健康福利或环境的危险"确定响应的标准和优先序

(自制表[①])

从上表可以看出,一方面,这些制定法涉及的事务领域广泛,几乎囊

[①] 主要参考 NRC, *Science and Judgment in Risk Assessment*, p27. 适应本书目的作了增删改动。

括了 EPA 全部执法领域；另一方面，这些制定法法条本身相对简略抽象，在很大程度上只是设定了预防性规制的目标或说任务，而将这些目标如何具体达成、任务如何具体实施交由行政执法机关去裁量决定。

理论上，对风险的预防性规制包含两项假定的前提[①]：一是作为风险现实化后果的特定危害不可接受；二是对这些危害，事先预防胜过事后救济。由此引发前后相继的两个问题，第一个问题是究竟何种危害是不可接受的，因而是需要规制的？第二个是，"事先的"预防究竟应如何实施？从预防性规制的动态过程来看，对第一个问题的肯定性回答构成了第二个问题的前提。第一个问题，主要取决于风险评估：正是风险评估的结论，决定了应否启动预防性规制；确定应启动预防性规制之后，才有如何实施预防措施的第二个问题。可以说，EPA 为了完成上述法定的预防性规制任务，不能不进行风险评估。

不同于事后救济，预防性规制和为了决定是否启动预防性规制而实施的风险评估，发生的时间点在"事先"，这就意味着试图防范的危害在此时仍是"可能的"而不是"现实的"，这本身就使得不确定性不可避免。这种不确定性从根本上来自有关未来会发生什么的知识/信息不存在、不完整或不准确，也即所谓的知识/信息鸿沟。环境风险评估实践中的困难和争议往往就源于此。

（二）美国联邦有关风险评估不确定性的司法判例

如上所述，按制定法中相关预防性规制要求，EPA 广泛运用风险评估于杀虫剂使用限制、空气质量标准设定、有害空气污染物排放标准设定、地表水水质标准设定、有害物质的利用存储及处理、"棕地"的修复目标及方法确定等。而在美国，对于行政机关基于风险评估而作出的预防性规制决定，无论是以一般性规则（如规章或标准）还是具体决定（如禁令或限制令）形式出现，利害关系人都有权请求司法复审（review）。由此，美国已经积累大量相关判例。而法院在这些案件中的裁判意见，其影响通常不限于个案，而是会影响到行政机关后续对类似事务的处理；有时（如后所述），在个案中当事人提出的问题具有显著一般意义时，甚至会促

[①] RV Percival, CH Schroeder, AS Miller, JP Leape, *Environmental Regulation: Law, Science, and Policy*, 6th edition, Aspen Publishers, 2009, p. 181.

使立法机关推出新的制定法规定予以回应。

1. 乙烷基公司案[①]：确认包含不确定性的风险评估可以充当预防性规制根据

在乙烷基公司案中，法院应铅添加剂生产商请求对 EPA 限制在汽油中加铅的规定实施司法审查。乙烷基案涉及的科学不确定性主要是：虽然已知铅有毒且可通过呼吸进入人体，但其时并无直接证据确定汽油中的铅进入大气会导致何种健康影响。对此，裁判意见注意到了预防性规制的特殊性："无疑确定性是一种科学的理想……但是，等待确定性往往只允许反应性(reactive)规制，而不是预防性(preventative)规制。"由此，在事关是否对特定有害物质实施预防性规制时，法院决定不以严苛的证明标准来要求 EPA：

> 当一项制定法从性质上说是预防性的，证据因为处于科学知识、旨在保护公众健康的法规和专业行政官员的决定之前沿而难以获得、不确定或互相冲突时，我们不要求严格地一步一步的因果关系证明。要实现制定法的风险预防目的，可能就无法完成那种严格的证明。当然，我们并不是说行政官员有权基于直觉和胡乱猜测采取行动……但是，我们的确认为行政官员可以评估风险……基于可疑的但不是完全得到支持的事实间关系、事实中的趋势、理论推测、不完美的数据、尚未确定为"事实"的探索性初步数据等，行政官员可以运用其专长从中得出一些结论。我们相信这样得出的结论，即风险评估，如果是合乎理性的(rational)，可构成《清洁大气法》"危及"规定下的)健康规制的根据(basis)。

乙烷基公司案是美国环境法上有较大影响的早期案例，几乎所有美国主流环境法教材都会提及此案，——虽然详略程度和侧重点各有不同。以本章的关注来看，此案的重大意义在于裁判意见敏锐地抓住了风险预防的独特困难，即知识/信息不足的问题，并由此指出传统的证明规范无法适用于预防性规制活动；同时该案裁决也明确了风险评估，尽管不可避免地包含了不确定性，仍然可以构成实施预防性环境规制的依据，被规制者并不能仅仅因为风险评估不够确定就推翻环保机关基于风险评估所作

[①] Ethyl Corporation v. United States EPA, 541 F. 2nd 1(D.C. Cir. 1976).

的规制决定。

此案后不久,美国国会修订了《清洁大气法》,将相关法条的表述从"危及"公众健康或福利改成"可能被合理地预见到会危及"公众健康或福利;清楚地支持了本案裁判意见将此条定位为"预防性"规制的理解,同时也暗含地支持了裁判意见中不应要求预防性规制机关基于确定证据证明实际损害或损害已发生等相关内容。

2. 氯乙烯案①:明确风险评估应当与可行性等分开考虑

氯乙烯案中受到司法审查的是 EPA 依据《清洁大气法》112 条对氯乙烯的规制。原告自然资源保护会(NRDC)引用法条原文("提供足够的安全余地以保护公众健康"),主张 EPA 在制定有害污染物排放标准时不应考虑成本和可行性。法庭全体一致的判决意见,一方面同意 EPA"安全并不意味着要彻底消除风险"的观点,指出零风险目标"根本不可能";另一方面又批评 EPA 在此案中并没有运用其专长确定**可接受风险**(acceptable risk),而是简单地用技术可行性取代了健康考虑。

为指示 EPA 究竟该如何做,法庭意见阐明了所谓的健康风险规制两步走(two-step)要求:其中第一步,行政官员应进行风险评估以认定经规制后的风险"在我们生活其中的这个世界中是可接受的",这一认定应"单纯基于保护公众健康"的考虑,不应考虑成本和技术可行性;第二步,行政官员应确定提议的标准会提供"足够的安全余地"。这个"余地"主要是考虑第一步风险评估内在地包含不确定性,因此在第二步需要决定比第一步确定的标准提供更多的保护。在这第二步,并不排除对经济和技术可行性的考虑,行政官员可以将排放标准设定在"技术可行的最低程度"上。

从这个两步走方案,可以很清楚地看到 1983 年"红皮书"风险评估与风险管理两分框架的影响:第一步属于"纯粹的"健康风险评估,第二步则对应着综合各种因素进行权衡选择的风险管理决定。

在很大程度上回应了此案中有关健康风险评估中应否考虑可行性的争议及裁判意见,1990 年美国《清洁大气法》修订 112 条时也采纳了一个两步走方案:第一步是要求 EPA 在数年内对有害空气污染物施加基于技术的限制(预计这种限制可以大量减少排放);第二步是,允许 EPA 在更晚时候,再来处理所谓的**剩余风险**(residual risk),即经过采用技术限制

---

① Natural Resources Defense Council, Inc. v. U. S. EPA, 824 F. 2nd (D. C. Cir. 1987).

之后仍未完全消除的健康风险。相比修订前要求 EPA 对全部有害污染物一律实施严格控制的一刀切做法；修订后的 112 条并未改变保护公众健康这一规制目标，但在具体实施路径安排上更多地考虑了可行性。

在更为晚近的 2016 年，当美国《联邦有毒物质控制法》修订时，也明确采纳了风险评估—风险管理两步走的方案。修订前的《联邦有毒物质控制法》将规制启动门槛设于"不合理风险"，这被广泛认为暗含地要求规制机关在认定风险是否"不合理"时不仅要进行科学评估，还需要考虑相关的成本和收益；为了使 EPA 能"客观地"评估风险，同时并不放弃经济合理性的考虑，新法明确区分了二者并分别以两款[①]作出了规定：一款（2606b）要求 EPA 基于科学评估化学品的安全性：明确"决定一种化学物质是否有损害健康或环境的不合理的风险，无须考虑成本或其他非风险因素"；另一款（2606c）则规定了 EPA 颁布规制规则的风险管理过程，明确要求 EPA 在这一步骤应当考虑"可以合理识别的经济后果"。

3. 美国货运协会案：风险评估的内在不确定性不应影响标准有效性

美国货运协会（ATA）案中，EPA 因颁布新的空气污染物标准而被诉。一审法官裁判意见[②]虽然确认环保署设立标准时所考虑的健康影响严重性、影响可能性和敏感人群规模等因素是为先前判例所认可的，但仍然批评环保署在设立新的环保标准时并没有像"质量调整生命年"（Quality Adjusted Life Year）这样的方式更为精确地说明污染物到底"多少是太多"。事实上，这是基于对风险规制现实和风险评估特性的误解[③]，是"向科学要求其无法提供的答案"[④]，因为科技人员提供给 EPA 的信息是：案涉臭氧是、而颗粒物可能是"无门槛污染物"，即可以确定的只是暴露越少损害越小，却无法确定在某一个非零暴露水平上是无害的；如果尊重这一科学前提，EPA 据此宣称更严格的标准可以减少伤害的

---

① 15 U.S.C. § 2606 (b)&.(C).
② American Trucking Ass'ns, Inc. v. U.S. EPA, 175 F.3d 1027 (D.C. Cir.1999).
③ 可参见金自宁：《风险规制时代的授权与裁量——"美国货运协会案"的启示》，载《法学家》2014 年第 3 期。
④ Richard J. Pierce, Jr., "The Inherent Limits on Judicial Control of Agency Discretion: The D.C. Circuit and the Nondelegation Doctrine", 52 Administrative Law Review 68(2000).

说法是合理的,而要求 EPA 一定要在此找到门槛的要求是"不合乎理性的"。

这一点在重审时终于得到了确认:在美国最高法院将此案发回重审后,原审法院最终按高度遵从的标准审查并认定环保署基于上述理由设立新环保标准的裁量是合理的,并且明确承认:制定法要求 EPA 颁布保护性标准,这一要求在风险"无法量化或无法精确识别其性质和程度"时仍然存在;"EPA 不能确保颗粒物标准的精准或提高其精确度,这根本不会(in no way)损害该标准的有效性,毋宁说,这种局限显示的不过是有关颗粒物健康风险的科学不确定性仍然存在。"①

(三) 评析:如何处理风险评估不确定性在美国亦是未决困难问题

风险评估的吸引力显然至少部分地源自对"客观、中立、理性"之"好科学"的依赖或说迷信。② 风险评估涉及大量科学技术知识的研究和应用——就环境与健康的风险评估而言,主要是流行病学和毒理学研究和应用。美国 EPA 在实践中采纳并一直坚持至今的风险评估与风险管理的二分框架,也假定了风险评估不同于风险管理的关键特性就是其"科学性"③。然而,风险评估真是"纯粹的科学过程"吗?这在美国法学界是一个反复被提起的疑问。④ 虽然整体看来,迄今为止,风险评估/管理的二分仍未被颠覆,但此框架在美国的确遭遇了强有力的挑战。这种挑战主要来自风险评估本身在实践中的不确定性⑤,也即本章前文所述的外部不确定性和内在不确定性。

风险评估的外部不确定性在美国典型地体现为对风险评估能否脱离

---

① Am. Trucking Ass'ns v. U. S. EPA,283 F. 3d 355 (D. C. Cir. 2002).

② 可参见〔美〕希拉·贾萨诺夫:《第五部门:当科学顾问成为政策制定者》,陈光译,温珂校,上海交通大学出版社 2011 年版,第 1 页。

③ 尽管也承认风险评估涉及科学不确定性,但整体而言,EPA 一直视风险评估为提供可靠"科学信息"的活动。其风险评估委员会在 1991 年发布的《风险评估指南》中将风险评估描述为"可靠、客观、基于现实且平衡的(balanced)",不涉及"非科学因素"。EPA Risk Assessment Council, *Guidance for Risk Assessment* (Nov. 1991).

④ Daniel A. Farber, Jody Freeman & Roger W. Findley, *Cases and Materials on Environmental Law*, 7th edition, Thomson/West, 2007, p. 77.

⑤ 相关文献较多。有评论者甚至声称,由于风险评估涉及的不确定性如此之多以至于风险比较可能并不比"外行的猜测"更好。Donald A Brown, "Superfund Cleanups, Ethics, and Environmental Risk Assessment", 16 *Boston College Enviromental Affairs Law Review* 181 (1988).

可行性或成本效益考虑的讨论中。EPA 在早期的确曾以不计代价的零风险为目标,但很快就发现零风险目标不现实,因为这将要求禁止"数千具有重要商业利益的潜在致癌物","可能迫使美国返回到工业化之前"①。就此而言,EPA 在风险规制活动中放弃零风险目标本身就是基于成本考虑。而在明确排除零风险追求后,风险评估的根本任务就是帮助决定非零的"可接受风险"②。接下来的问题就是:什么是"可接受风险"?它可以在不涉及风险技术的好处以及减少风险的成本的情况下决定吗?③ 而一旦允许甚至要求行政机关在进行风险规制时考虑风险技术的好处及减少风险的成本,一些正当的担心也随之而来:科学(特别是科学不确定性)会因为政治和经济的理由而被滥用吗? 例如,企业会用声称存在科学不确定性的方法来阻挠预防性规制,而规制机构也可能将自己的政策选择包裹成"让科学说话"。这两类事例,在 EPA 的风险规制史上都曾出现过。④

前述氯乙烯案的两步走方案可以视为对于风险评估外在不确定性问题的一个司法回应,即司法机关试图规范风险规制机关令其在风险评估之后才开始考虑成本。但是,这一回应并没有终结相关争议,因为该案判决只是重申了 1980 年代以来即已在美国牢牢确立的风险评估与管理二分框架,——事实上,根据红皮书的解释,确立风险评估与管理二分框架的理由正在于防范科学会被政治和经济等科学之外的考虑所扭曲。从现实来看,尽管既有司法判例(如氯乙烯案)的明确指示,也有制定法的明确要求(如 2016 年修订后的有毒物质控制法),但这种基于风险评估与管理二分的两步走方案有时并不奏效。如 EPA 可能通过宣称风险太过微小"不显著"或"太不确定"而根本不启动风险评估,或者在启动风险评估的情况下运用其裁量权大大限缩风险评估的范围;而 EPA 这样做,可能是

---

① William D. Ruchelshaus, "Risk, Science and Democracy", 1 *Science and Technology* 19(1985).

② 参见前文所述氯乙烯案。

③ John E. Bonine, Thomas O. Mcgrarity, *The Law of Environmental Protection*: *Cases*, *Legislation*, *Policy*, 2nd, West Academic Publishing, 1992, p.703.

④ 前者,参见〔美〕Thomas O. McGarity:《风险评估司法审查多伯特化的前景》;后者参见〔美〕Cary Colianese & Cary E. Marchant:《流沙:科学在风险标准制定中的局限》,此二文中译收入金自宁编译:《风险规制与行政法》,法律出版社 2012 年版,第 105—224 页。美国法学界有关滥用科学不确定性的新近研究成果,可参见 Thomas O. McGarity & Wendy E. Wagner, "Deregulation Using Stealth Science Strategies", 68 *Duke Law Journal* 1719 (2019).

出于正当的考虑(如有效利用行政资源),也可能出自不正当的考虑(如逃避风险规制的法定责任);鉴于此,有研究者建议①:与其让行政机关用貌似科学中立的风险评估话语来包装事实上的成本考虑,不如在"两步走"方案之前增加"第零步",鼓励行政机关在决定是否对特定风险启动评估以及划定风险评估范围时说明事实上影响了其决定的成本考虑以接受公众监督。

至于风险评估的内在不确定性,上述美国货运协会案的原审判决思路表明,美国法官倾向于高估风险评估所需应用的科学知识之可得性和可靠性,以此回避或忽略对风险评估内在不确定性的处理。事实上,这并非个别例外。很多法律人在风险评估与风险管理二分框架下对科学知识所能提供的确定性仍抱有不切实际的期待。典型的如,更为晚近的马萨诸塞州诉环保署初审②判决意见。该案涉及的科学不确定性主要是机动车排放对全球气候变化的作用不确定。全国研究会(National Research Council,NRC)的相关研究结论是:一方面,"不能毫无疑问地确立"包括汽车排放在内的温室气体排放与全球气候变化之间存在"因果关系";但另一方面,已观察到的事实"提示"(suggest)因果关系的存在。正是基于此结论的前一方面,伦道夫(Randolph)法官得出了支持EPA不予规制的推论;而塔特尔(Tatel)法官对此表示异议,认为"对危险的合理预测而不是毫无疑问的证明"才是EPA适用《清洁大气法》的标准。将两位法官的意见对比③,可以发现伦道夫法官对风险规制情境下的科学不确定性的存在及其对风险评估的影响相对而言更缺乏理解;而塔特尔法官上述在评论者看来"每一点都弄对了"④的意见,也并非独创或新创,而只是与数十年前的乙烷基公司案裁判意见中有关风险评估和预防性规制的观点保持了一致。

---

① Natalie Jacewicz, "Risk Assessment & Cost Contamination", 44 *Harvard Environmental Law Review* 417 (2020).
② Massachusetts v. EPA, 415 F. 3d 50 (D. C. Cir. 2005).
③ David S. Caudill, "Images of Expertise: Converging Discourses on the Use And Abuse of Science In Massachusetts v. EPA", 18 *Villanova Environmental Law Journal* 185 (2007).
④ Lisa Heinzerling, Thrower Keynote Address, "The Role of Science in Massachusetts v. EPA", 58 *Emory Law Journal* 411 (2008).

六、完善风险评估的法律规制：聚焦内在不确定性

风险评估无法避免不确定性，风险评估相关立法也不应回避对不确定性的处理。如前所述，针对外部不确定性挑战的法律应对，已有一定的相关探讨，在此不再赘述。本部分聚焦于既有研究相对缺乏而美国经验中也尚无定论的部分，即在前述风险评估合法性评价的一般框架之下，法律究竟应当如何规制风险评估的内在不确定性。

（一）不确定性说明责任

对于在合理范围内的不同预设会得出不同风险评估结论而引发前述疑虑的一个实事求是的应对方法，是诚实地说明特定风险评估涉及的不确定性是一个范围而不是一个点或一条线。这样，量化风险评估的结果也会呈现为一个数字范围而不是一个特定的数字。[①] 反过来看，这实际上揭示了，用特定数字（一个点或一条线）来表达风险评估结论是以表面的确定性掩盖了原本存在的不确定性，而代之以数字范围来表征风险则可使之前被无意或有意隐藏的不确定性显现出来。

由此可以引出风险评估主体对不确定性的说明责任。即对风险评估中的不确定性予以说明，不应该仅仅是一种就事论事的实用对策甚至"危机公关"的临时反应，有必要将其确立为应然意义上的规范要求[②]，主要理由是：为了更好地管理风险和沟通风险，有必要要求风险评估者将风险评估内在的不确定性因素展现在风险规制者、利害关系人和一般公众面前。具体而言，在规范上明确风险评估主体对不确定性的说明责任，不仅有利于消除一般公众对风险评估科学性客观性和中立性的怀疑，也为利害关系人提供了合理辩论的空间，并最终有利于风险规制者恰如其分地合理运用风险评估报告结论。

我国近年来颁布的风险评估技术标准，有许多已经涉及对风险评估内在不确定性给出说明的要求，如《大气污染人群健康风险评估技术规

---

① 这正是美国环保署量化风险评估中的教训和经验。NRC, *Science and Judgment in Risk Assessment* (1994), pp. 175-179.
② 从决策角度解释为什么要明确风险评估中不确定性的，可参见〔美〕格来哲·摩根等：《不确定性》，王红漫译，北京大学出版社 2011 年版，第 59—60 页。

范》(WS/T 666—2019)[①]、《生态环境健康风险评估技术指南 总纲》(HJ 1111—2020)[②]等。只是，这些要求目前还只是初步和简略的。需要强调，对风险评估内在不确定性的说明应是完整和充分的，并非只是披露(disclose)内在不确定性的存在，还应描述(characterize)特定不确定性的类型/来源和风险评估中对该不确定性的处理，提供(justify)选择该特定处理方法(如选择特定假定或预设值)的科学理据，并解释(explain)这种不确定性处理方法对风险评估结果的影响。就此而言，推荐将"不确定性分析"纳入风险评估报告，使之成为风险评估报告中一不可或缺的部分[③]是值得肯定的努力。

需要补充说明的是，正如风险评估详略程度以应对风险规制任务所需为限，风险评估中对不确定性的说明也不是越详细越好，过分的烦琐也是不必要的。正如美国2009年《科学与决策：提升风险评估》所强调的，风险评估中的不确定性分析范围和详细程度应当反映比较不同风险管理选项的需要，这一点在风险评估的早期阶段，即所谓的规划(planning)阶段，即应予以明确。[④] 这可以说是前述比例原则在风险评估不确定性说明责任上的具体应用。

(二) 不确定性减少责任

因为风险评估中的内在不确定性源于知识与信息的不足，真正能够减少这种不确定性的是通过研究(research)——包括理论探究也包括经验调查——获得更多更好的知识与信息。在风险评估报告中对内在不确定性作明确披露，好处之一是，它使如下问题显露出来：是否应当展开进一步研究、搜集更多更好的风险相关信息以减少不确定性？

这一问题不仅在特定风险评估展开的早期阶段即已提出并要求回答(如前所述)，在风险评估实施过程中这一问题也有可能再次浮现：面对相关知识和信息的不足，究竟应暂停风险评估先作进一步研究或者带着不确定性继续风险评估？理想世界中，答案似乎是显而易见的：只要有可能，更多知识信息更多确定性似乎总是更好的。但在现实世界中，这些问

---

① 第4.8条。
② 第9.3.3条。
③ 如《化学物质环境健康风险评估技术指南》附录D"评估报告框架"。
④ NRC, *Science and Decisions: Advancing Risk Assessment* (2009), p.7.

题答案并不总是显而易见的,因为严格来说,这类问题并非"纯粹"科学问题,而更多是科学与政策"混杂"的问题——回答这样的问题,需要考虑许多科学以外的因素,例如获取和利用更多的信息和知识可能过于昂贵或耗时过久,使风险评估原本应服务的风险规制错失良机等。就此而言,风险评估中不确定性减少责任的界定,也即在何种情形应当进一步调查研究以减少不确定性以及应当将不确定性减少到何种程度的问题,不能交给风险评估技术人员独断,最好能确立一般规范[①]。

甚至,在风险评估完成之后,这一问题仍然不会消失:既然我们已经明确已经完成的风险评估是在缺乏特定知识和信息所造成的不确定性条件下完成的,当新的知识和信息出现,当特定的知识信息缺口已经弥合,相关不确定性随之降低甚至消除,是否应当根据更新的知识和信息对已作过一次评估的风险进行再次评估?再一次,理想世界中的答案是显而易见的,但现实世界中需要考虑新知识与信息的可靠性、再评估花费、利害关系方的信赖保护等政策因素。由此,也需要尽可能明确决定的依据和标准。

无论具体个案中对这些问题如何回答,对这类问题的关注,可以让我们摆脱只关注风险评估报告内容是否准确和结论是否可靠的静态视角,转而把风险评估看成一个需要不断调整更新(或称之为"迭代")的动态过程。这一点在我国风险评估实践中已经引起了注意,如《化学物质环境风险评估技术方法框架性指南(试行)》第二大点第(三)项第 2 段规定:"结合风险管控目标,为降低风险评估的不确定性,可以进一步研究与收集化学物质有关毒性和暴露数据,持续反复开展风险评估,即风险评估可以是一个迭代过程。"

更进一步,从风险评估的迭代更新来看,尽管在风险评估中使用假设或预设值来处理不确定性有简化和统一风险评估操作等益处,但假设毕竟不是"真实",基于这些假设所作的风险评估在多大程度上偏离了真实的风险,始终是个问题。如果因为有"假设"可用而停止探寻"真实",就已

[①] 如我国《大气污染人群健康风险评估技术规范》第 4.6 条规定:"如果数据资源可用性不满足要求,则需要改进数据收集,或选择不同的工具,或重新提出问题。若以上三种方式均不能解决,则终止大气污染人群健康风险评估工作。"

经背离将"假设"作为权宜之计的初心。研究者发现[①],美国国家研究会较早注意到了这一点,在其研究报告中指出风险评估机构应当积极探求数据,以减少对预设值的需求;美国联邦 EPA 也认同这一点,在其《致癌风险评估指南》中将运用新的科学知识取代预设值当成其通用原则。2009 年银皮书中,美国国家研究会进一步建议 EPA 不仅要持续应用"最好最新"的科学知识去支持和修改预设(default assumptions),还要确立明确具体的标准,规定何种证据水平下应使用研究数据取代预设。[②] 这一点在我国近年来的风险评估相关技术标准中也开始有了初步的体现,如《建设项目环境风险评价技术导则》[③]也允许在说明理由的前提下"选用推荐模型以外的其他技术成熟的大气风险预测模型"。——在这个意义上,我国近年来的技术标准将相关预设/假定称之为"推荐值"或"推荐模型",相比学界惯用的"默认值"(defaults)一词更为恰当:"推荐"突出强调它们并非刻板要求,在有正当理由时可以偏离——就本章此处的讨论而言,偏离的正当理由之一就是:进一步的研究可以或已经获得新的知识和信息,使风险评估能够比推荐值更接近"真实的"风险。

七、结　语

从法学的角度讨论风险评估的法律规制问题,从根本上说,是一种将风险评估置于法治架构之内的努力。本章显示了,要将作为风险规制工具的风险评估纳入法治架构,从一般法理和既定规范出发的梳理固然有其重要意义,但这种进路很难充分关照到风险评估活动的特殊性。因此,仍需补以从实践和事理出发的考察,才不致错失风险评估法律制度的关键内容。

[①] 美国不确定性决策委员会:《面向不确定性的环境决策》,许振成等译,电子工业出版社 2018 年版,第 48 页。
[②] NRC, *Science and Decisions: Advancing Risk Assessment* (2009), p. 8.
[③] 第 9.1.1.1(c)条。

附录 现代法律如何应对生态风险?
——进入卢曼的生态沟通理论*

【提要】 卢曼生态沟通理论对于理解现代法律如何应对生态风险具有重要意义。现代法律是功能分化了的现代社会系统之诸多子系统之一,其功能在于稳定规范性预期,其运作是以条件程式应用合法/不合法二元符码。这使得现代法律应对生态风险问题时会出现共振过多或过少的问题。环境规制法中解决这类问题的尝试会给法律作为分化功能系统的运作带来复杂的影响,卢曼的分析只突显了诸种可能性中的一种。

一、卢曼的理论关怀与本文的问题界定

人在自然中生存。自从这个世界有了人类,自然环境就不可避免地会受到人类活动的影响。

只是,在近代工业革命之后,有了现代科技的武装,人这个既没有鹰的眼睛,也没有豹的速度和熊的力量的脆弱生灵,拥有了前所未有的能力,可以史无前例地"征服"和"控制"自然,以满足种种必要及不必要的需求和欲望。问题是,这种能力的增加并不必然伴随"能力越大责任越大"的相应制约。于是,我们就来到了这个贝克(Ulrich Beck)所谓的"风险社会"[①],也就是吉登斯(Anthony Giddens)所谓的"失控的世界"[②]。

---

* 本文发表于《法律方法与法律思维》2012年第8辑。
① 〔德〕乌尔里希·贝克:《风险社会》,何博闻译,译林出版社2004年版。
② 〔英〕安东尼·吉登斯:《失控的世界:全球化如何重塑我们的生活》,周红云译,江西人民出版社2001年版。

置身于这样的世界,人们不能不意识到:工业技术在带来"物质享受极大丰富"的同时,也带来了空前的"威胁"——生态风险就是其中最突出的部分:环境污染、资源耗竭、人口过剩、物种急剧消失以及气候反常变化等。20世纪六七十年代,随着街头抗议、议会游说、绿色组织的民间活动等环境政治运动在全球范围内兴起,生态风险终于成为被普遍关注的社会议题。

　　正是在这样的背景下,著名社会学家卢曼(N. Luhmann)于20世纪80年代中期发表了《生态沟通》[1]一书,加入了对人类社会如何应对生态风险的讨论,——用卢曼自己的话来说,加入了就生态危害问题而展开的社会"沟通"。《生态沟通》和贝克的《风险社会》出版时间接近,都属于最早突破现代学术分科的视野局限,将风险议题从自然科学领域引入社会学科领域的著作。

　　《生态沟通》是沉迷于宏大、抽象理论的卢曼少见的一部以具体现实问题为主题的著作。卢曼对现代社会的研究几乎是无所不包的[2]:法律、政治、经济、艺术、宗教、信任、权力以及"作为激情的爱情"[3]。所有这些研究都以建立一种普遍的社会理论(a universal theory of society)为目标。用《纪念尼克拉斯·卢曼》[4]一文中的话来说,"他关注的主题是作为整体的社会,而他的热情在于理论。"不那么精确地说,他是那种"抬头仰望星空"而不是"低头注意路面绊脚石"的学者。这样的学者,居然会屈尊关注"生态危机"这一俗世之中的"热点问题"——这也许可以说明:现代生态问题的严重性和重要性,已经达到令人不能不为之动容的程度了!

　　虽然讨论的是一个具体的现实问题,《生态沟通》一书和卢曼卷帙浩繁的其他著作一样,其基本关怀仍在于确立抽象的一般理论。由此,在《生态沟通》一书中,"生态风险"问题被卢曼当成一个例证,用于说明贯穿

---

[1] Niklas Luhmann, *Ecological Communication*, translated by John Bednarz, Jr., The University of Chicago Press, 1989, Preface Xviii. 以下多处引用此书,不再加注,只在文中标示页码。

[2] 卢曼(1927—1998年)共出版著作三十余部,发表论文二百余篇。关于卢曼生平及著述的介绍,可参见高宣扬:《鲁曼社会系统理论与现代性》,中国人民大学出版社2005年版。

[3] 卢曼一本书的书名。Niklas Luhmann, *Love as Passion: The Codification of Intimacy*, Trans. by J. Gaines & D. L. Jones, Stanford University Press, 1998.

[4] 〔德〕伯恩德·R.霍恩尤格:《纪念尼克拉斯·卢曼》,沈杰译,http://www.sociology.cass.cn/shxw/qt/t20041021_3253.htm,2021年7月1日最后访问。

了其几乎所有著述的基本理论关怀,即从结构—功能的角度整体把握现代社会的结构性特征。在他看来,现代社会最基本的特征就是从结构上分化成不同的功能系统;许多问题,——生态风险只是这许多问题中因其显著重要性而特别引人注目一个而已,——之所以难于得到解决甚至无法得到解决,恰恰就是因为我们忽略了现代社会这一结构性特征。这就是为什么卢曼在《生态沟通》一书一开始就批评社会学的"自我设限"(abstinence),即将生态风险的根源局限于社会系统内部,而没有看到社会系统的环境,没有看到"所有系统内部的问题最后都要追溯到系统与环境的区分"(p.2)。

相形于卢曼对宏大理论的偏好,本文所关心的问题,即现代法律如何应对生态风险,是一个较为有限的问题。因为选择聚焦于法律系统,卢曼在《生态沟通》一书中对其他功能分化系统,如经济系统、宗教系统、科学系统、教育系统等的讨论,在本文中将退隐不现,只具有"类比"的参考意义。虽然,以卢曼基于"对观察的观察"[①]的宏大社会系统理论为知识背景,我们在本文中也并不能忘记,生态风险问题,即人类社会与其自然环境的关系问题,归根结底,并不是这个社会子系统或那个社会子系统内部的问题,而是社会系统与环境的区分和差异问题。

就本文所关心的问题而言,卢曼在《生态沟通》一书中对现代法律系统的讨论,具有特别的启发意义。这首先是因为,当代研究生态风险的最有影响的作者们,如贝克和吉登斯,虽然都不会忽略现代法律在应对生态风险中的作用,却很少专门讨论这一点;卢曼对现代法律如何应对生态问题的讨论因而属于少有的例外。而且,卢曼曾从弗莱堡大学获得法学学位(1949年),毕业后又曾长期从事公共行政方面的法律实务工作[②];因此,我们完全有理由期待在卢曼的著述中看到一位训练有素的法律专家形象。另外,卢曼以"社会学中的黑格尔"而闻名于世,其理论体系庞大内容艰深,使读者常有望洋兴叹不知从何着手之感;而相比《生态沟通》一书中涉猎广泛的其他内容,作为与卢曼一样受过法学训练的读者,也就是与卢曼一样曾受"法律自主性与开放性"悖论困扰——相关争论文献在法学

[①] 《生态沟通》一书第5章标题,意指"二阶观察"。
[②] 直到1960年卢曼有机会师从帕森斯学习社会学之后,才专注于学术研究。有关介绍,可参见胡水君:《尼克拉斯·卢曼:后现代社会及其法律》,http://law-thinker.com/show.asp?id=939,2011年2月1日最后访问。

领域可谓铺天盖地避无可避——的读者,应该更容易进入其有关法律的讨论。①

因此,本文选择从卢曼对法律的讨论入手,带着如下问题与卢曼一起思考:现代法律如何应对生态风险?

二、卢曼眼中的法律:功能与结构

(一) 法律的功能:稳定规范性预期

法律在古代文明中亦存在。在卢曼看来,"一切集体的人类活动都直接间接地由法律形成。就像知识一样,法律是社会条件一个基本的和无所不在的事实"。② 从古至今,社会由简单走向复杂;相应地,法律从具体走向抽象,以便通过灵活解释以适应不同的情况;同时,法律的表现形式也发生着从古代自然法到近代理性法和当代实证法的变化。③ 在这个演变过程中,法律一直具有维持"规范性预期"的社会功能。④ 只不过在"功能分化"尚未发生之前,法律提供规范预期的方式与习俗或信仰还无法区分开来。当且仅当法律在历史演化中形成独特运作机制因而能够自成一体之后,它才开始独立承担稳定规范性预期的功能。

在此,需要特别强调的是,规范性预期不同于认知性预期或学习性预期。⑤ 规范性预期,是一种对"应当如何"的预期,是那种即使后来事实令人失望也能够被坚持的预期。而认知性预期,是一种对"实际上会如何"的预期,一旦后来事实令预期落空,就会被抛弃或修正——认知性预期会从事实中学习,而规范性预期不会。换句话说,规范性预期具有对抗现

---

① 而一旦理解了卢曼对法律这一功能分化系统的讨论,也就有望举一反三地理解书中对政治、经济、科学、宗教等"有着相似反应方式"(前言 p.1)的其他功能系统的讨论。
② Niklas Luhmann, *A Social Theory of Law*, translated by Elizabeth King & Martin Albrow, Routledge & Kegan Paul 1985, p.106.
③ 关于法律功能分化之历史演进,卢曼自己的论述,请看〔德〕卢曼:《社会的法律》,郑伊倩译,人民出版社 2009 年版。国内法学界的相关介绍,可参见杜健荣:《法律与社会的共同演化——基于卢曼社会系统理论反思转型时期法律与社会的关系》,载《法制与社会发展》2009 年第 2 期。
④ 国内法学界对卢曼法律功能相关研究的介绍,可参见罗文波:《预期的稳定化——卢曼的法律功能思想探析》,载《环球法律评论》2007 年第 4 期。
⑤ 参见〔德〕卢曼:《社会的法律》,郑伊倩译,人民出版社 2009 年版,第 67 页。

的稳定性：当实际发生不合规范的预期时，亦会出现失望，但规范预期本身并不因此就被打破了。

运用法学上效力与实效的区别可以很好地理解这种"规范性"的意义。一般适用的法律规范可能造成个案不公正的结果，一些法律规范并不总能得到彻底执行。"在观念和物质这两个方面，法律系统都没有达到尽善尽美。"[1]但是，这些都是法律的实效问题，而不涉及法律的规范效力。法律的规范效力并不取决于法律在某个具体情形中是否得到了不折不扣的执行。

（二）法律的功能实现：符码化

卢曼认为，现代法律是功能分化了的现代社会系统之诸多子系统之一[2]；他将功能分化与各功能分化系统的自主性联系起来："这种制度安排要求每个子系统都具有完全的自主性，因为没有任何其他的子系统能够在功能上代替它。"[3]

然而，即使在功能已经分化了的现代社会，也不能否认的事实是：现代社会中的法律，除了稳定规范性预期，还可以同时提供许多他种服务，如解决纠纷或者管制行为[4]；另一方面，提供规范性预期并不是法律系统所专有的功能，宗教、道德等看上去已经衰败但仍继续存在的系统，其运作亦包括提供一定的规范性预期。

所以，卢曼所谓的法律功能的不可替代性，并不能仅仅从功能的内容，即"稳定规范性预期"来理解，还应当加上"符码化"运作这一独特的功能实现机制。"没有任何其他的系统是在这一符码下运作的。"(p.64)

在卢曼那里，二值符码是所有社会分支系统运作的基本结构，应用不同二值符码进行不断的区分是社会分支系统运作的基本方式。法律系统所特有的二值符码是：合法与不合法的区分。法律系统的全部运作就是

---

[1] 〔德〕卢曼：《法律的自我复制及其限制》，韩旭译，《北大法律评论》（第 2 卷第 2 辑），北京大学出版社 1999 年版，第 466—469 页。

[2] Niklas Luhmann, *The Differentiation of Society*, Columbia University Press, 1982, p.122.

[3] 〔德〕卢曼：《法律的自我复制及其限制》，韩旭译，载《北大法律评论》（第 2 卷第 2 辑），北京大学出版社 1999 年版，第 466—469 页。

[4] 卢曼认为这些都不是法律系统的独特功能，而只是其提供的服务而已。可参见〔德〕卢曼：《社会的法律》，郑伊倩译，人民出版社 2009 年版，第 80—81 页。

合法/不合法符码的应用。法律系统就是一个通过区分和判断合法/不合法而形成,并因合法/不合法符码的不断使用而持续存在的系统。

合法/不合法符码的应用要求回答特定行为合法还是不合法的问题。这种回答不能是任意的,而必须依据一定的标准。这个标准不是别的,正是法律规范。在法律系统内,只有依据法律本身而不是依据别的什么规范,才能判断什么是合法、什么是不合法。或者说,只有法律本身才是法官判决正确与否的判断标准。政治的标准、道德的标准,都不能担当这一角色。用卢曼的话来说:"只有法律自己才能说什么是法律。"[1]

这,看上去像是同义反复。而在卢曼那里,恰恰是这种同义反复式的规定,揭示了法律系统运作的自成一体性,或者说,标志出了现代法律系统的"自主性"或"自治性"[2]。

(三) 法律自主性问题及其"卢曼式"解决:条件程式

问题在于,从"只有法律规范才是合法/不合法判断的标准"这一角度理解法律系统的自主性,是一种局限于法律系统"内部"的观察,无法解释法律系统与其"外部"环境的关系。

当我们开始考虑法律系统与其外部环境的区分与关联时,就会发现,上述"自主性",并不能否定如下事实:法律系统与系统"外部"环境之间存在互相影响与作用的关系。——正是基于对此事实的不同认识,法律的自主性已经成为现代法学界聚讼纷纭的难题之一。

法律是一个闭合体系吗?法律能够提供确定性吗?经过法律现实主义[3]的洗礼之后,面对这类问题,极少有法学研究者胆敢简单地说"是",但也很少有人愿意轻率地说"不"。至于符合经验、常识和直觉的谨慎答案:法律既自成一体又具开放性,法律既具有稳定性又具有"与时俱进"的适应性,看起来又像是在和稀泥。

究竟应当如何理解法律自主与开放、稳定与适应之间的张力? 如果

---

[1] 〔德〕卢曼:《社会的法律》,郑伊倩译,人民出版社 2009 年版,第 23 页。
[2] 关于卢曼的法律"自主性",也即法律"自治性"观念,一个与本文关注点不同的详细介绍,见鲁楠、陆宇峰:《卢曼社会系统论视野中的法律自治》,载《清华法学》2008 年第 2 期。也可参见杜健荣:《法律系统的自治——论卢曼对法律自治理论的重建》,载《中南大学学报(社会科学版)》2008 年第 4 期。
[3] 有关介绍,可参见〔美〕E.博登海默:《法理学:法律哲学与法律方法》,邓正来译,中国政法大学出版社 1999 年版,第八章。

我们不能放弃这彼此拉扯的两端中的任一端,那么就应当追问:在什么意义上,法律系统是自成体系并具有稳定性的? 在什么意义上,法律系统又是具有开放性并可以学习适应的?

正是在这里,卢曼通过提出如下著名论断而做出了独特贡献①:法律系统在运作上是闭合的,但在认知上是开放的。(p.64)

法律系统的运作,即合法/不合法符码的应用,之所以是闭合的,是因为如前文所述,其合法/不合法判断的标准只能是法律系统内部的规范。这种规范上的闭合,是法律系统之所以自成一体,区别于其他系统(如政治或道德系统)的标志和条件。

另一方面,在依据法律规范进行合法/不合法的判断过程中,会有认知的因素加入。而对"事实会如何"的认知,具有开放性。如前所述,认知性预期可以从"经验"中学习,也即可以随着实际情况的变化而不断调整。

卢曼借用法律人熟悉的"如果(if)……那么(then)……"这一条件程式②来说明这两方面的结合。这种程式允许"外来"的信息作为认知因素进入,但又不会破坏法律系统由合法/不合法符码决定的统一性(identity)(p.45),从而可以将法律系统的闭合性与开放性结合起来。

这里的关键在于:在法律运作的条件程式中,进入法律系统内的"外来"信息,是法律系统依据规范而选择和重构过的信息。只有法律可以处理的事实,或者说会影响到法律规范适用结果的事实,才是法律系统内的"事实"。法官在判决时不会考虑"与法律规范无关"的事实;法官在作出裁判时,考虑某一特定信息的方式、对该信息意义的理解,也与法律系统之外的主体(如经济系统中的商人),对该信息的考虑方式和理解是不一样的。那些法律系统无法处理的信息,或者说通常所说与法律无关的事实,对法律系统是"不可见的"。

---

① 有关介绍,可参见周婧:《封闭与开放的法律系统如何可能?——读卢曼〈法律作为社会系统〉》,载《社会学研究》2009年第5期。

② 按卢曼的观点,条件程式只是结合法律闭合性与开放性的一种方式;另一种可能的方式是法律教义学,即通过提炼、打磨法律概念与学说,使法律系统在自成一体的同时,保持开放性和适应性。但后一种方法需要较长的积累和沉淀时间。而当代立法活动的迅速增加,立法更新速度不断加快,并没有给法律教义学技艺的应用留下多少时间。

三、现代法律"眼中"的生态风险

(一) 法律系统只能"有限认知"生态风险

先有功能分化了的、独立的法律系统存在;之后,才有"法律系统应当应对的"生态风险出现。或者说,在人们才普遍认为法律应当针对生态风险"做点什么"之前,法律系统已经作为运作上闭合的社会功能子系统分立很久了。这种先后顺序作为既定的历史事实,意味着:在"认知"生态风险时,法律系统受限于它自己特有的功能及与此功能相适应的、特定的运作机制。

也就是说,人们普遍关切的生态风险,对于法律系统而言,属于诸多"外来"信息之一。如前所述,对于包括生态风险相关信息在内的所有的"外来"信息,法律系统在认知上虽然是开放的,但却并不是"全知的"。

首先,法律系统看不见它"不能看见的"。这意味着,某些一般人认为极其重要的生态风险,对法律系统而言,很可能是"不可见的"。假如某类生态风险,在实证法上完全"无法可依",合法/不合法符码对之完全无法应用;那么,这类问题就会被排除在法律系统之外,法官、律师和当事人根本不会视之为法律问题。比如说,一场非人为原因引发的火山爆发,可能会在传媒界引发"集体狂欢"式的追踪报道,但法律系统却可以"理所当然地"置身事外、完全无动于衷。

其次,法律系统在"看见"时,也只能使用法律系统"自己的眼睛"来看。这意味着,法律系统有着自己"观察"事实、理解信息意涵的独特方式,不同于政治和经济等其他功能系统的方式。这种方式取决于其独特的运作机制,即前文所述应用合法/不合法符码时使用"如果……那么……"条件程式。比如说,一场由化工厂原料泄漏造成的河流污染事故,可能同时引起法律系统和传媒系统的关注。但法律系统关心的是这一事故在法律上的可归责特性;而传媒系统,关心的是"新闻价值",即整个事件过程中是否因"新奇""新颖"而会吸引公众注意力的因素。

在这里,我们看到的是:自成一体的法律系统与其环境之间的界线,并非不可以穿越。只是,这种穿越必须以特定方式——应用符码以及条件程式的方式——进行。

需要补充说明的是：理论上，我们可以把法律系统对外来信息的这种选择分为两个层次，一是"选择"某些信息，而无视另外一些信息；二是对"被选中"的某些信息的意涵"选择"这种理解而忽略另种理解。但在实际运作中，这两类"选择"是一次性完成的。[①] 选择这些信息而不是那些信息，正是因为在法律系统"眼中"，这些信息而不是别的信息具有"法律意义"。

（二）过少和过多的"共振"

法律系统与其环境之间，因前述"边界穿越"而产生的关联，是一种具有选择性的特殊关联。无论是演化论中"生存者"对环境的"适应"，还是控制论上环境与系统之间的"输入—输出"关系，都很难突出这种关联中源于系统内部自成一体运作的"选择性"。因此，我们看到，卢曼拒绝了"适应"和"输入—输出"这些表达，转而从物理学中借用了"共振"（Resonance）这一术语[②]，宣称分化了的诸社会系统与外部环境之间"只有基于它自己特有的频率才能产生共振"，而社会系统（包括法律等子系统）居然会对生态风险产生共振，是一件"概率极低的事"（p.16）。

值得特别指出的是，在现代社会分化为不同功能子系统已经成为既定事实的情况下，作为功能分化系统的法律，其外部"环境"，不只包括了社会系统的环境（如包括生态意识在内的心理系统）[③]，也包括了其他社会子系统（如政治系统和经济系统）。也就是说，通常所谓各系统之间的"互动"，其实仍是以"系统—环境"之间"共振"的方式发生的，仍会受到前

[①] 由于信息的法律意义是参照法律规范而确定的，所以，可以说，系统运作的规范维度与认知维度的区分只是理论上的；在实际运作中，法律系统的每一运作都同时包含了规范维度和认知维度，规范上的闭合与认知上的开放是同时实现的。"法律中的任何一个运作，信息的每一个法律处理都同时采取了规范和认知取向——同时而且必须连接在一起，但是并不具有同样功能。规范属性服务于系统的自创生，即其在与环境的区分中的自我存续。认知属性则服务于这一过程与系统环境的调和。" Niklas Luhmann, "The Unity of Legal System", in Gunther Teubner(ed), *Autopoietic Law—A New approach to Law and Society*, Walter de Gruyter, 1987.

[②] 在《生态沟通》一书中，卢曼同时使用了"共振"和结构性耦合（structural coupling）两个术语来描述系统与环境之间的关系。但从其之后的著作来看，"结构性耦合"更多用来描述互为环境但同样自成一体的社会子系统与子系统之间的联系。如，Niklas Luhmann, "Operational Closure and Structural Coupling: The Differentiation of the Legal System", 13 *Cardozo Law Review*(1992).

[③] 在卢曼看来，意识只是一种心理事实而非社会事实。（p.28）

述"选择性"的约束。

正是这一事实使得"共振"问题更加复杂了:这些功能子系统不仅以社会系统的环境为环境,同时还彼此互为环境;每一子系统与自己环境的选择性"共振",都可能被其他子系统当作自己环境中无意义的"噪音"或有意义的"信息"。这样,某一功能子系统对于环境的"共振",就有可能在社会系统内因子系统之间循环往复无穷无尽地互相激荡而发生"效果爆炸"(effect-explosion)(p. 20)。

对于生态风险,亦即使人类因自己对环境的利用而损害自己生存和生活的前提条件这一问题,法律系统以"共振"方式作出的回应,因为受到这种"选择性"的约束,可能在不同意义上是"过少"或"过多"的。

在法律系统基于有限认知能力而"选择"或"过滤"外来"声音"的意义上,可以说,法律系统对生态风险的共振可能是"过少的"。在环境意识高涨的今天,公众往往对法律系统面对生态风险时的"迟缓"和"不足"的反应多有抱怨。

在系统的"特有频率"之内,法律系统又是高度敏感的,其对生态风险的"共振"也可能因此而"过多"。例如,政治系统在公众压力下通过"过度反应的"环境立法,法律系统将忠实地与之保持"共振",哪怕公众已经恢复理性,只要该立法未被废止,仍会被法律系统当作有效规范而予以执行。

作为功能分化系统,法律就是这样对生态方面的危害作出反应,用卢曼的话来说,"没有什么事先保障这个反应会是合比例的或卓有成效的(causally successful)"(p. 66)。然而,给定现代社会系统功能分化以及相应各子系统自成一体的运作机理,基于有限的认知能力、过滤某些与生态风险相关的"声音",而与另外一些"声音"共振,这,就是法律系统对当代生态风险唯一可能的反应方式,对功能分化的法律系统而言,并不存在什么"更恰当"的别种选择。

四、生态风险"改变"现代法律?

以卢曼的功能分化系统观看来,法律系统自成一体运作的闭合性,使其具有相当强的抵抗"外来"干扰——包括应对生态风险的社会压力——的能力。在那些希望现代法律能够更有效地回应生态风险的人看来,这一特性是可恶的障碍：当代生态风险研究者，尤其是环境法学者，纷纷指责传统法律结构不能适合解决生态风险的需要，倡导"改变"法律甚至来一场"法律革命"；①当代环境法实践领域，似乎也不乏与学者们这类倡议呈呼应之势的诸般努力。这类努力明显朝向使现代法律实质化的方向，而在卢曼看来，这就意味着在现代法律中扩大不同于条件程式的目的程式的应用。

（一）由条件程式转向目的程式？

卢曼多处论及条件程式与目的程式（purpose-oriented programmes）的不同。② 条件程式是规范取向的，其中"对"或"错"的判断依据既定规范的不同而不同；而目的程式则是结果取向的，以实际成败论对错。条件程式的典型适用是司法裁判，评价裁判正确性的标准是裁决时有效的法律规范，而不是该判决在后来是否得到了实际执行。目的程式的典型适用是意向性（intentional）决定，如企业的投资决定，若随后实际发生的事情表明此决定给企业带来了盈利，就可以说当初的决定是"对的"，否则，就说当初决定"错了"。可以看出，两种程式最大的差异在于：目的程式的应用本身取决于对未来的预测，而条件程式的应用则不。

法律系统中，"如果……那么……"的条件程式是为合法/不合法的二值符码服务的：如果某种情况发生，那么，法律就依据规范宣布其合法或不合法。无论被法律认定为合法或不合法的情况在实际上出现还是不出现，都不会动摇法律所提供的"规范性预期"。法律并不需要、也不可能事先确定所规定的这种情况实际上会发生还是不会发生。

当然，这并不能排除人们想方设法将法律当作达成某些"实质目标"的工具，并且有时似乎能够成功。比如，法律规定某种破坏环境的行为违法或加重原已被界定为违法的某种生态破坏行为的法律责任，可能会显著减少甚至杜绝此种破坏环境的行为。但是，需要注意的是，总是存在另种可能性，即这样的结果也可能不会出现。这说明，以法律为工具达成实质目的的尝试是否能够成功，并不是单单取决于法律本身，而是依赖于许多

---

① 江山：《法律革命：从传统到超现代——兼谈环境资源法的法理问题》，载《比较法研究》2000年第1期。

② 可参见 Niklas Luhmann, *A Social Theory of Law*, translated by Elizabeth King & Martin Albrow, Routledge & Kegan Paul 1985, pp. 177-178.

法律以外的因素。在法律系统内部,没有什么可以保证这类实质性的目标一定会达成。

然而,在新兴的环境法领域里,人们经常谈论"协调环境保护与经济发展"之类的立法目的,也有许多人有意无意地支持在环保领域确立更多"结果取向"的规则,从几乎没有争议的、对地方官员的环境绩效考核,到引发一些疑虑的无过错责任原则的出现与扩张①,到意见极其分裂的、是否应当基于"风险预防原则"而更多限制科学研究和新技术应用的自由②……

正是在这里,卢曼观察到:而在《生态交流》一书中,卢曼也的确提到了,为了回应生态风险,环境法律中由"恣意的决定和含糊又空洞的准则混合而成"的、由行政官僚而非法院强制实施的"环境规制法"大大增加了。(p.74)相应地,与环境风险有关的法律决定中,"恣意成分显著增加了";特别是在确定环境风险的基准线或门槛、明确接受风险意愿或对风险的容许水平、权衡互相冲突的环境相关利益三个方面,由于缺乏"共识"③,——科学的、伦理的或政治的"共识"——相关的决定看上去只能是"任意的"。(pp.68—69)很明显,法律决定这种恣意的增加,损害了法的安定性,损害了法律提供规范性预期的功能,——用卢曼的话来说,使法律结构"变形"(deform)(p.75)了。

归根结底,人,并不拥有预知未来的能力。因此,我们对未来的"预期",总是存在失望的可能性。在这个意义上,在与未来不确定性面前,"结果取向"的立法是对法律系统的误用——用卢曼的话来说,"其中法律被误用来传达安全可靠的印象,而事实上能够得到的只是各种合理的推测",这种做法"定位于结果的倾向性在很大程度上并不会达到其目的";并且因为扰乱了一个有独立运作机制的系统,而"将会产生出各种意想不

---

① 可参见,John G. Fleming, "Contemporary Roles of the Law of Torts, Introduction", 18 *American Journal of Comparative Law* 1(1970).

② 可参见,Cass R. Sunstein, "Beyond The Precautionary Principle", 151 *University of Pennsylvania Law Review* 1003(2003).

③ 这里涉及卢曼与哈贝马斯在70年代发生的著名争论。卢曼有关现代社会"共识"破裂的阐述总是或明或暗地针对着哈贝马斯。在卢曼看来,哈贝马斯对现代社会的批判和反思,立足于被称为沟通理性的"共识"上,而这个共识在给定系统功能分化的社会中,是不真实的幻象。至于哈贝马斯对卢曼系统论的批评,可见〔德〕哈贝马斯:《论卢曼的系统理论对主体哲学遗产的接受》,曹卫东译,https://ptext.nju.edu.cn/b9/a8/c13492a244136/page.htm,2022年3月14日最后访问。

到的副作用",而应付这些层出不穷的意外后果会使法律系统内部复杂性急剧增加,显现"不堪重负"的种种症状。①

(二) 引入第三值?

生态领域里前述不确定性问题,由于缺乏"共识",无论法律系统如何决定都无法避免被指责为"任意"。对此,现代民主法治国里的法律人有一种惯用的处理方式:"这是政治问题,应当交由民主决策。"在卢曼看来,这是在法律系统的二值符码之外,引入了合法与不合法符码之外的"第三值"(p.73),即"政治"。"政治",在这里标示的,是既非合法亦非不合法的第三种情况,或者说,合法性待定的问题。

现代法律人很容易相信:通过把生态风险相关的一些棘手问题标记为"政治"问题,并声称民主政治程序能够"制造"法律系统内缺乏的共识,并将此共识通过立法活动转化为法律规范之后再进入法律系统,法律系统就可回避对之作出上述必然会受到指责的"任意"决定。然而,以卢曼的功能分化系统视角来看,这只是一种虚假的"安慰"和"幻象"而已。(p.73)

在卢曼那里,政治和法律是分立的功能系统。政治系统的功能在于形成和贯彻有集体约束力的决定,而不是维持规范性期望;政治系统的二值符码是"在职/不在职"的区分而不是合法/不合法的区分,这种功能和符码的差异使得两个系统对环境信息有各自不同的处理方式,并且使它们在运作上各自闭合,互相视对方只是自己环境的一部分。政治和法律之间因立法活动而发生的、不同寻常的紧密联系,仍只能以有高度"选择性"的"共振"方式发生。

这一方面意味着,政治系统并非法律系统的附属,不是专为解决法律系统"剩余问题"而存在的。法律系统眼中"天大"的难题,除非能通过政治系统的符码过滤而被纳入其特有的运作程序,否则不会被政治系统识别为有意义的信息。换句话说,生态风险相关立法是否能纳入民主审议程序,并不取决于法律系统运作中是否有此需要,而是取决于政治系统内权力斗争的格局,——在民主政治中取决于获得有效表达的"民意"。

---

① 〔德〕卢曼:《法律的自我复制及其限制》,韩旭译,载《北大法律评论》(第2卷第2辑),北京大学出版社1999年版,第466—469页。

另一方面，即使政治系统经过民主审议程序，——同时也是法律系统中的立法程序，——颁布了生态风险的有关法令，这里发生改变的也只是法律系统的条件程式，而非合法/不合法的二元编码。也就是说，政治系统并不能直接干预法律系统自成一体的运作，除非牺牲法律系统运上的闭合性，也即自主性。——而一旦法律系统丧失自主性，成为政治系统的附庸的话，很难想象，它还能发挥其不同于政治的独特功能；这样，社会系统就会丧失通过法律子系统自主运作而获得的那部分对环境的"开放"性，完全有可能使社会系统对环境问题变得比拥有自主法律子系统时更不敏感。①

在此，有必要补充说明的是：就算牺牲法律系统的自主性，也未必能够解决前述"决策于不确定性之中"的问题。认真考虑一下就会发现，像确定环境风险的基准线或门槛、明确接受风险意愿或对风险的容许水平、权衡互相冲突的环境相关利益这样的决策问题，并不只是尚未形成"共识"、因而需要想方设法努力促成共识就可解决的问题。因为，在这些问题上，我们能够达成的唯一"共识"是：我们对这些问题的"无知"。这种"无知"，不会因为我们将问题从法律系统转到政治系统或别的什么系统（如经济系统或科学系统）就会"奇迹"般消失。

（三）回到系统/环境的区分？

在卢曼看来，系统/环境之间的区分是应对生态风险时必须面对的一种现实状况，一种不可回避的局限条件。任何尝试解决生态风险的方案，无视这种现实状况的话，就冒着失败的风险；否定这种现实的话，就只能归于"天真"了。

然而，当我们按照卢曼的指示，注意到前述系统与环境的区分之后，却发现自己陷入了某种两难的困局：

一方面，系统与环境的区分，使得系统只能以"共振"的方式与环境发生关联，这使社会系统对生态风险的认知和处理，具有高度的选择性，由此造成回应"不足"或"过多"的问题。看起来，要想使法律对生态风险具有"更恰当"的回应，先要改变现代法律系统的这种"共振"结构。

---

① 卢曼提道："一般而言，较复杂的系统能够与环境维持较多且不同种类的关系，并因此而有能力回应较复杂的环境。"(p.12)

另一方面,系统与环境之间的这种关联的"选择性",对于保持系统相对于环境的独立性是必不可少的。假如系统随时随地与其环境保持一致,也就是说,系统对环境发出的任何呼声都不加选择地予以回应,那么,就没有什么能将系统与环境区分开来了,"系统就不会作为系统而存在着"(p.16)。

在这样的情况下,我们要如何解决生态风险问题?——更确切的问题是:生态风险问题有解吗?

需要说明的是,这一问题并不是卢曼要回答的问题。卢曼强调过:《生态沟通》关心的是"去理清社会如何对环境问题作出反应,而不是社会应该如何对这个问题作出反应、或必须如何对这个问题作出反应以改善它与环境的关系";所以,他已经打定主意要让那些希望对生态沟通的讨论"能够对迫切有待解决的生态有所贡献"的人失望了。(p.133)

但是,这并不妨碍我们这些怀有"希望"的人,从卢曼的系统理论中得出一些合乎理性的推论:系统的环境永远比系统本身更复杂(p.11),系统只能以运作上封闭的方式有限认知其环境,并毫无疑问有可能由此"无知"而"将自己暴露于危险之中"(p.29)。在这个意义上,系统的环境对于系统而言,永远都是有风险的;生态风险属于那类不可消除而只能与之共存的问题,一个"无解"的问题。①

这种推论所指示的前景如此暗淡,正如评论者所总结的,《生态沟通》告诉我们的似乎是:有关生态风险,"系统能做的极少,而'我们'什么也做不了"②。

五、对生态风险,法律究竟能做什么?

语言是有限的。我们不能说出一切,因为有些东西是无以言表的;即使对于可以言表的,我们也"不能一次说出一切"(P12),而必须有所选择。

---

① 事实上,在论及人们的沟通受限于"语言"以及"时间"时,卢曼曾运用胡塞尔的"界域"(horizon)概念,提示说:"可以在这里看到一种对生态风险不可解决(insolubility)的说明(formula)。"(p.17)

② 语出斯蒂芬·福彻(Stephan Fuchs)教授对《生态沟通》一书的评论。原文为:The pessimistic message of this book is that "we" can do nothing and the systems very little. 见 Stephan Fuchs, "Book Review of Ecological Communication", 96(3) *The American Journal of Sociology* 748(1990)。

关于说什么不说什么,卢曼在《生态沟通》中首先声明,他只描述现状、把握"实然",而不教导人们"应该"怎么办。——虽然这种对现状和实然的认识可以顺带揭示出:某些教导人们"应当如何"的主张,是不切实际的,从而有助于"减少无用的激动"(前言 p. 18)。事实上,关于说什么不说什么,卢曼还作了一个未曾明示的选择——同样是对"实然"的揭示,卢曼强调的是系统"不能"做什么,而不是系统"能"做什么。

(一)作为功能分化系统的法律

更仔细地阅读《生态沟通》,我们会看到,卢曼其实并没有说,面对生态风险,"系统"什么都不能做。——的确可以说,在卢曼眼中,系统能做的"极少",但"极少"并不等于"没有";换一种视角,我们甚至也可以说,系统能做的"相当多"。

卢曼说,"从生态意识到具有社会效果的沟通,始终是一条漫长的路"(p. 29)。但是,这并不等于说,环保意识的提高对于解决环保问题并无助益。只不过是在说,给定功能分化的事实,环保意识需要通过"共振"的转化,才能在诸如政治和法律这样的功能系统中,成为沟通的主题,并产生社会效果。

卢曼说,在解决生态风险方面,政治系统并不比其他功能系统更特别(p. 184)。其意思不过是,在因功能分化而不再有"中心"和"顶端"的现代社会里,政治只是诸多功能系统之一,它并不比其他功能系统更重要,也不比其他功能系统更不重要。这绝不是在说,现代民主政治在生态风险上"必定会失败"p. 149)。而毋宁是在说,给定功能分化的事实,政治系统和诸多功能系统一样,只能在各自限度内为生态风险的解决做出贡献。

法律系统的情况也并不例外。当卢曼强调法律在处理生态风险时会受到其系统结构的限制时,同时也就意味着:法律可以在不改变其系统结构的情况下,对生态风险作出独特的处理。

如果我们仅仅观察法律系统,会觉得这种经过合法不合法符码"过滤"后的处理很有限;但是,如果考虑到各个功能子系统都以自己的方式对生态风险作出处理,就会发现,整体而言,现代社会对生态风险的处理是相当广泛的。——在这种情况下,要判断这些处理是否恰当是一件十分复杂的事。

而且,当卢曼提出"系统合理性",即"将系统/环境的区分重新引入系统内"的可能性和"以系统/环境这个区分的统一来指引系统的运作"的可能性时(p. 138),他指的也正是那种系统(包括但不限于法律系统)可以做的事:通过将生态风险"转译"为系统所能识别的有意义的"信息",使系统在运作中也能够考虑其运作对环境的影响。举例来说,一味指责企业"不负责任"是无法促使经济系统中的企业在作决定时更多考虑环境影响的,而在法律上提高排污收费,就可以将环境考虑"引入"经济系统的"自主"运作。

(二) 超越功能分化的法律?

就理论分析而言,"如果……那么……"这一条件程式难以胜任结果取向的任务[①],而"合法/不合法"的二值符码在逻辑上排除了第三值的可能[②];但是,这种理论逻辑,并不能阻止我们在实践中将结果取向的任务以及合法/不合法之外的符码值,引入法律系统内。这种做法,正如卢曼所言,当然会增加法律系统内部的复杂性和不确定性。

但是,在卢曼系统论的视角中,功能分化系统也并非永恒不变的"事物本质"或不可捉摸的"天意",而是历史演化的产物、并处在下一步的演化历史之中。因此,理论上并不能排除如下对可能性的"猜测":当前,法律系统内正在出现的种种复杂化,如卢曼提到的(p. 75)"公法的私人执行"(环境法上的公民诉讼)或"协商管制"(协商制定规则)现象,也许并不只是卢曼所谓的"法律负荷过重",而同时也是一种"新的秩序正在形成"?

这种可能的"新秩序",明显不同于卢曼所提到的政治系统的扩张。卢曼描述中的政治系统扩张,是政治系统"可以使用权力并以强制来胁迫"、打破其他功能子系统运作的自主性,"把法律和经济当作工具使用"。(p. 91)而法律系统内随着环境法发展而来的前述变化,看上去并没有威胁到其他功能系统的"自主性"。毋宁只是,如卢曼所言,法律系统在本系

[①] 结合法律诉讼中的难办案件分析卢曼这一论点的一个范例,可参见:Michael King, "Future Uncertainty as a Challenge to Law's Porgrammes", 63(4) *The Modern Law Review* 523 (2000)。

[②] 实际上,比起法律系统内二值符码的普适性,卢曼更关注法律系统内因二值符码而生的悖论。即"谁对谁错?……一方面,法官不能像教师那说两边都对。另一方面,很可能对立双方都有道理,如果确实如此的话,是什么或是谁使法官可以避开其中一方的理由?" N. Luhmann, "The Third Question: The Creative Use of Paradox in Law and Legal History", 15(2) *Journal of Law and Society* 153(1988)。

统内更多"考虑到了环境"而已。

这种对环境的"更多考虑",也并不符合卢曼有关"重新引入"系统/环境区分的主张。因为,卢曼有关"系统理性"的主张是在坚持"既有"区分——包括功能子系统之间互为环境的区分,也包括整个社会系统与环境的区分——的前提下提出的;而前述法律系统的"新变化",却涉及"新的"符码和程式:看起来,变化了的法律系统中,合法/不合法符码和条件程式仍然继续存在,同时又增添了"第三值"(如生态价值或环境利益)和他种程式。能够成功包容这种改变的法律系统,已不再符合卢曼对法律作为功能分化系统的界定。[①] 因为,如前所述,在卢曼看来,法律系统的同一性在于以条件程式应用合法/不合法符码,而引入新的符码值和新的程式显然会破坏这种"同一性"。

与卢曼的许多批评者所以为的[②]相反,卢曼自己并未否定这样一种超越的可能性。我们可以从卢曼有关法律非决定论的演化史等一般论述中,间接地推测出这一点。

的确,卢曼不遗余力地表明了自己对历史演化而来的、现代社会功能分化现状的关注与尊重。即使在有关"合理性乌托邦"的讨论中,——在这里,我们可以看到他对某种"新秩序"的期待——他也要先强调,必须看到,在功能分化的现代社会,并不存在高于所有功能子系统的普适的合理性,没有哪一个功能子系统能够主张自己系统内合理性高于其他功能子系统的合理性;理解这些之后,"接受合理性乌托邦的指导就是有意义的:可以看看能否以及如何利用功能系统去提供更符合理性并更多将环境包括在内的解决方案。今天,生态沟通显然在开始测试这类可能性"。(p.138)但是,这只是意味着,未来任何可能的发展都不会是全盘推倒一切重来;现代社会功能分化的现状,作为一种现实,就是任何未来可能改变的既定出发点。

有关当代社会未来发展的可能性,卢曼在回应相关批评时[③]所作说

[①] 卢曼在评论法律中的目的程式时指出,法官可以充当心理治疗师或企业经营顾问的角色,在这里他虽然名义上还是法官,但已经不是"在法律系统里运作了"。〔德〕卢曼:《社会的法律》,郑伊倩译,人民出版社 2009 年版,第 105 页。

[②] 如,肖文明在《观察现代性》一文中设问:"系统可否通过引入新符码来修正、制衡乃至改变其本身?"并在注 18 中回答说:"显然,卢曼给出的答案是否定的。"肖文明:《观察现代性——卢曼社会系统理论的新视野》,载《社会学研究》2008 年第 5 期。

[③] Niklas Luhmann, "Response to Commentators", 46(1) *Sociological Analysis* 34(1985).

明比其正面论述更加明确:"系统越是往功能分化和特定化的方向发展,就越不适合把模式(pattern)维持或模式变化当成一个原则",因为功能系统的维持在于持续运作这一动态过程,而不在于结构的稳定性。"为了缩小选择范围,结构是必要的。在运作中,这些结构可能不变也可能会变。"这就意味着,一旦系统与环境产生"共振"之后,系统运作结构会因此而发生什么样的改变,始终是一个"开放供选择"的问题。

具体到现代法律的未来发展,在卢曼对环境立法急剧增加的分析中,我们可以清楚地看到他对别种可能性所持的谨慎但开放的立场。他说,在环境法"规范大潮"中,"法律在异质的不同领域发展,这是否会导致出现一种包容性的法律类型(encompassing categorization)、甚至发展出一种特别的法律论证模式,还有待观察……"(p.74)

只是,卢曼认为,社会学家应当研究"社会学可以确认为是事实的东西"[①];而且,作为从非决定论的演化论中获益良多的学者,他也深知偶然性和不确定性在复杂系统演化中的作用;因此,他理所当然会拒绝对永远充满意外的未来作出"预测"。他只是将自己的研究锁定在"有经验予以参照"事实,即功能分化如何从历史演化而来又在如何起着作用。而从他这种对既定存在的"合理性"的研究中,我们可以清楚地看到:跨越区分边界,无论是跨越功能子系统之间的边界,还是跨越整个社会系统与环境之间的边界,都不是没有代价的。可以说,卢曼所强调的不过是:在"去分化"(de-differentiation)过程中,我们必然开始丧失"分化"所带来的好处。

六、结　语

无论人们喜欢不喜欢,作为事实,中国已经开始并且仍未停止的现代化进程,是以"制度移植"为特征的。无论人们对这一事实作何解释,——是将其归结为强国梦驱动下的主动仿效还是指其为全球化大潮中身不由己的卷入——中国现代化过程中移植而来的法律制度,正是西方发达国家的法律制度。作为结果,我们可以毫不惊奇地看到:当代中国法律系统

---

① 〔德〕卢曼:《社会的法律》,郑伊倩译,人民出版社2009年版,第13页。

的运作,与西方发达国家一样应用着条件程式和合法/不合法符码,而新兴环境规制法的发展对法律系统的此种运作也同样形成了冲击。

就此而言,卢曼有关"现代社会如何应对生态风险"的思考,对于中国读者的意义,并不止于纯粹的理论兴趣,也可以关乎中国法治的复杂现实。当然,我们不应指望,卢曼能够在诸如"中国环境法治何处去"等问题上给我们提供直接的答案。这不仅仅因为中国特殊性并非卢曼关心的问题,还因为卢曼的理论研究的确相当抽象,——这是卢曼经常被读者抱怨、被论战对手指责的一点。

然而,正如法律规则因抽象而具有一般适用性一样,卢曼理论的抽象也有同样的效果。本文所关心的卢曼的主要结论——以独特符码和程式运作的法律系统,其有限认知能力会影响到以生态风险为议题的沟通——就是这样具有一般适用性的结论。

我们当然会注意到,在中国,法律系统的运作实际上并不是完全自成一体的。但是,卢曼对法律系统自成一体性的研究可以帮助我们更清晰地看到:这种状况为何是成问题的以及这种问题的后果是什么。也就是说,卢曼研究结论的一般适用性,并不会妨碍我们考虑中国自己的实际情况。用这种并非生搬硬套的方式去理解和应用卢曼的研究,我们就能真正得到助益,甚至可以得出一些相当具体的启发。例如,如果认同卢曼对"系统理性"的强调,我们就会知道:仅仅在《环境保护法》中规定,环境法要"协调经济发展与环境保护"的关系,是不足以将环境考虑纳入法律系统之中的;真正有效的,是"三同时"制度以及"建设项目必须进行环境影响评价"这样能够充当合法/不合法符码应用依据的、因而可以被法律系统执行的规范。再如,卢曼基于系统有限认知信息能力,评论说西方环境运动"原则完全正确,就是没人听得进去"(p.89);这对于中国方兴未艾的各类民间环保行动,也可以是有益的提醒。

最后,需要补充说明的是:正如前面提到的,卢曼和贝克一样,属于最早开始从社会学科而不是自然科学角度研究生态风险的那批学者之列;但是,在中国学界,相比贝克,卢曼的风险理论显然没有引起足够的关注,而已有的不多关注还包含不少误解。考虑到这多少与其文风晦涩有关,本文在努力理解卢曼复杂理论的同时,尝试使用比较浅白的表达,为此斗胆放弃了一些卢曼从多学科借用因而相对较难理解的一些术语,如自我指涉①和二阶观察②,同时仍然希望保留卢曼使用这些术语所传达的洞识。而我之所以认为这一点可以做到,是因为:我们并不需要知道自我指涉这个"语词",就能了解自我指涉是怎么回事;我们也有能力在不知道"二阶观察"这个语词的情况下进行"二阶观察"。至于本文仍然沿用的,如二值符码、条件程式等概念,对法律人来说应该是较易理解的了。

无论如何,一旦我们能够进入卢曼的世界,就会发现,在现代法律如何应对生态风险方面,卢曼是个颇能给人启发的研究者;如果忽略他的研究,那并不是他而是我们自己的损失。

---

① 系统的自我指涉,被卢曼多层次多角度表述为自我复制、自我生成的闭合状态等。法学界对卢曼自我指涉/自创生概念的介绍和讨论,可参见,〔德〕图依布纳:《法律:一个自创生系统》,张骐译,北京大学出版社 2004 年版。

② 国内法学界对卢曼"二阶观察"概念的介绍和讨论,可参见宾凯:《法律如何可能:通过"二阶观察"的系统建构——进入卢曼法律社会学的核心》,载《北大法律评论》(第 7 卷第 2 辑),北京大学出版社 2006 年版,第 353—380 页。

后　　记

　　本书尝试对我近六年的研究作一个小结。

　　研究是问题求解的过程,更多是满足自己对这个世界的好奇心;写作和发表则是出于分享交流的愿望。为了后者,冒着暴露敝帚自珍或王婆卖瓜等心理弱点的风险,就本书的内容组织和写作论证方式,再多写几段。

　　首先是本书的成书方式。本书大部分章节此前都已有相关论文发表。但本书并非论文集而是作为专著出版,故而除了新写的章节,使用已发表论文的,均有不同程度的调整和改写。有一些地方变动较小,如各论文独立成文时均需交代相关研究背景和研究基础,收入此专著就不必一再复述类似的内容;对引用网络资源的,作了更新查证(可见最后访问时间),对于链接已经失效的予以删除,并对相应的正文视情况作出调整。也有一些地方变动比较大,如我国环评制度概貌部分,事实上合并了几篇已发表文章及未正式出版的研究报告内容。还有一些变动程度居中,如有关专业知识与行政权力关系的讨论,论文在期刊发表后收到一些评论,包括一些很具体的批评和建议,趁这次机会尽力作出回应和补正。还有变动不大的其他调整,如发表时单纯因为篇幅限制而删除的一些内容,经过考虑觉得有必要的,又在书中加回来,如此这般,不一而足,不再赘述。

　　这种先分散写论文再汇合成专著的做法,在中外学界均不鲜见;并且有经过同行评审的专业论文发表,也在一定程度上证明作者在所涉主题上有一定的研究积累,甚至可以说研究已达到某种专业水准;但是,由于各章研究完成时间跨度比较大,论文写作要求和专著又存在着明显不同,其实最终成书工作量也是比较大的。如果有选择,或说在梦想的世界里,我宁愿自己能够一气呵成完成一部书稿。然而,这需要一段比较长的、心无旁骛的研究写作时间。自博士毕业起,成段的研习时间就成奢侈。而学术假,对于中国的大学教师来说,和妖精鬼怪是类似的:人人都听说过,从来没人真见到过。所以,此书的写成方式,于现阶段的我而言,已是真实世界里最不坏的选择了。

其次是立法论与解释论的关系。在与同行交流时,特别是在和一些更偏好传统、或说正统法解释学进路的朋友交流时,经常会遇到你到底选解释论还是立法论立场的问题。这时候,我的反应往往就像被要求在法教义学与社科法学中选边站一样,总是想要反问:为什么一定要二选一呢?难道不是应该把二者结合起来吗?在教学中,我也经常告诫学生,今天,我们已经有了一个庞大的实在法体系,法律人不再是在一张白纸上作画;遇到一个新问题,立刻就跳到立法论上去是偷懒的做法;总要先穷尽已有实在法及解释论,解释论解决不了才去考虑立法论。所以,对于解释论和立法论关系的处理,我的基本思路是:首先看已有的法教义和现行法能否解决问题;解决不了,再"超越法律"——运用法律续造的解释方法或者直接提出立法论的主张。

本书最后一章,风险评估的法律规制研究,就是循此思路完成的;而我的研究的确发现:对风险评估的法律规制,已有的法教义能够且只能够解决一部分问题,还有一部分(风险评估不确定性的法律规制)是无法从既有教义中演绎出来的。然而,按此思路写完初稿后分别发给两位朋友征求意见时,反馈回来类似的看法,主要是感觉我前后两部分主题分别属于解释论和立法论,似乎可以独立成两篇文章。两位我十分看重的朋友的评论意见这么类似,一度大大动摇了我对此思路的信心。

最终,经过反思,我觉得这个整体思路作为研究的方法论还是值得坚持的,我自己在更早时候用同样思路写的另外几篇文章(《法条解释、平等保护、就业与退休》和《风险决定的理性寻求》),得到的反响就比较好。所以,这里的关键,并不在我对解释论与立法论关系的处理,而在于:风险评估的法律规制这一章,从落笔开始我就是为本书在写作,采用的是专著章节的写法而不是典型的研究论文的写法,而朋友们是用评价研究论文的眼光来给我反馈意见的。

想明白这一点,我就释然了。正如生态系统的健康和可持续发展有赖于物种的多样性,在学术生态里,研究论文(所谓 article)固然是最能体现学者研究能力和学术水平的,理当是学者安身立命之本;但评论(review)、点评(essay)、研究综述、时事议论、(区别于案例研究论文的)案例研习、外国法引介和翻译等,也各有其功用和优点(以及局限),在写作和发表的百花园里为它们也留出一席之地,有利于学术思想的活跃与繁荣。

在此,也想顺便聊一聊在理论取向的学术研究中提出对策建议的问题。理论研究者与实务工作者的社会角色和功能有显著不同,法学理论研究也并不总是直接服务于法律实务的需要;相应地,一篇法学理论研究文章,哪怕是立足于相关实践的,也并不必然要包含实用的法律对策。

本书第三章,即基于一篇理论取向的论文。作为一篇理论取向的文章,意在解释而不是建议。也就是说,这类文章,在研究者看来,重点是分析成因、理解现象和过程、验证或反驳特定理论假设等;至于提出实用建议,即所谓"对策",并不是必需的。此文最初的抱负也单纯是思想和理论的:如果能借着对环评中"行政权力与专业知识"关系的讨论,对于当前中国法学界的流行认识有所撼动,对流行认识中的偏差倾向起到一点点纠偏的作用,也就是该项研究的贡献了。但是,在投稿的匿名评审阶段,审稿专家们不约而同地提出:你的研究对中国环评制度改善的意义何在?为什么在文章最后不提出具体的制度建议?为此,我在修订中尝试顺着前面的议论拟了几条制度建议。在收入此书中时,最初考虑过是否恢复原样;但重读之下,觉得加上这些建议也并不违和。

由此想到,法学毕竟是实用的学科,能够/可以落到具体制度甚至具体规范时,大可不必因为涉嫌"对策法学"而止步。——这么说,是因为所谓的"对策法学"在中国法学界已经被污名化了,这个词现在特指那些没有学术问题意识、就事论事的、直奔立法建议而去的、一种特别浅陋粗糙的文体。这样的文体,当然是应该被抛弃的;——只要不因噎废食,将务实的"对策建议"也都一并抛弃了。

最后,风险社会已经来临,我们都要学会与不确定性共舞。共舞,意味着需要不停地变化诸多姿势。而这需要学习,不断学习,终身学习。无尽的挑战在此,无穷的乐趣也在此。

此书一经完工,对我而言即已成过去。未来,我将在风险研究的道路上继续向前。我始终相信,风险研究,并不是一个人、一群人甚至一代人能终结的任务,继续期待有更多的同行同好不断加入。

致　　谢

感谢北京大学法学院及其学术委员会。很荣幸本书成为院学术委员会审议通过由学院出资支持出版的系列著作之一。如果不是硬着头皮在老师们面前先将"大话"放了出来,这本已经列入个人工作计划很久的著作,可能还会无限期地拖延下去。

感谢师友。感谢学界师长朋友们一直以来的关心、鼓励和帮助。本书中全部内容都直接或间接地受益于阅读你们的著述、接受你们评议质疑、与你们切磋讨论。问学求知的爱智路上,有人同行不寂寞。也感谢学界外诸位老朋友的关照和支持,你们不一样的生活工作方式和看待处理各种问题的视角,时时提醒我现实世界丰富多彩,总有别种可能。为免狐假虎威之嫌,在此不便一一列出尊姓大名,但存相知莫逆于心。

感谢家人。感谢家人们一直以来的包容、忍耐和支持,特别是对我的理解和成全。在这个纷纷攘攘的人世间,我曾见过许多优秀女性有意无意地掩藏她们在厨房和摇篮之外别有所思,只为担心被指责"不像女人"。所以,我一直都知道,遇到理解和支持是难得的幸运。

感谢编辑们高效专业的工作。没有北京大学出版社同事们的付出,本书就无法以当下的面目与读者见面。本书的大部分章节在成书之前都有相关论文在各专业期刊上发表,也感谢这些期刊的审稿专家和编辑们的工作。思想的交流和学术的发展离不开这些"为人作嫁"者的贡献。

谢谢。